María Luisa Bombal

Apreciaciones críticas

Bilingual Press/Editorial Bilingüe

Studies in Literary Analysis

General Editor
Gary D. Keller

Managing Editor
Karen S. Van Hooft

Senior Editor
Mary M. Keller

Editorial Consultants
Gloria Bernabe-Ramos
Gabriela Mahn
Luis A. Ramos-García

Address
Bilingual Review/Press
Hispanic Research Center
Arizona State University
Tempe, Arizona 85287
(602) 965-3867

María
Luisa
Bombal
Apreciaciones críticas

edited by
Marjorie Agosín
Elena Gascón-Vera
Joy Renjilian-Burgy

Bilingual Press/Editorial Bilingüe
TEMPE, ARIZONA

Cover design by Christopher J. Bidlack

PQ
8097
.B67
Z 77
1987

Indice

PROLOGO   7

I. Recuerdos necesarios

MARJORIE AGOSIN, Entre el agua y la niebla: María Luisa Bombal   9

ESTER MATTE ALESSANDRI, María Luisa Bombal o la búsqueda del amor   14

ISABEL VELASCO, Algo sobre María Luisa Bombal   17

SARA VIAL, Conversaciones con María Luisa   23

II. Estudios críticos

ALICIA BORINSKY, El paisaje de la apatía   31

DARIO A. CORTES, El cuento-ensayo de María Luisa Bombal   43

INES DÖLZ-BLACKBURN, Elementos narrativos tradicionales en la obra de María Luisa Bombal y su relación con motivos folklóricos universales   51

LEONIDAS EMILFORK, El perdón y la escritura: Al margen de una obra de María Luisa Bombal   72

LUCIA GUERRA-CUNNINGHAM, Estética fantástica y mensaje metafísico en "Lo secreto" de María Luisa Bombal   82

RICARDO GULLON, "Romance" y novela lírica   88

RICARDO GUTIERREZ MOUAT, Construcción y represión del deseo en las novelas de María Luisa Bombal   99

MARIA-INES LAGOS-POPE, Silencio y rebeldía: Hacia una valoración de María Luisa Bombal dentro de la tradición de escritura femenina   119

SUZANNE JILL LEVINE, House of Mist: House of Mirrors   136

NAOMI LINDSTROM, El discurso de *La amortajada:* Convención burguesa vs. conciencia cuestionadora   147

GABRIELA MORA, "Las islas nuevas": o el ala que socava arquetipos   162

A. NATELLA, JR., Dualidades estilísticas en *La última niebla* de María Luisa Bombal   175

ESTHER W. NELSON, Un viaje fantástico: ¿Quién habla en *La amortajada*?   182

JOSE PROMIS, La técnica narrativa de María Luisa Bombal   201

LAURA RIESCO, *La amortajada*: Experiencia y conocimiento   211

JORGE ROSSI, La evasión de la realidad en *La última niebla*   222

EMMA SEPULVEDA-PULVIRENTI, María Luisa Bombal y el silencio   230

K. M. SIBBALD AND ILSE ADRIANA LURASCHI, Bajo índice de narratividad, ambigüedad narrativa e ideología feminista en "El árbol" de María Luisa Bombal   237

MYRNA SOLOTOREVSKY, "Antígona" y "Creonte" en textos de María Luisa Bombal   244

MERCEDES VALDIVIESO, Refracciones   257

III. Bibliografía

JORGE ROMAN-LAGUNAS, Bibliografía de y sobre María Luisa Bombal   263

Prólogo

Estos estudios representan el esfuerzo del Departamento de Español de Wellesley College y de profesores y escritores del mundo hispánico para exaltar y reivindicar la figura de María Luisa Bombal.

María Luisa Bombal como persona y creadora siempre rehuyó la búsqueda del éxito, las tertulias literarias, la fama. Prefería vagar solitaria por los parques de su ciudad o mirar desde su ventana la puesta del sol. Sin embargo, nunca dudó del valor de su obra y esto lo repetía a menudo a sus amigos.

Durante su vida, María Luisa Bombal jamás obtuvo ningún tipo de reconocimiento oficial; por ejemplo, nunca se le otorgó el Premio Nacional de Literatura en Chile. No obstante, su popularidad ante el público nunca decreció, como lo prueban las numerosas ediciones de sus obras.

Con este libro hemos querido reunir artículos inéditos y testimonios de amigos que la conocieron que transmiten su originalidad, su modernidad y su lugar único en las letras hispánicas. Ella fue la primera que rompió con el criollismo literario chileno. También fue una de las pioneras en la utilización de la literatura fantástica que expresó con su prosa ambigua las contradicciones de la esencia femenina.

El Departamento de Español de Wellesley College, con su larga tradición de unión y solidaridad a grandes poetas, quiere rendir homenaje a otra gran poeta de la prosa castellana. Agradecemos a los colaboradores y al Bilingual Review/Press por haber contribuido a realizar este libro merecido que la celebra.

MARJORIE AGOSIN, ELENA GASCON-VERA, JOY RENJILIAN-BURGY
WELLESLEY COLLEGE

I. Recuerdos necesarios

ENTRE EL AGUA Y LA NIEBLA:
MARIA LUISA BOMBAL

Marjorie Agosín

... "Y aún cuando con los ojos vendados me pasearan por el mundo entero tratando de perderme por sus caminos, con los ojos vendados me bastaría respirar hondo, tan sólo una vez, para saber que me encuentro en Viña del Mar".[1]

Así habla, respira María Luisa Bombal, nacida en esa ciudad de la costa chilena, ciudad acuosa con el irresistible Océano Pacífico como telón de fondo, ciudad de "cálidas neblinas más la fragancia de los pinos". Y es en esta Viña, junto al mar y muy próxima a Valparaíso, puerto multicolor del Pacífico donde Darío, Neruda y otros se encontraron ensimismados en la contemplación de barcas de madera, donde la pequeña María Luisa confiesa jugar con los caracoles de la playa arenosa y oír el "silencio en un día tibio de invierno".

De este inolvidable testimonio de la infancia, situado en un espacio húmedo y nebuloso, de esa casi trenzada neblina que desciende muy a menudo por los cerros de la costa, María Luisa se nutre y escribe tal vez una de las obras más inexplicables, inigualables de la literatura latinoamericana. Pero no es tiempo de hacer hincapié sobre cosas dichas, o sobre ese perfecto equilibrio entre la poesía y la prosa, los sonidos y el silencio, ni tampoco sobre los temas labrados, re-escritos una y otra vez en un mismo texto: la soledad, el abandono, el silencio.

Ahora es tiempo de decir que María Luisa Bombal es mucho más que dos novelas y un par de cuentos —porque éste ha sido el lema de aquellos críticos que la atacaron por su exigua producción, creyendo erróneamente que un escritor se pesa por el número de novelas producidas. María Luisa fue parca en su escritura; cada palabra utilizada estaba inscrita en el texto con su cuerpo, con sus dedos. Buscaba un lenguaje magnético, preciso, iluminado, matizado por fulgurantes colores: cabelleras rojizas, fuego, espesos bosques verdes, las lluvias como hilos grises descendiendo en los viejos campos del Sur de Chile y también en ella . . .

Vuelvo a re-leer y a decir en voz alta que esta mujer fue, es, más que dos novelas y un par de cuentos. Sí, porque María Luisa de misteriosa mirada, de negrísimos cabellos, dio a la prosa latinoamericana de la época no sólo una alternativa al criollismo imperante sino una alternativa a la escritura. Bombal poetiza la experiencia del acontecimiento escrito, hace vibrar los sonidos, las pausas. La textura de la página y el deseo de lo contado-leído se traduce a "una vivencia real, infinitamente bella porque es compartida. Entonces me quito las ropas, todas, hasta que mi carne se tiñe del mismo resplandor que flota entre los árboles. Y así desnuda y dorada, me sumerjo en el estanque".[2]

Al escribir, María Luisa supo comprometerse, supo salvarse de esa terrible y agobiante indiferencia que sufren a menudo las mujeres que escriben. Ya en 1933 escribe sobre el deseo, sobre el encuentro con un cuerpo, metáfora del otro y que es ella:

> Lo abrazo fuertemente y con todos mis sentidos escucho. Escucho nacer, volar y recaer su soplo; escucho el estallido que el corazón repite incansable en el centro del pecho y hace repercutir en las entrañas y extiende en ondas por todo el cuerpo, transformando cada célula en un eco sonoro.[3]

Pocas escritoras de la época han escrito o escriben sobre el erotismo con tanta destreza, claridad y lirismo como Bombal. Hélène Cixous sin saberlo define a la antes perdida pero ahora conocida escritora del cono sur al decir que la mujer tiene que escribir sobre sí misma, sobre su cuerpo, e incrustarse dentro de su propio texto y su historia.[4] Bombal, si se inscribe en su propio texto, se asume en el *textum* o colección de tejidos unificados por una sola voz: ella. Ella la muerte en su cripta, ella María Griselda, ella Regina y mujer anónima de *La última niebla*, dos dobles tras la misma pasión. Mujeres todas obsesionadas por contar sus historias. Y Bombal las describe por medio de fragmentos recortados, por medio de un ritmo sincopado que no intenta ni quiere obedecer a las leyes de una narración rectilínea, convencional.

María Luisa Bombal, en un tiempo de represión, en un tiempo donde la mujer era el objeto de la escritura pero no la palabra inventada por ella, se atreve a invertir conceptos ligados a lo femenino desde tiempos inmemoriales. En *La historia de María Griselda* la belleza femenina es sinónimo de una maléfica desgracia. También escribe sobre ella misma, relata su verdad que es la nuestra, una vida obligada al recato, la obediencia, la monotonía: "Lo sigo para llevar a cabo una infinidad de pequeños menesteres; para cumplir con una infinidad de frivolidades amenas; para llorar por costumbre y sonreír por deber. Lo sigo para vivir correctamente, para morir correctamente, algún día".[5]

En esta queja y en esta aparente resignación, yace uno de los logros más interesantes de Bombal. Me refiero aquí a esa lucidez que cuestiona el existir amorfo de una mujer de clase media, encerrada en una hacienda o en una cripta. En esta denuncia, se esboza la liberación que no es pura inercia, que no es la historia de una alienada sino la historia de una mujer valiente. María Luisa no sólo refleja la actitud de la mujer burguesa sino que presenta alternativas, propone soluciones.

Libertad para la invención, juegos entre la niebla hechos realidades, elaboraciones poéticas de los sueños, aceptación de la muerte como un estado de expansión y no de inmovilidad porque, ¿quién nos ha hablado de la muerte con tanta fineza, con tanta astucia y con tantos deseos de permanecer en este estado? "Lo juro. No tentó a la amortajada el menor deseo de incorporarse. Sola podría al fin, descansar, morir".[6]

Y ahora, María Luisa descansa de todos aquellos que decían no tener tiempo para leerla, o que escribía cosas de mujeres, cosas diría yo que no supieron leerse porque ¿a quién le interesaba ese triste destino de una mujer bella? Porque, ¿a quién le interesaban los diálogos con un árbol?

A esta pregunta habría que responder, a nosotras, y al leer los textos de Bombal nos relacionamos con nuestras historias, sobre todo esa historia tan común llamada indiferencia o rechazo. Porque al no leerla, no nos leen, porque al no conocerla nos borran de la historia. Pero ahora la descubrimos, no como los románticas colegialas que se mimetizaban con ese paisaje similar al de novela gótica, con esos largos vestidos y perdidos sombreros de paja. Ahora nos preguntamos qué habrá querido comunicar la escritora con: «todo un día de calor por delante. Tener que peinarse, que hablar, ordenar y sonreír. Tener que cumplir el túnel de un largo verano con ese puntapié en medio del corazón".[7]

Ahora la leemos y nos desnudamos al acercarnos a su prosa tan auténtica; la miramos asombrada porque esta mujer supo, a pesar de los olvidos y del silencio que la rodeó durante su vida y también en la muerte, atreverse a ser una escritora política. ¿Bombal política? No se rían ni se asusten, porque a mi parecer, escribir sobre historias de mujeres, sobre el placer del deseo, sobre la rebeldía ante valores impuestos es ser política, es acercarse a remover los velos del patriarcalismo. María Luisa supo verse, vernos con el cabello demasiado apretado, con los espejos siempre imitando a otros: "Mi marido me ha obligado después a recoger mis extravagantes cabellos; porque en todo debo esforzarme en imitar a su primera mujer".[8] Pero también nos vio desnudas contemplándonos en un estanque, solidarias y poderosas: "No me sabía tan blanca y tan hermosa".[9]

María Luisa sí dejó más de dos novelas y un par de cuentos, pero aún pasarán muchas lunas, muchas guerras para que todos sepan esta verdad. Ahora muerta, los culpables la leen, dicen que siempre la admiraron, pero jamás éstos escribieron una reseña de sus libros en el periódico de los influyentes y prefirieron leer a los 'grandes autores' en sus clases. Pero sí en privado, la recomendaban a inocentes y esbeltas estudiantes. Tampoco la honraron con el máximo galardón del país, el Premio Nacional de Literatura; también su colega Gabriela Mistral tuvo por cierto que obtener el Nóbel antes de ganar el codiciado Premio Nacional manejado por los académicos masculinos.

Estoy segura que a María Luisa poco le importa la actitud de los solapados; ella siente que las raíces de la tierra nacen de su cuerpo y se incorpora a ésta con ganas, con amor, porque en este sitial no será una exiliada de los círculos literarios, no será una figura anómala por su exigüidad. Su escritura no será extraña sino que será un lazo, una hebra mágica que no parará de bordar una historia que es la tuya y la mía.

Qué suerte haber encontrado a esta escritora, invisible por tantos años; pero ahora no es tiempo de lamentos, hay que celebrarla, volverla a leer, dialogar con ella, asumirse ante sus páginas, porque en sus escritos estamos, somos . . .

WELLESLEY COLLEGE

Notas

[1] María Luisa Bombal, "La maja y el ruiseñor". En *Recuerdos de infancia*, vol. 1 (Santiago, Chile: Ediciones Universidad Católica, 1975), p. 15. Todas las alusiones a esta ciudad entre comillas pertenecen a este texto citado.

[2] *La última niebla,* 8 ed. (Santiago, Chile: Editorial Orbe, 1975), p. 43. Todas las citas de esta novela pertenecen a la misma edición.

[3] *La última niebla,* p. 52.

[4] Esta idea proviene de "le rire de la médusse", *L'arc*, no. 61 (1975), pp. 39-54.

[5] *La última niebla,* p. 84.

[6] *La amortajada,* 1 ed. (Santiago, Chile: Editorial Universitaria, 1981), p. 107. Todas las citas referentes a este libro vienen de esta edición.

[7] *La amortajada,* p. 77.

[8] *La última niebla,* p. 4.

[9] *La última niebla,* p. 43.

MARIA LUISA BOMBAL
O LA BUSQUEDA DEL AMOR

Ester Matte Alessandri

La conocí hace más de 40 años. Le di la mano por primera vez en Viña del Mar, en casa de Neruda, cuando llegó a Chile. Se vino a vivir a Santiago cuando su madre murió en Viña. Vivía con mi amiga Isabel Velasco, a donde la visitaba casi dos veces por semana. María Luisa nació en Viña del Mar y luego se educa en Francia y estudia filosofía en la Sorbonne.

Cuando era muy joven frecuentaba el restaurante La Bahía de Santiago, hoy desaparecido. Iba con un médico, que entonces era su amor. Me seducía su presencia. Ella usaba su chasquilla de siempre que conservó hasta la muerte. Los amigos que me invitaban la buscaban al entrar para que nos sentásemos en la mesa vecina. De mis acompañantes oía sólo el susurro de su conversación, mi espíritu auscultaba esos ojos negros, profundos y tiernos, evadidos del sitio donde se encontraba. Su intenso diálogo con el Facultativo no percibía por suerte, mi insistente mirada. ¿Qué sucedió con el médico? Cuando fuimos amigas me explicó. Como todo ser íntegro y pasional ella se daba entera, el amigo prometía lo mismo, pero la escritora tenía la intuición de que la familia del profesional se opondría a toda relación con ella por ser escritora. Un día, éste faltó a la cita acostumbrada, según dijo por el cumpleaños de su abuelita. Días más tarde hojeando una revista que nunca caía en sus manos, lo ve en una foto del debut en sociedad de una joven aristocrática. La fiesta coincidía con la fecha exacta de la ida donde la abuelita. Hasta allí llegó el amor. Convenciones y mentiras no aceptaba. Se le murió por dentro que es la peor de las muertes. Se despidió de él y le deseó ser muy feliz.

Conoce al aviador civil Eulogio Sánchez, militante y dirigente de un movimiento que se llamaba Milicia Republicana: civiles organizados militarmente para defender la democracia después de la caída del Dictador Ibáñez, derrocado en 1931. Poco más tarde se disolvía la milicia, el Ejército había regresado a sus cuarteles. María Luisa continuaba enamorada de su aviador civil. Un amigo común me contaba que era tal el poder mental de la escritora, que concentrándose y llamándole mentalmente, Eulogio acudía rápido dejando una reunión o una comida. Ella se hacía la indiferente. Pero su intuición le decía que algo andaba mal, adquirió una pistola e intentó suicidarse en el departamento de Eulogio. Se hirió un brazo. El la mandó a Buenos Aires con la promesa de ir a su encuentro y vivir el amor lejos de tanto compromiso. Ella sólo supo del matrimonio de Sánchez en Santiago. A Buenos Aires jamás llegó.

Mientras tanto María Luisa ingresaba en Buenos Aires al grupo que encabezaba la interesante escritora argentina Victoria Ocampo, directora de la excelente revista *Sur*. Fue actriz de la película "Casa del Recuerdo" con Libertad Lamarque. Victoria le publicó sus cuentos y allí editó por primera vez *La última niebla*. Según el escritor chileno Enrique Lafourcade en un artículo publicado a raíz de su muerte en el periódico *El Mercurio* de Santiago (11 de Mayo de 1980): "en 1935 publica *La última niebla*, que es examinado con creciente asombro por sus amigos, como una muchacha tan joven —tenía entonces 25 años— podía manejar una prosa tan firme, delicada y violenta". Tres años después publica, otra vez en Buenos Aires, *La amortajada* y finalmente en 1939, en la revista *Sur*, sus dos novelas breves o cuentos largos: "El árbol" y "Las islas nuevas".

Se casó con un pintor: Jorge Larcos, heredero de una tía muy rica que al redactar el testamento puso por condición que su sobrino tenía que estar casado. Con el artista fue profundamente desgraciada. La maltrató y humilló. Ella optó por separarse. Más tarde se entusiasma con otro argentino, que como Sánchez en otro tiempo, le promete venir a Chile a desposarse. No aparece jamás. Culpa de su mala suerte a ese Eulogio que aún danzaba en su mente y a quien apoda "su ángel negro". Nuevamente la pistola y un día que lo encuentra en la calle le dispara a quemarropa. Eulogio desde la Posta de la Asistencia Pública, solicita que la absuelvan de todo castigo. La defiende en especial el Pen Club al que ingresó a raíz de *La última niebla*. Ricardo Latcham, el famoso ensayista, crítico literario y profesor de la Universidad en Literatura Hispanoamericana, gran conocedor y amigo de los escritores de América y que presidía entonces el Pen Club de Chile, la defiende encarnizadamente con su verba elocuente y su pluma. Los intelectuales chilenos vibran al unísono. ¿Qué le sucedía en el amor? Como ser vehemente, pasional y tormentoso encontraba su razón de vivir en la pasión sentimental, intentando aprisionar el amor, adherirse como hiedra. Estar juntos día y noche, empedernida romántica, criatura de sueño como sus libros, chocaba con la realidad. El hombre necesitaba horas libres para su trabajo e incluso para amar a otra, como Sánchez.

No pude olvidar jamás a la escritora del restaurante La Bahía. Cuando leí *La última niebla* y *La amortajada* aumentó mi interés en su personalidad. Emitía efluvios que los seres sensibles percibían. El crítico de entonces del diario *El Mercurio* de Santiago, reconoce este don de María Luisa.

Recobra en Chile la libertad y parte a Estados Unidos donde se casa con un conde francés sin mayor fortuna de apellido Saint Phalle, que la quiere de verdad según siente y confiesa la escritora. Nace una hija, que ya mayor es matemática y que no se aviene para nada con su madre, es su polo opuesto, la ignora. Briggite, la hija, no se digna jamás a dejarla penetrar su intimidad. Desde que era muy niña solía llamarla María Luisa, gozándose en que ella le respondiera sin reparar en la falta de respeto que significaba de parte de una hija adolescente el interpelar a la madre por su nombre.

La pregunta que nos hacíamos cuando vivía en Estados Unidos: ¿Por qué no escribe? Tal vez se debió a que ese ser torturado encontró cierta paz en Saint Phalle. Muere Saint Phalle, vuelve donde su familia a Buenos Aires, donde su hermana y luego donde su madre a Viña. La situación económica familiar era precaria. Si Saint Phalle le dio cierta paz, no anuló a la escritora como se creía. A su sobrino Carlos Bombal, hoy alcalde de Santiago, dejó baúles de obras inéditas y tal vez inconclusas, escritas en inglés. María Luisa pertenecía a esos seres sensibles, que como dice una hermana mía, semejan mariposas a las que hasta el aire si roza sus alas, las despedaza.

SANTIAGO, CHILE

ALGO SOBRE MARIA LUISA BOMBAL

Isabel Velasco

En Viña del Mar, el 8 de junio de 1910, año del Centenario de Chile, en la casa número 125 del Paseo Monterrey, nace María Luisa Bombal.

Así, sus padres, Martín Bombal Videla y Blanca Anthes de Bombal, como regalo por su centenario, dieron a Chile uno de sus más prominentes escritores.

Doce años más tarde fallece don Martín Bombal dejando a doña Blanca con tres niñas, María Luisa y las mellizas Blanca y Loreto.

Es entonces cuando doña Blanca decide, tal vez guiada por una premonición, educar a sus hijas en los mejores colegios y universidades de París.

A los veinte años de edad María Luisa obtiene el título de Licenciada en Letras en la Sorbonne. Sola y sin apoyo y consejo de su familia que hacía tiempo había regresado a Chile, debe decidir, escoger su destino. Dios había dotado en demasía a esa niña. Esa niña que había sido afortunada al dársele los medios para desarrollar su enorme talento debe escoger, decisión harto difícil para ella, entre la música que se manifestó por medio del violín y la literatura, en ese entonces señalada por sus ensayos y trabajos universitarios.

A los veintiún años, en 1931, regresa a su patria con un bagaje de ilusiones, cultura y nada más. Sus famosas novelas no iban aún en su pensamiento. Antes debía vivir, sufrir y recorrer el escenario de *La amortajada, La última niebla* y *La historia de María Griselda.*

Sí, sufrir. Pero entonces, ¿cómo se explica tanta madurez en sus personajes, que son ella misma? Sufrir soledad y traición agranda, obliga a crear un mundo irreal, subjetivo, mágico y terrenal. Hasta sus últimos días María Luisa vivió en ese mundo tan pleno para una escritora que no quiere nada más de la vida. Pero pienso que a los veinticuatro años, cuando se tiene un camino liviano porque la vida recién empieza, debió pesarle el dolor y la soledad a aquella desamparada mujer que vagaba por la niebla.

Entre los años 1931 y 1933, después de su regreso de Francia, María Luisa viaja al Sur para radicarse unos meses en el fundo de unos parientes. De allí toma la vegetación, un parque, una casa y crea su primera novela, adaptable por su estilo y costumbres a cualquier país, es decir, universal— *La última niebla*, que en 1934 le publican en Argentina.

De ese mismo lugar toma los bosques y ambientes en que vivió Ana María, protagonista de *La amortajada*, novela que también es publicada en Argentina años después, en 1937.

Claro está que en esa época Chile no dio a María Luisa oportunidad. Pareciera que el sino de nuestra patria fuera el de no creer ni reconocer a sus escritores.

Con el correr del tiempo y por segunda vez, Chile negó definitivamente a María Luisa, al no otorgarle el Premio Nacional de Literatura. Ese Premio Nacional que es agradecimiento público para un escritor leído, conocido y traducido a más de diez idiomas, era justicia. Justicia porque contrariamente a lo que se ha dicho y argumentado, María Luisa escribió siempre y prueba de ello es un libro que este año debía entregar a su editor argentino Rafael Rodríguez. Antes de emitir juicios hay que documentarse y documentos son sus libros inéditos, entre otros "El Canciller", obra de teatro, y la última novela, cuyo títilo por superstición guardaba celosamente, y que a su parecer superaría a las anteriores.

De la obra de María Luisa poco puedo agregar después del acabado y profundo estudio que como prólogo de *La última niebla* hizo el filólogo y crítico Amado Alonso. Al comparar esta obra con la narrativa chilena de la época, expresó que

> . . . el influjo de ese ambiente literario sobre María Luisa Bombal apenas ha podido alcanzar a más que avisarla —quizá— sobre la vigencia todavía actual del relato como procedimiento circulante de expresión y de creación. Pues fuera de haber elegido la narración de una historia imaginada como medio de expresarse, el arte de la Bombal queda extraño al de sus compatriotas.[1]

Quisiera agregar que María Luisa Bombal no tan sólo inició un cambio literario en Chile sino que además en toda la América de habla hispana, debido al fino uso de nuestro idioma y por su creatividad. Cuando digo que María Luisa Bombal inició un cambio literario es porque su estilo rompe los marcos y esquemas tradicionales de algunos escritores latinoamericanos.

Su prosa ágil, que no reconoció fronteras, unida a un espíritu infinitamente sensible, marcó sus libros con profundos rasgos poéticos:

Tú me hallabas fría porque nunca lograste que compartiera tu
frenesí, porque me colmaba el olor a oscuro clavel silvestre de tu
beso.[2]

Beso que los arpegios de Mozart, en su cuento "El árbol" le brinda-
ron . . . "una escalera de mármol azul por donde ella baja entre una
doble fila de lirios de hielo".[3]

Vi por primera vez a María Luisa Bombal en la Sociedad de Escritores en 1974, unos meses después de que llegara a radicarse definitivamente en Chile. Un martes ella vino a una Sesión de Directorio. En
un rincón, callada, sin interrumpir, sin hacerse notar pasó inadvertida
hasta cuando Luis Sánchez Latorre le dio la bienvenida. Entonces se
levantó; tímidamente inclinó la cabeza para nuevamente volver a sentarse y a sumirse en su mundo. Después fue rodeada, todos la admira-
ban. No me atreví a acercarme a ella. Más tarde María Luisa me pidió
que la llevara de regreso; María Luisa pasaba unos días en su casa. Me
resistí, no la llevé; pensé que en el camino, ¿de qué podría conversar
para no parecer tonta o superficial? A esa escritora legendaria, a esa
mujer con una vida hecha novela, creadora de una obra que no cansa
porque cada vez que uno se introduce en su magia descubre nuevas y
fascinantes facetas, preferí no hablarle.

Días después conocí realmente a María Luisa, quedé asombrada.
Había leído mis libros, le habían gustado y me regaló como recuerdo
La amortajada con una dedicatoria que decía "a mi colega".

Ser amiga de María Luisa fue lo más fácil del mundo. Enorme-
mente sencilla, no hacía notar su superioridad intelectual. Amena y
chispeante pasaba rápido el tiempo en su compañía.

Quien conoció a María Luisa, no pudo dejar de quererla. Habiendo sabido de penas, fue inmensamente humana y comprensiva. Gustaba especialmente ser amiga de personas más jóvenes que ella. Se interesaba por todo lo que le contaran; jamás se aburría de escuchar para
dar un consejo noble, enseñar, consolar o simplemente alegrarse por
lo bueno que podía suceder a los demás.

Un día escribí lo que hoy, mucho tiempo después, repito: "La
franqueza de María Luisa no hiere porque sabe decir las cosas. Por
María Luisa he podido captar que los grandes son sencillos, humildes
y esperan en la última fila".[4]

María Luisa, vastamente culta y dueña de una inteligencia superior, era poco práctica e incapaz de valerse por sí misma en todo terreno que escapara a los límites de la literatura y es por eso que no le gustaba salir sola. Riendo comentaba que no sabía sumar y que había ol-

vidado las cuatro operaciones aritméticas. Nunca la vi sacar cuentas y desde luego no tenía idea de cómo extender un cheque. En su libreta bancaria aparecían diferentes caligrafías ya que el amigo que estuviera cerca debía auxiliarla.

María Luisa, crédula, delicada y sana de espíritu, había veces que tejía historias, les daba vida, las creía ciertas y era entonces cuando se volvía desconfiada y difícil. Se retraía, prefería no recibir a nadie, no asistir a actos públicos y quedarse tardes enteras dedicada a la lectura. En esas ocasiones le costaba recibir a los periodistas, por quienes sentía un gran respeto; además abominaba que la entrevistaran con grabadoras. "Es que a veces digo palabrotas —comentaba— pero nunca las escribo".

Recuerdo una vez que la acompañé al Colegio "Las Teresianas", donde era esperada con gran ansiedad. Pasaba la mañana, la charla se llevaba con mucha compostura, las alumnas consultaban detalles y más detalles acerca de su cuento "El árbol" hasta que, frente a una pregunta de que cómo era Luis, María Luisa olvidó donde estaba y recordando al frío y distante marido de Brígida exclamó rápida y espontáneamente: "—ése . . . ése era un viejo de mierda!" Se rompió el hielo. Después del estupor tanto de ella como de las colegialas, vino el desorden y en medio de risas y chacota, María Luisa retrocedió a sus quince años. La fiesta terminó cuando apareció, a poner orden, la Directora, quien casi se desmayó al ver a la Bombal que, chasquillas al viento y sentada en un pupitre era quien más bulla metía.

Historias como ésta, no faltaban en su vida. María Luisa constantemente era llamada por colegios y universidades. Nunca dejó de lado una invitación de esa naturaleza porque consideraba que allí se encontraban sus lectores más importantes. Regresaba de esas visitas con los brazos cargados de flores y comentando alguna "metida de pata" que era como llamaba jovialmente a sus espontáneas respuestas.

María Luisa se pasaba horas con la vista tras la ventana. Era que escribía en su mente para luego, por las noches, cuando todos dormían, hacer notas.

Por las mañanas amanecía su mesa de trabajo llena de borradores tachados y con anotaciones al margen. Escribía y borraba. Se exigía mucho. Su prosa debía ser perfecta; "escribir bien es lo más difícil del mundo", decía siempre.

En innumerables oportunidades María Luisa se declaró poeta, aunque con pena después lo negaba exclamando "soy demasiado lógica para escribir, no puedo ser poeta".

Ultimamente María Luisa pasaba de la alegría a la tristeza. Se había acercado mucho a la iglesia, rezaba y tenía gran fe en la Virgen. Continuamente hablaba de su hija y de Fal Saint Phalle, su marido, a quien quiso por sobre todo. Pienso que ella sabía que le quedaba poca vida y daba la impresión de estar cansada de existir. La gran preocupación era cumplir con su palabra dada a Fal cuando él estaba ya muy enfermo: terminar con el libro empezado hacía algún tiempo. Ese libro lo tenía dedicado al propio Fal y a su sobrina Blanca Isabel Alvarez de Toledo de Mitre, quien desde hacía bastante tiempo y hasta los últimos días de María Luisa, le procuró los medios necesarios para que viviera sin aflicciones y en la forma que lo merecía.

Un día María Luisa me dijo: "no moriré antes de cumplir con mi promesa hecha a Fal y aunque demore no importa, mi libro tiene que ser perfecto".

Desgraciadamente Dios no lo quiso así y hoy los borradores de ese libro —conjuntamente con los borradores de otras obras inéditas— están depositados en la bóveda de un banco, en espera a que decida sobre la publicación póstuma su hija y única heredera, Briggite Saint Phalle Bombal.

María Luisa, aparentemente de poco carácter, cuando algo se proponía lo conseguía y cuando prometía cumplía, es por eso que me ha costado hacerme la idea que su fin llegaría así, tan traidoramente y de improviso, el 6 de mayo de 1980, pocos días antes de que cumpliera setenta años.

De María Luisa Bombal tengo tantos recuerdos, tantas anécdotas muy propias de su mente abismante siempre, infantil a veces. Tantos recuerdos que un día los recopilaré para publicarlos en su homenaje.

Contando de una empleada que la cuidó cuando niña, María Luisa sentenciaba risueña: "te va a pasar un chasco por andar andando, entonces no te quejes".

Y es que, como me he puesto a "andar andando", al querer contarles acerca de la personalidad de María Luisa, les ruego que me comprendan si he hablado un poco de mí pero sucede que resulta difícil el intentar hacer un perfil de quien se ha tenido muy cerca sin nombrarse a sí mismo. Si así ha sucedido perdonen; mi ánimo sólo fue mostrar a nuestra gran escritora María Luisa Bombal en una dimensión sencilla, cariñosa y profundamente humana porque así fue ella.

SANTIAGO, JULIO DE 1980

Notas

[1] *La última niebla,* 8a. ed. (Santiago, Chile: Editorial Orbe, 1975), págs. 11-12.

[2] *La amortajada,* 6a. ed. (Santiago, Chile y Buenos Aires, Argentina: Coedición Editorial Orbe/Editorial Andina, 1969), pág. 29.

[3] "El árbol", *La última niebla,* 8a. ed. (Santiago, Chile: Editorial Orbe, 1975), pág. 89.

[4] I. Velasco, *Quién es quién en las letras chilenas* (Santiago, Chile: Editorial Nascimento, 1978), págs. 28-29.

CONVERSACIONES CON MARIA LUISA

Sara Vial

Nos hemos reunido esta tarde de invierno para evocar a María Luisa; lo hacemos en el ámbito recogido de esta antigua casa, gemela a la que fuera la suya, de infancia, en el número vecino de la centenaria edificación que evoca toda una época de Viña del Mar, en la calle Montaña 788.

Desde los jardines de la casona del lado, María Luisa Bombal y sus dos hermanas mellizas, Blanca y Loreto, se comunicaban, por juego, con las hijas de doña Carolina Pereira, a través de un teléfono de hilo, cajitas de cartón atadas a los dos extremos de un largo cordel, espiándose a través de las palmeras del jardín, con repolludas faldas, y el cabello sujeto con grandes cintas.

Si el tiempo no hubiera transcurrido, como en los quietos ojos de doña Carolina, que con largo vestido y una rosa cerca de su zapatito nos observa retrospectiva desde el alto y dorado marco del gran retrato que decora esta sala, aún estarían ellas parloteando, como hadas furtivas, liberadas de sus respectivas nodrizas, ya que, curiosamente, su madre Blanca D'Anthes, mantenía dos: una para las dos hermanas mellizas y otra para María Luisa.

Nacida en el Pasaje Monterrey No. 120 de subida Agua Santa, desde el cual la familia se trasladó a esta cuadra, vino a este "complicado mundo", como ella hubiera dicho, un 8 de junio de 1910, para morir en Santiago de Chile en una solitaria sala de hospital. La que habitó durante su vida en grandes capitales, Washington, París, Buenos Aires, llegó a morir en la suya, aunque no en su ciudad natal, en que hoy la recordamos, en un sencillo homenaje nacido del corazón de quienes fuimos sus amigos.

Estuvo en esta casa muchas veces, en conferencias o conciertos, a los que llegaba con tristeza.

"No puedo soportar el edificio moderno, horrible, que han levantado en el lugar en que estuvo mi casa", suspiraba. "Me deprime mirar este moderno edificio de departamentos, en su mole colectiva, me duele que hayan echado abajo la hermosa, vieja casa, con el pequeño parque y la fuente y la escalinata de mármol y la pequeña galería, igual a ésta, donde nos sentábamos con mis hermanas . . ."

Habían demolido en efecto la casa paralela, y el tiempo, que nada perdona, no sólo había cortado el teléfono de hilo, sino derrumbado para siempre su hogar de calle Montaña, del mismo modo que ocurriera con su casa natal, del Pasaje Monterrey.

"Hay ahora allí una fea bomba de bencina", se quejaba, como si le hubieran asestado un golpe a mansalva. Oh, el progreso. Lo mismo había ocurrido cerca de la casa materna de calle Poniente, donde se levantaba un antiguo y frondoso castaño.

"¡Existe ahora otra estación de servicio ahí! Cuando cortaron el árbol, sentí como si me cortaran a mí también las raíces. Y pensé que también, sí, también yo me iría . . . como en mi cuento".

María Luisa, al volver de Buenos Aires en 1973, vivió un tiempo en el chalet de su madre, cerca del estero que divide, con su lanzada silvestre, la ciudad. Vino a radicarse definitivamente, después de tanta vida errante por el mundo. Y como si la persiguieran de algún modo las visiones o circunstancias de sus cuentos, se hizo amiga de aquel árbol de la esquina, que reconciliaba sus ojos de un paisaje exterior que no le gustaba. Después, a poco que derribaran el árbol, se marchó a Santiago, donde murió a los pocos meses.

Y ese árbol que cortaban el año 73 en su esquina, era también un refugio que volvía a quebrarse, en esa realidad hecha de fantasías sin la cual María Luisa, como Brígida, no podía vivir.

Más de una vez me dijo: "No te habrá escapado que me avengo más con los árboles y los ríos que con el mar, con los bosques, la tierra. No sé por que será. Tú creciste junto al mar alegre de los puertos, con barcos que llegan desde lejos. El mar de Viña es un mar solitario . . ."

En su pequeño, nostálgico artículo que tituló "La maja y el ruiseñor" y que más tarde amplió para unos recuerdos de infancia publicados en la antología "El Niño que fue" surge este lejano coqueteo suyo con el mar, que sólo toma como protagonista en uno de sus cuentos, "Lo secreto", y anteriormente en la primera versión del mismo, "Mar, tierra y cielo", pero al que nunca se entregó con pasión fundamental.

Allí, sin embargo, recordaba el mar, en su estilo de juego divagador.

"Y aún cuando con los ojos vendados me pasearan por el mundo entero tratando de perderme por sus caminos, con los ojos vendados me bastaría respirar hondo, tan hondo, tan sólo una vez, para saber que me encuentro en Viña del Mar.

Pero, cómo, por qué, se me pregunta.

—Porque nadie que haya nacido y vivido sus primeros años en Viña del Mar dejaría de reconocer al instante ese aire oloroso; mezcla de jardines recién regados y de cálidas neblinas, más la fragancia amarga de los pinos de los cerros en la Quinta Vergara, unida al aliento azul y frío del mar.

Un perfume único, diríamos . . .

En todo caso inconfundible . . . para nosotros, contesto. "Viña del Mar: lindo nombre para un perfume . . ."

Y prosigue, como soñando: "Oigo el silencio de Viña del Mar en un día tibio de invierno . . . Silencio desgarrado a ratos por gritos gozosos de niños a caza de los tímidos, destructivos caracoles escondidos tras las enredaderas de geranios, siempre en flor.

Sí, sí, por supuesto, —se me interrumpe precipitadamente— pero, diga aún ¿qué otra cosa puede Ud. oír, así, de tan lejos, después de tantos años?

—Bueno, algo insignificante. Algo así como el golpeteo de mil pies muy livianos en una marcha como de duendes . . . es la garúa, azotando el asfalto de avenidas y calles tranquilas, en donde taciturnos faroles empiezan a encenderse uno a uno.

—El silencio, los niños, los caracoles, la lluvia —pero, ¿y el mar? ¿Que no existe? ¿No se lo oye? . . .

—Oh, el mar, contesto con inconsciente frivolidad— claro, el mar. ¡Ahí esta! Pero, si he de hablar con franqueza, durante el invierno los viñamarinos lo echamos totalmente al olvido. Despechado, por cierto, de repente se levanta en tremendos temporales, y amenaza, y grita ronco, llevándose cuanto puede alcanzar por sus orillas. Así y todo no es mucho lo que logra impresionarnos.

—Durante el invierno, pero, ¿y en el verano?

—En el verano, ¡oh! en el verano es muy distinto . . .

Y arrastrada de pronto por la pasión del recuerdo, hablo y explico de nuestro mar en verano. De cómo, apenas lo buscamos, él vuelve a ser nuestro mejor compañero. Y, de cómo, desde mi casa, allá en el fondo de la calle Montaña, durante toda la noche percibíase nítidamente el nacer, alzarse y desplomarse de cada ola, y hasta el suspiro de la espuma que ésta desparrama por las arenas. Un breve silencio, hecho de luna y de nuevo el murmullo del nacer, alzarse y desplomare de la próxima ola, y de la siguiente, y de la otra . . . El mar, en verano, el corazón mismo de Viña. Un corazón manso cuyas palpitaciones podíamos contar . . .

—Las olas, la luna, la espuma . . . Pero, ¿y la gente? —Se me pregunta.

"Sí, quizás; a veces me escribe, pero ella no puede sentirse cómoda con una madre como yo, y en cierto modo la comprendo, pero las cosas privadas no pueden escribirse. ¿Para qué? Me gusta otro tipo de literatura, donde no tengamos que estar forzosamente amarrados por los hechos, la realidad . . . Escribir mi vida sería tan doloroso como volver a vivirla. ¿Sabes, Sara? Tendrías que hacerlo tú . . ."

" . . . . . .

"Sí, sí, tú me entiendes, porque eres poeta. Tu podrías hacerlo, pero yo tendría que darte fechas, cosas concretas, y eso me fatiga, me aplasta. Antes tenía fuerzas, ahora no".

Escribí una vez que en María Luisa Bombal el drama del escritor adquiría contornos patéticos. Después de sus dos novelas prodigiosas, sus mágicos cuentos, no era ya la misma.

"Adoro mi obra porque es tan breve, pero no puedo repetirla, y no puedo, me persiguen mis personajes, me muevo dentro de una prisión. Nada de lo que hago, después de ella, me satisface. Y cada día me cuesta más escribir. El lenguaje me provoca verdadera ansiedad, angustia. No sé si será porque estuve viviendo en inglés durante treinta años en Norteamérica. Escribí mucho en inglés también. ¿Sabes? Mi hija empezó a leerme en castellano, hace un tiempo, y se admiró de mí y me dijo que recién estaba conociéndome, dándose cuenta de lo que yo era. Maravilloso, ¿verdad? A ella no le gustó nunca lo que yo escribía en inglés. Ay, pero siento que me faltará vida para escribir lo que quiero, la novela que prometí a Phall (mi marido) cuando murió. Un tema bíblico. El era muy místico, le interesaba la idea y me animaba, pero estoy empantanada, mi sentido crítico es excesivo y me impide concretar en el hecho físico el libro que tengo, ya completamente escrito, adentro de mí. 'Y Caín habló'. ¿Te gusta el nombre?"

Y murió sin cumplir lo prometido. En medio del inconcebible olvido oficial, cuando encuestas y toda la opinión pública, la daban como —¡al fin!— ganadora ese año. El mezquino Premio Nacional, entre cuarenta escritores varones, sólo ha premiado a tres mujeres: Gabriela Mistral (a los ocho años del Nóbel), Marta Brunet y Marcela Paz.

"Marcela Paz merece el premio", solía decirme, cuando tocábamos el inevitable tema. "En Chile sólo se premia a los hombres y ella vale más que muchísimos premiados, con el encanto de su literatura para niños, que adoramos los grandes".

Pero murió, sin ver reconocida a la autora de "Papelucho". El premio se da cada dos años. "Papelucho", como Tom Sawyer y Nils Oldsgersen, pertenece ya al mundo de los clásicos.

Sin embargo, estaba viva —y era la candidata más popular—

cuando en el año 79, el premio se le concedió a un gramático y filólogo.

"Los gramáticos nos entregan los instrumentos para crear, pero ellos no crean. No son artistas. Este año han terminado por matar, asesinar la imaginación, el arte de imaginar, que es lo que entrega el escritor. Los gramáticos nos dan los instrumentos para crear y nosotros tomamos los utensilios y escogemos los que nos parecen adecuados a nuestros trabajos. Por eso, es la creación lo que debe premiarse. Ese año se desplomó". La vi llorar, ella que jamás lloraba, sentada en un sillón de mi casa, envuelta en su abrigo de piel, pues aunque hacía sol, sentía frío.

"¿Ves, Sara? A mí no me lo darán nunca. Nunca".

Entonces apareció en su casa el oso hormiguero. No los hay en nuestro país pero, igual que a María Griselda, la perseguían las cosas sobrenaturales.

"Está en el muro del jardín, mirando hacia acá, mientras hablamos", me dijo por teléfono. "Tiene la cola muy larga, parecida a la de las ardillas, el hociquillo puntudo y es de color castaño rojizo. Se sube a los árboles, hace hoyos en el jardín y come puré de papas. Es la mascota de un barco que cargaba petróleo en la playa de Las Salinas. Dicen que los marinos lo buscan por todos lados y él está aquí, escondido en mi jardín. Se vino saltando por las cercas y no quiso irse más".

El fortuito suceso la hizo olvidar momentáneamente su pena. El oso hormiguero, jugando arriba de los árboles, era también como un árbol, capaz de dar fuerzas, temblor, apoyo y una solidaria fantasía.

A veces, tomaba con prisa su último vaso de vino blanco.

"Debo irme. El oso hormiguero está esperándome. Debe estar devorando todo el jardín, pero a mí me obedece".

Por unos días la vi tan regocijada y olvidada de todo, hasta de la enfermedad que tornaba cada vez más vacilantes sus pasos sonámbulos al cruzar el puente Villanelo, sobre el estero que separaba nuestras casas. A través de los sauces, cuando la niebla que llegaba desde el mar borraba los contornos, me parecía verla jugar con el oso hormiguero, como cuando, a los ocho años, lo hacía, desde la casa vecina, por el teléfono de hilo.

Pero unos días después de aquella fábula, llegó lentamente, con los ojos hundidos y dramáticos, bajo la chasquilla trivial. El pequeño osito había amanecido muerto, en la playa, en el mismo lugar desde el que había venido. Había llovido torrencialmente la noche anterior y María Luisa lo había visto huír, entre los relámpagos.

"No lo repitas, es trágico. Di solamente que se fue a jugar a otros jardines", me pidió, como queriendo retrasar la realidad. Muerta la fantasía, retornaba la vida gris, desnuda, cruda, como cuando derribaron el gomero.

"Me trajo alegría", suspiró. "Creí que también me traería suerte, me llegaría dinero y podría pagarme una dama de companía, o una buena enfermera, ya casi apenas puedo conmigo misma".

Eran los días en que, en Costa Rica, se había lanzado una edición pirata de 150.000 ejemplares de *La amortajada* y otra de *La última niebla*. Su editor argentino había entablado una querella contra el desaprensivo editor costarricense. Pero María Luisa, que no entendía el mundo de las finanzas, siempre estaba escasa de dinero, por mucho que sus ediciones se multiplicaran.

"Es normal que los escritores nunca sepamos qué pasa en estos áridos terrenos, donde la palabra dinero nada tiene que ver con la poesía", se lamentaba. "Sin embargo, ha habido tiempos en que mis editores me han dado suficiente dinero cuando lo he necesitado, me han financiado estadías en hoteles, donde he podido escribir con tranquilidad, o simplemente, alejarme de la gente. Pero ahora, todos parecen haberme olvidado".

María Luisa, la abeja de fuego, así bautizada por Pablo Neruda. No parece verdad que una abeja como ella pudiera convertirse un día en cenizas, póstumo deseo cumplido por su hermana Blanca, que se llevó a Buenos Aires el ánfora pequeña, con la impalpable substancia que restó de todo. Acaso olvidó sugerir que la leve materia fuese dispersa sobre la tierra olorosa de "los jardines recién regados" de Viña del Mar. Acaso ningún jardín le pareció ya lo suficientemente secreto.

Vivió unos meses en el piso diecisiete del edificio del Portal Alamos, en la céntrica calle Valparaíso, que abominaba. Yo no podía acompañarla con la frecuencia que lo necesitaba, en su soledad, y mi madre, con la cual se encariñó, se fue a vivir con ella unos meses, para lo cual hizo trasladar, incluso, su piano desde su casona del Cerro Alegre. A través de ella, la conocí aún más, en su sobrecogedora y alucinada personalidad, sus noches sin sueño, que la sorprendían al alba, con un vaso de vino blanco en las afiladas manos, mirando el vacío, sentada, con su largo camisón, en medio del living, a veces con los pies desnudos . . .

"Mira, míralo, allí está Phall", decía entonces, fijando los ojos en los cerros distantes, en las masas de nubes sobre los cerros.

"¿Lo ves? Me está mirando, sabe que estoy aquí, y me llama. Ahora, me tiende los brazos. Quiere llevarme con él. Pero no puedo irme aún . . . Tengo que escribir mi libro, tengo que hacerlo. Se lo prometí, durante su agonía. Ay, ¡como sufro con la idea de este libro!''

''Toca tu música'', suplicaba a mi madre. ''Es la única que me alegra. Chopin, Mozart, mis compositores favoritos, ya no puedo escucharlos. Me entristecen demasiado. Todo me entristece tanto''.

Día a día, su contacto con la realidad era más frágil. La vida se iba convirtiendo en un peso que la abrumaba. Las pequeñas obligaciones sociales suscitaban en ella arranques de cólera, o desesperación. Cualquier momento previo a algo la trastornaba. Los accesos de depresión se iban volviendo más y más frecuentes, y graves. Un día, con los ojos secos, perdidos más allá de las murallas, gimió:

''Los hijos, Sara, los hijos nos impiden morir. Ya no deseo vivir más y cada día es un sufrimiento, cada movimiento repetido para vestirse, para sentarse a comer, para atender a la gente, para aparentar conformidad. Pero yo no podría irme ya, de la vida, voluntariamente, como cuando una vez, tan joven, tan loca, lo intenté. No puedo dejarle a mi hija ese terrible recuerdo . . .''

Hoy estaríamos, acaso, celebrando un nuevo cumpleaños suyo, y estamos, en cambio, recordando su muerte.

Ha anochecido, y afuera, sin ruido, ha comenzado a caer la lluvia, esta lluvia que parece evaporada del corazón de fuego y niebla de María Luisa, esta abeja de fuego que tenía alergia a las abejas y que por ello, nunca permitía flores cerca de ella. Abeja que tal vez por eso mismo, soñó Neruda transformada en fuego, porque tampoco hubiese querido que fueran a dejarle flores a una tumba en la cual se habría sentido prisionera . . .

CASA DE LA CULTURA, VIÑA DEL MAR
28 DE JUNIO DE 1980

II. Estudios críticos

EL PAISAJE DE LA APATIA

Alicia Borinsky

> . . . "la sigue con la mirada, mientras silenciosa y rápida enciende las primeras lámparas. Es igual que su nombre: pálida, aguda y un poco salvaje— piensa de pronto. Pero ¿qué tiene de extraño? ¡Ya comprendo! —reflexiona— mientras ella se desliza hacia la puerta y desaparece.— Unos pies demasiado pequeños. Es raro que pueda sostener un cuerpo tan largo sobre esos pies tan pequeños".[1]

Más allá de la acaso inevitable reflexión acerca de la contemporaneidad de su escritura, injustamente marginada durante varios años, la obra de María Luisa Bombal ofrece al lector una serie de interrogantes que le son idiosincráticos. Su elaboración delinea enigmas sobre el deseo, la sexualidad femenina y la inteligencia peculiar de ciertos sucesos, demasiado secretos para convertirse en parte de una historia. Los textos de Bombal enhebran difícilmente aquello que podríamos querer llamar anécdota para situarlos en alguna variante del género narrativo. Por el contrario, son meandros que *alejan* de la inminencia anecdótica, difieren prolijamente la centralidad de avatares cotidianos sin borrarlos, manteniéndolos en una suerte de virtualidad irrealizada. En cierto modo, entonces, la narrativa de Bombal se enfrenta a la extraña tarea de inventar una fuente de energía para sí que sea diferente de la que atrae inicialmente al lector y le insta a abrir y transcurrir por las páginas del libro. Trabajar a contracorriente de aquello que el lector espera, significa también que la lectura resultante está formada por elementos de *resistencia* al texto, productos de la carencia de seducción que acompaña tan frecuentemente a las innovaciones literarias que cuestionan implícitamente el carácter representativo del lenguaje que las compone.[2] En estas páginas se entretejen conjeturas a partir del doble carácter de esa escritura: aparente falta de mecanismos de seducción que enmascaren la convención literaria por un lado y minuciosa construcción de un andamiaje de ficción hecho de meandros por otros.

La extrañeza de las mujeres

Las palabras de "Las islas nuevas" que sirven de epígrafe a este trabajo proponen a propósito de un personaje particular una situación ubicua en la obra de Bombal: la incapacidad de definir nítidamente cómo es una mujer.[3] La desarmonía entre los pies y el resto del cuerpo de Yolanda es en este relato una manera de justificar las dificultades que su apariencia impone a quien la observa. Sin embargo, la relación entre su nombre y su cuerpo revela la necesidad de un acoplamiento que no precisa justificación alguna. ¿Por qué mecanismo se conectan el nombre y el físico resolviendo, a otro nivel, la incomodidad de esos pies "tan pequeños"? El término que une el nombre de Yolanda a su cuerpo está dado en la forma de una hipótesis que la liga a la naturaleza. Se nos dice que que es "igual a su nombre: pálida, aguda y un poco salvaje. . . ." Yolanda, idéntica a su nombre, tiene una identidad más allá o más acá de la humanidad, un nombre que la acerca al salvajismo, a una naturaleza aún no conquistada. Gracias a su nombre, el desconocimiento de su persona adquiere el misterio de un elemento natural. Así, la pregunta acerca de la desarmonía del tamaño de los pies se yuxtapone a una visión esencialista de lo cifrado en el nombre.

No son sólo quienes al querer llamar a Yolanda invocan simultáneamente —por necesidad conceptual— los enigmas de su salvajismo, los únicos que encuentran difícil reconocer identidades femeninas. En "El árbol" el lector encuentra a un personaje de dudosa inteligencia, Brígida, cuyo padre, cansado de la tarea de educar a sus cinco hijas mayores, la deja librada a su propia suerte. Brígida es, de este modo, la realización práctica de un *semisalvajismo*[4] tal como podría interpretarse a partir de las reflexiones suscitadas por el nombre de Yolanda y su cuerpo. Su belleza es elocuentemente delineada en el relato, así como su capacidad para dejarse llevar por la música hacia una elaboración imaginaria de asociaciones libres. Brígida es interrogante para quienes en el relato son representados como "normales":

Sus dieciocho años, sus trenzas castañas que desatadas le llegaban hasta los tobillos, su tez dorada, sus ojos oscuros tan abiertos y como interrogantes. Una pequeña boca de labios carnosos, una sonrisa dulce y el cuerpo más liviano y gracioso del mundo. ¿En qué pensaba sentada al borde la fuente? En nada. "Es tan tonta como linda" decían. (p. 110)

La verdad de Brígida es su inocencia sugerida como falta de inteligencia o simplemente de educación. El texto deja abierto el problema del origen "histórico" de su circunstancia al mismo tiempo que describe minuciosamente la excelencia de aquella "nada" en la cual ella está enfrascada en su pensamiento. Es la música y la naturaleza. La relación con la música es pasiva: dejarse llevar. Su relación con la naturaleza es menos fácil de delimitar. Brígida *es* naturaleza en el sentido de no haber sido educada; su marido, Luis, le explica que se ha casado con ella por sus "ojos de venadito asustado" (p. 112); el imperfecto matrimonio es descrito por la noche en términos vegetales y climáticos: "él se apartaba de ella para dormir, y ella inconscientemente, durante la noche entera, perseguía el hombro de su marido, buscaba su aliento, trataba de vivir bajo su aliento, como una planta encerrada y sedienta que alarga sus ramas en busca de un clima propicio . . ." (p. 113). La energía erótica de Brígida es descrita como voluntad de crecimiento vegetal, su ser amada como mujer es, literalmente, ser percibida como un animal *asustado*. El relato describe la vulnerabilidad del semisalvajismo de Brígida de modo casi caricaturesco. Hay, inicialmente, el padre que rehusa educarla, el marido viejo que no logra satisfecerla, los que la rodean, presencias anónimas de compromiso con una normalidad amenazadora y extranjera.

El cuento tiene un final feliz cuya resolución gira productivamente alrededor de lo natural. En un pasaje donde la evocación de un concierto se entremezcla con el derribamiento de un árbol que crecía al lado de la ventana de Brígida y cuya fuerza, ayudada del viento, hacía posible una comunicación vital entre ambos, Brígida se *reconoce*. El misterio del cuento es ahora redefinido. No son solamente los lectores o aquellos personajes caracterizados como "normales" quienes desconocen a Brígida. Es ella misma, quien olvidada hasta ese momento de su propia identidad, accede a comprenderse a través del derribamiento del árbol. La comprensión no es analítica sino súbita y confirma la unidad entre Brígida y la naturaleza. Así como el árbol cae de un solo hachazo, su vida se le hace presente en un acto súbito de iluminación:

> . . . aprisionada en las redes de su pasado, no puede salir de su cuarto de vestir. De su cuarto de vestir invadido por una luz blanca aterradora. Era como si le hubieran arrancado el techo de cuajo; una luz cruda entraba por todos lados, se le metía por los poros, la quemaba de frío. Y todo lo veía a la luz de esa fría luz: Luis, su cara arrugada, sus manos que surcan gruesas venas desteñidas, y las cretonas de colores chillones. . . . (p. 126)

La razón que precipita directamente este reconocimiento es la ausencia del gomero. Es como si su pareja con Luis hubiera dependido siempre de otra pareja más esencial: la de Brígida con el gomero cuya estabilidad preservaba para Brígida el engaño que hacía posible su vida con Luis. ¿Pero a qué clase de engaño nos referimos? ¿Cuál es la inteligencia privilegiada que surge de la desaparición del gomero? Brígida no *explica* su relación con Luis sino que la *ve*. La visión tiene poco que ver con los hechos de su historia como matrimonio. Por el contrario, deja de lado esos hechos para presentar solamente la vejez de Luis, los detalles de su cuerpo. El cuarto de la casa compartida con Luis, el refugio, aparece también en su *fealdad*. Las descripciones tienden a presentar el cambio de Brígida como un vuelco sorpresivo en su evaluación de la energía física y estética que movía su existencia. La autocomprensión de Brígida es, así, capacidad de contemplarse como habiendo sido incomprensible. La fealdad de los componentes de su vida trivilizan su pasado y, por contraste, figuran un final feliz al ofrecer la hipótesis de un cambio.

El lector no sabe en qué consistirá el cambio de Brígida, pero el relato ha logrado producir una figura para su "extrañeza" inicial. Si bien su personaje permanece sin explicación discursiva, al cambiar y volverse contra quien había sido, se asimila al lector y comparte su perplejidad.

Brígida y Yolanda son momentos de una tarea de aproximación de la femineidad a la naturaleza que circulan intermitentemente en la obra de Bombal. No se trata de una metafísica del "eterno femenino" que pretende explicar, por la hipótesis natural, una especificidad que cubriría de manera homogeneizante a todas las mujeres. Es por el contrario, una notación de detalles que diseminan a ciertos personajes femeninos en contrapartes naturales que sirven de vehículo para una heterogeneidad de encarnaciones. No es suficiente la hipótesis de la naturaleza para explicar la *extrañeza* con que se recibe la presencia de estos personajes; una vez que la hipótesis es anotada, no obstante, el elusivo carácter de una primera lectura se torna en complicidad entre lector y personaje.[5]

Deseo y anécdota

"Mi cuerpo mis besos no pudieron hacerlo temblar pero lo hicieron, como antes, pensar en otro cuerpo y en otros labios. Como hace años, lo volví a ver tratando furiosamente de acariciar y desear mi carne y encontrando siempre el recuerdo de la muerta entre él y yo. Al abandonarse sobre mi pecho, su mejilla, inconscientemente, buscaba la tersura y los contornos de otro pecho. Besó mis manos, me besó toda, extrañando tibiezas, perfumes y asperezas familiares. Y lloró locamente, llamándola, gritándome al oído cosas absurdas que iban dirigidas a ella". (p. 75)

La novela *La última niebla* tiene como personajes a los miembros de una pareja en apariencia tan desarmónica como la de "El árbol". Son primos que se han casado después de que uno de ellos ha perdido a su primera mujer. La narradora, segunda mujer, describe los encuentros eróticos con su marido como exploraciones por las cuales él busca eliminar la muerte pasada. La pasión que lo une a ella es fidelidad a una energía suscitada por un cuerpo ausente; hacer el amor —desde el punto de vista de la narradora— es participar como *otra*, dar su cuerpo para que de ella surja la mujer inasible; estar allí en el momento del acto sexual es testimoniar su propia ausencia, vaciarse de identidad, dejarse invadir por el deseo de su marido quien al mismo tiempo que la posee, la rechaza. Esta pasión es intensamente nostálgica. Por ella se reactiva una pérdida, se desvaloriza el presente y se borran las identidades. La cama donde hacen el amor es un teatro donde la narradora accede a la figuración de su cuerpo como otro-cuerpo; al ser mujer de su marido es *otra* mujer. Pero ella también está animada de una energía erótica con un objeto fuera de su pareja matrimonial. Al hacer el amor, siente que traiciona a un amante con quien ha estado en una situación privilegiadamente intensa en un momento que ella caracteriza como representativo de su más intensa y auténtica pasión.

Una noche, la narradora decide salir a caminar. Esto sorprende a su marido quien le recuerda que nunca ha salido sola a tales horas.

Como esas habían sido las circunstancias que llevaron a su encuentro erótico con el amante de sus sueños, ella insiste en que ha habido una noche en que realizó esa caminata en el pasado. Daniel, su marido, niega que haya sucedido:

> Daniel me mira fijamente un segundo, luego me interroga con sorna: —¿Y en tu paseo encontraste gente aquella nocha? —A un hombre— respondo provocante. —¿Te habló? —Sí —¿Recuerdas su voz?
> ¿Su voz? ¿Cómo era su voz? No la recuerdo. ¿Por qué no la recuerdo? Palidezco y me siento palidecer. Su voz no la recuerdo . . . porque no la conozco. Repaso cada minuto de aquella nocha extraordinaria. He mentido a Daniel. No es verdad que aquel hombre me haya hablado. —¿No te habló? Ya ves, era un fantasma. . . . (p. 82)

La humillación que resulta de la falta de identidad propia en su contacto sexual con su marido se intensifica con la duda acerca de la existencia real del amante. La insatisfacción matrimonial de la narradora tiene como fuente el contraste con esa experiencia única y básica por la cual ella define la excelencia de su placer. Un testigo, Andrés, que podría haber confirmado el paseo y el encuentro muere antes de que ella pueda encontrar confirmación de su anécdota. Librada así, a la incertidumbre, la narradora padece un doble dolor. Por la gravitación del amante, ella lograba acercarse más a su marido. Su placer dislocado de la fuente que podría producirlo, se convertía en experiencia de segundo grado, dependiente de un punto nostálgico. Su deseo de otro al estar con su marido la ponía en la situación de su marido cuando evocaba a su primera mujer tomando el cuerpo de la narradora como vehículo. La posible inexistencia de la experiencia, quita peso a la prolija identificación con el marido que constituye el punto de apoyo más nítido del matrimonio. El dolor desgaja a la narradora del placer repetitivo de sus identificaciones; se ha perdido como amante de su amante y nunca ha existido "original" como mujer de su esposo.

Cabe preguntarse sobre la calidad de su experiencia original, independientemente de la realidad o fantasía de su acaecimiento. En otras palabras: ¿Qué clase de sujeto es la narradora en su experiencia básica? ¿Hasta qué punto está en ella libre de la cadena de proliferaciones que la escinden de una identidad unívoca? El encuentro con el hombre se realiza en un contexto anonimizante. El lector tiene acceso a él por medio del relato retrospectivo en lo que respecta a las consecuencias que el hecho tiene en el recuerdo, pero hay también, al comienzo de la novela, un largo pasaje en tiempo presente donde se cuentan los detalles del encuentro. Por ese relato se sabe que hubo una caminata nocturna, un pacto sin palabras con un desconocido que lleva a la narradora a una casa donde hacen el amor sin hablarse. El acto sexual es descrito en términos de integración a una naturaleza más amplia: "... entonces él se inclina sobre mí y rodamos enlazados al hueco del lecho. Su cuerpo me cubre como una grande ola hirviente, me acaricia, me quema, me penetra, me envuelve, me arrastra desfallecida ..." (p. 60).

En su placer, la narradora ha sido *nadie.* Sin nombre para su amante, olvida también su propio cuerpo para perderse en la corriente de una sexualidad que la envuelve más allá de la especificidad del hombre. Es llevada como por una ola. Así, estar con el hombre en esa experiencia que signa todas las demás es haber estado en la vecindad del olvido. El presente de ese acto es, desde el mismo comienzo, inminencia de interrogación sobre su haber sucedido. El mejor amante para la narradora es quien logra hacerle olvidar quién es. Su ser sujeto en el acto sexual es haber alcanzado un momento de privilegio donde se siente arrastrada fuera de su identidad, hacia un terreno que ella desconoce. La protagonista narradora de *La última niebla,* como Brígida en relación a la música, añora ser llevada, dejar de ser quién es. El hilo narrativo de *La última niebla* es frágilmente llevado por una protagonista que al mismo tiempo que se sugiere como demasiado plena de energía para su esposo, nombra la energía que la une a su amante como un modo especial de pasividad.

La narradora no sólo desconoce el nombre de su amante sino que también tiene nostalgia por el momento en el cual ella misma ha perdido el suyo, en su unión. Otros dos hombres obran de sostén para la confirmación de aquello que ha pasado. Uno es su marido, quien duda de su paseo nocturno y la humilla con su seguridad de que recuerda a un fantasma. El otro es un testigo cuya muerte silencia toda respuesta. Abandonada ante la necesidad de confirmar la historicidad del hecho, el suicidio de una amiga da a la narradora la oportunidad de dar el salto que separa la evocación imaginaria de la experiencia real. Una visita al hospital urbano le permite tratar de recorrer las mismas calles, buscar la casa donde tuvo lugar el encuentro. La búsqueda es infructuosa, lleva primero a un malentendido y después a otra experiencia de pérdida del yo:

> ... Con la vaga esperanza de haberme equivocado de calle, de casa, continúo errando por una ciudad fantasma. Doy vueltas y más vuel-

tas. Quisiera seguir buscando pero ya ha anochecido y no distingo nada. Además ¿para qué luchar? Era mi destino. La casa, y mi amor, y mi aventura, todo se ha desvanecido en la niebla, algo así como una garra ardiente me toma, de pronto, por la nuca; recuerdo que tengo fiebre. (pp. 98-99)

La comprensión de su destino toma la forma de impedir la continuación de la nostalgia. El cambio, otra vez (como en "El árbol") es súbito. No hay un trabajo analítico con los datos de la experiencia. Simplemente, el lector debe aceptar que esta caminata cancela la caminata hipotética y que, nuevamente, debido a una fuerza fuera del control de la narradora, ella penetrará una nueva realidad. No es la energía erótica la que la impulsa a abandonar el deseo de re-encontrar el escenario original de su amor, es la fiebre.

La revaloración del texto a partir de la anécdota, el interrogante sobre si ocurrió o no ocurrió lo añorado es imposible. La narradora fracasa en la empresa de definirse como sujeto de experiencia y deja como cifra de su historia personal el desdibujado itinerario de un deseo permanentemente fijado en la nostalgia.

La mujer muerta

Una mujer muerta[6] puede convertirse en dato narrativo fijo. Eliminadas las contingencias temporales de lo cotidiano, la muerte es productora de figuras, fuente de signos con una nitidez exenta de accidentes históricos. La muerte voluntaria da a un personaje femenino una fuerza que milita en contra de la pasividad mediocrizante con que se define la vida en la obra de Bombal. En *La última niebla*, la narradora describe su reacción cuando visita el hospital donde yace su amiga Regina que ha intentado suicidarse:

> Tras el gesto de Regina hay un sentimiento intenso, toda una vida de pasión. Tan sólo un recuerdo mantiene mi vida, un recuerdo cuya llama debo alimentar día a día para que no se apague. Un recuerdo tan vago y tan lejano, que me parece casi una ficción. La desgracia de Regina: una llaga consecuencia de un amor, de un verdadero amor, de ese amor hecho de años, de cartas, de caricias, de rencores, de lágrimas, de engaños. Por primera vez me digo que soy desdichada, que he sido siempre, horrible y totalmente desdichada. (p. 93)

La decisión de Regina suscita reflexiones cuyo impacto para la factura de *La última niebla* no puede ser dejado de lado. La relación de Regina con su amante tiene la materialidad fáctica que falta a la narradora. La documentación del tiempo compartido y el precipitado final fúnebre abren una veta por la cual la novela contempla las posibilidades que su narrativa no ha desarrollado. Regina viene de un mundo alternativo, donde los hechos llevan hacia decisiones, donde la energía que impulsa el pasaje del tiempo está hecha de una riqueza "real". Para el lector, esa riqueza tiene un nombre: el argumento novelístico tradicional. La muerte de Regina contemplada por la narradora es un modo de valorización de personajes novelísticos con peripecias reconocibles. Así, la "visita" de Regina divide a la narrativa de sí misma e inaugura la fisura que permite entender diferencialmente el tono que anima al texto. El suicidio de Regina, a nivel de la anécdota, es pretexto para la continuación de la autoconmiseración que caracteriza el discurso de la narradora; a nivel estructural ofrece una fórmula para aquello que la novela ha abandonado para constituirse.

La vida de Regina sin su muerte carece de interés. Es por la muerte que su presencia adquiere peso, que su personaje se anima. Las mujeres muertas interfieren en la vida erótica de la narradora. Son mejores que ella. Regina y la primera mujer de su esposo configuran un sistema de referencias por el cual su humillación encuentra una medida. Por Regina, la narradora se da cuenta de que su relación con el hipotético amante puede no haber existido o, en todo caso, carece de la "realidad" de un verdadero amor. Por la primer mujer de su marido, su propio matrimonio la somete a una suerte de invisibilidad.

Las mujeres muertas controlan el sentido de las relaciones que la narradora construye con quienes la rodean. Su ser personaje femenino tiene como raíz querer ser *otra*, o ser obligada a la equivocación de quién es. La atracción por las muertas, el influjo que ejercen sobre ella, son modos de anotar el hueco de la representación y la concomitate voluntad de llenarlo con nombres, aventuras.

Maneras de hablar: silencios

En una escritura tan signada por la pasividad como la de Bombal, el silencio surge como efecto interpretativo general cuando —en una lectura de sentidos— nos interrogamos sobre qué han dicho los personajes. La falta de anécdota, el constante diferir de los hechos, la nostalgia que constituye los relatos crean una atmósfera detenida, un efecto de suspensión del lenguaje. La ilusión es poderosa; los personajes parecen carecer de voz. Como la narradora de *La última niebla* que se da cuenta de que su amante ideal no le ha hablado sólo cuando, mucho después del encuentro, su marido le pregunta por su voz, el lector de Bombal cierra la obra de esta escritora con la incapacidad de reproducir las voces de los personajes que lo han implicado en su ficción.

No obstante, hay diálogo en Bombal. Su uso del lenguaje cuando la narración se dirige explícitamente al lector es expresivo; hay abundantes signos de exclamación; la puntuación ayuda a la recepción de un ritmo ligero, casi coloquial. El diálogo no asegura que la interlocución se realiza en términos que llamaríamos corrientes: los personajes intercambian palabras que los *exponen* sin integrarlos en la textura narrativa; las aseveraciones para el lector tienen la función de destacar las dudas que la voz que narra tiene sobre sí misma. Este fracaso del lenguaje como interlocución tiene como logro el delineamiento de una alternativa para la literatura de peripecia, una narrativa donde en vez de aventura se dibuja un paisaje para la apatía de los personajes femeninos.

Los personajes masculinos[7] en Bombal son vehículos para presentar una femineidad insatisfecha, en permanente relación asimétrica con amantes y maridos. La idealidad que se representa con signo positivo es la consecución del objetivo apático por excelencia: la muerte. Cuando los personajes hablan, invitan al lector a entrar en un recinto cerrado donde el lenguaje reitera la claustrofobia evocada en la obra de Bombal. Los elementos del encierro son la mediocridad de la existencia, la vejez, la incapacidad de encontrar el amor. Hablar es siempre insuficiente porque por las palabras hay participación en un mundo que aparece denigrado. Incluso el ubicuo sufrimiento es pobre respuesta de inserción en el universo, como leemos en "El árbol": "Su fiebre decaía a medida que sus pies desnudos se iban helando poco a poco sobre la estera. No sabía por qué le era tan fácil sufrir en aquel cuarto" (p. 124).

La obra de Bombal está escrita en un lenguaje a la vez consistente y disparejo. Al querer dejar testimonio de la mediocridad de los acaeceres planteados por ese lenguaje, la intensidad de la expresión se vuelve falsa, exagerada. Acaso esos momentos débiles residan sobre todo en las descripciones de los encuentros eróticos entre personajes, en la admiración de las descripciones de ciertos personajes femeninos, en la insistencia de calificar los sentimientos de recepción de paisajes. Este inventario de incomodidades señala también que, al no haber logrado ocultar los mecanismos que constituyen esos elementos de sus relatos, Bombal ha abierto una puerta para salir de su universo y contemplarlo en sus detalles. Como Brígida, que encontraba el sufrimiento demasiado fácil en ese cuarto, el lector-crítico, al mostrar los límites del cuarto, cierra el libro quizá salvado de la claustrofobia que anima sus páginas.

BOSTON UNIVERSITY

Notas

[1] De María Luisa Bombal, "Las islas nuevas", *La última niebla* (Buenos Aires: Editorial Andina, 1973), p. 135. La paginación indicada en las diversas citas de la obra de Bombal corresponde a esta edición.

[2] *Resistencia* en el sentido de que el lector no se deja llevar por la narración porque los mecanismos de proyección han sido deliberadamente puestos entre paréntesis. Esto no quiere decir que la narrativa de Bombal esté "mal escrita" sino que, al poner en evidencia la falta de funcionamiento representativo de partes constituyentes, el lector deja de *creer* en la anécdota ficticia y comienza a auscultar el lenguaje que la entreteje.

[3] La necesidad de definir a la mujer en la obra de Bombal es ubicua y las alternativas de descripción y elaboración de la problemática la acercan repetidas veces al tratamiento que encontramos del mismo tema en Felisberto Hernández. Es particularmente interesante la obsesión que ambos autores tienen con lo inanimado o apático en la mujer. Dicha preocupación lleva a Felisberto Hernández a imaginar correspondencias entre muñecas y mujeres reales (*Las Hortensias*) y a explotar historias de duplicaciones, parecidos, en los cuales la individualidad de las mujeres cede el lugar al misterio de la energía que las anima.

[4] El salvajismo o semisalvajismo de las mujeres como dato de interés enigmático aparece en la literatura contemporánea con insistencia. El personaje de Remedios, la bella en *Cien años de soledad* de Gabriel García Márquez es una de las elaboraciones hiperbólicas del tema donde la falta de inteligencia del personaje es vista como superlucidez o retraso mental según los personajes. Un tratamiento menos fantástico del tema puede notarse en el personaje de La Maga en *Rayuela* de Julio Cortázar cuya diferencia con los personajes intelectuales es vista en términos de contraste cultural. Así, se le da a ella en la narrativa el dominio reservado al conocimiento intuitivo y a los otros el de un ejercicio analítico estéril.

[5] La complicidad entre lector y personaje es el resultado del tono íntimo que logra la literatura de Bombal. Algunos de los elementos que ayudan a formar ese tono son la falta de referencias al mundo histórico real que crean una atmósfera de aislamiento donde lector y personajes conviven en un espacio asible que pronto alcanza la familiaridad de lo pequeño.

[6] La tendencia necrofílica en la obra de Bombal la acerca, en sus mejores relatos, a efectos poéticos de Poe. La *Historia de María Griselda* es, en este sentido, el mejor acabado. Es en este aspecto donde la escritura de Bombal revela su capacidad estetizante.

No nos referimos sólo a la meditación sobre el suicidio sino a la gravitación que la muerte otorga a las mujeres muertas, en contraste con la fragilidad de sus existencias.

[7] Los personajes masculinos son caricaturescos pero deben ser entendidos como elementos de enmarque y no de análisis. La obra de Bombal *no* es acerca de relaciones entre personajes masculinos y femeninos sino acerca de la noción elusiva de lo femenino y marginal como elementos complementarios.

EL CUENTO-ENSAYO DE
MARIA LUISA BOMBAL

Darío A. Cortés

Al discutir la obra de María Luisa Bombal no se puede dejar de mencionar su importancia e impacto en la trayectoria de la literatura chilena e hispanoamericana. Cedomil Goiç ha comentado que "La obra publicada de María Luisa Bombal puede considerarse más bien exigua en cantidad. Sin embargo sus novelas y sus notables cuentos le han valido un justificado renombre y la estimación universal de la crítica".[1] Ahora, además de su ya conocida narrativa, *La última niebla* (1935), *La amortajada* (1938) y "El árbol" (1939), la crítica ha dejado en el olvido otras contribuciones claves de la autora, entre las que se encuentran cuatro cuentos escritos entre 1940 y 1943.

Estos cuatro cuentos, "Mar, cielo y tierra" (1940), "Las trenzas" (1940), "Lo secreto" (1941) y "Washington, ciudad de las ardillas" (1943), merecen una atención especial porque ilustran una faceta descuidada del estilo de la autora chilena.[2] En primer lugar, los cuatro relatos aquí seleccionados fueron escritos durante su período de mayor producción literaria y posteriores a la publicación de sus dos novelas maestras. Segundo, en comparación con sus otros tres cuentos: "El árbol", "Las islas nuevas" (1939) y "La maja y el ruiseñor" (1960), éstos cuatro son extremadamente cortos y se podrían clasificar como mini-cuentos. Tercero, estos cuentos fuera de su brevedad, no encajan dentro de las normas de la cuentística tradicional, ya que carecen de varios de los elementos indispensables del género, entre ellos, intensidad, unidad de acción, efecto único y desenlace sorpresivo.[3] El cuarto aspecto, y tal vez el más importante, es que la temática de estas narraciones se centra en problemas de índole metafísico o simples divagaciones filosóficas, alejándose de la visión de la problemática femenina-social que generalmente asociamos con la obra de Bombal.[4]

En este grupo de cuentos, María Luisa Bombal elabora una prosa poética de gran fuerza evocadora, donde se realza el poder y la belleza de la naturaleza. Es un mundo íntimo y casi mágico que parte de dos principios fundamentales: el recuerdo y la niñez. Estos dos motivos recurrentes en los cuatro cuentos son los resortes principales que dan rienda suelta a las constantes introspecciones y divagaciones de la voz narrativa. Son cuentos que no pretenden ser exposiciones de enseñanza ni de doctrinas, sino simplemente experiencias de un hondo sentimiento.[5] Están escritos como dice Bombal, bajo los "impulsos de comunicación que pueden ayudar a otros de belleza. Yo he ayudado a otros con mis emociones".[6]

Aunque no tienen el impacto del cuento tradicional, la escritora mantiene una estructura ordenada donde cada parte gira alrededor de un punto o eje central. Crea un mundo de fuerte sugestión donde se funden los diversos niveles de realidad y fantasía para destacar la complejidad y el misterio de la existencia humana. Cedomil Goiç capta con gran habilidad estas características de la cuentística bombaliana:

> son piezas perfectas de la narrativa hispánica, en todo congruentes con las características de sus novelas. Zonas inciertas de confluencias y confusión de vigilia, sueño y ensueño; de vida y muerte; de conciencia e inconciencia; de aptitudes cognoscitivas que exceden de los sentidos; modos de revelación mágica, repentinas epifanías ordenaban el mundo de su narración.[7]

En "Mar, cielo y tierra", cuento estructurado a base del mismo título, la autora recorre todas las dimensiones posibles de estos tres elementos por medio de elocusiones expositivas. Desde un comienzo la narradora desea compartir con el lector los secretos de su universo personal: "sé muchas cosas que nadie sabe. Conozco del mar y de la tierra infinidad de secretos pequeños y mágicos" (p. 34). Hay toda una lista de derivaciones relacionadas con cada uno de los elementos del título, que sirven para exponer esos "secretos pequeños y mágicos" de la naturaleza. Como en "El árbol" y *La amortajada* donde se vale de tres niveles diferentes, la música (Mozart, Beethoven y Chopin) y la coexistencia temporal (presente, pasado y futuro), en "Mar, cielo y tierra", Bombal elabora una estructura semejante aunque ahora a base de los tres componentes esenciales del universo.

Las imágenes de este cuento, en su mayor parte insólitas y sorprendentes, parten de una mentalidad infantil. Reflejan la fantasía de una mujer mayor que añora esa época de su juventud. El recuerdo y la nostalgia determinan el tono de la narración:

> Recuerdo y veo un parque otoñal. En sus anchas avenidas se amontonan y pudren las hojas, y debajo palpitan tímidos sapos color musque que llevan una coronita de oro en la cabeza. Porque nadie lo sa-

be, pero la verdad es que todos los sapos son príncipes. Temo, con
un pavor desmedido de niño, a la gallina ciega. (p. 35)

En esta cosmovisión poética de su mundo la escritora usa una serie
de imágenes polares que nos llevan de lo concreto a lo imaginado:
"Existe una ahogada muy blanca y enteramente desnuda que todos los
pescadores de la costa tratan en vano de recoger en sus redes . . . pero
tal vez no sea más que una gaviota extasiada que llevan y traen las corrientes del Pacífico" (p. 34). Aunque este breve cuento/ensayo tiene
una estructura triforme bastante precisa e independiente, cada uno de
los tres elementos mantiene una relación directa e influyente en los
otros, tal como se patentiza en esta descripción de la función poderosa
del sol: "si no interceptaran su radiación, el curso de los ríos se deten-
dría inmediatamente" (p. 35).

El uso de los verbos —conozco, sé, recuerdo, temo, puedo, prefiero— casi todos en el presente y al comienzo de cada párrafo, subrayan
la voz confesional y anecdótica de la narración. En la misma conclusión de "Mar, cielo y tierra", se introduce una vez más el temor infantil que hace despertar a la mujer/niña de este sueño de fantasías: "Y
no quiero, no quiero hablar más del cielo; porque le temo, y temo los
sueños con que se introduce a menudo en mis noches" (p. 35).

En el segundo cuento, "Las trenzas", María Luisa Bombal hace
uso de uno de los símbolos predominantes de su novelística, la
cabellera femenina. La autora misma ha dicho que "La cabellera me
parece no sólo aquello más estrechamente unido a la belleza en la mujer, sino además el arranque más evidente y vivo que une a todo ser
con la naturaleza".[8] En este breve cuento se compara el poder y el influjo del cabello por medio de la leyenda y la mitología. Para dar
mayor verisimilitud a la narración, el relato recapitula la historia de
las trenzas de mujeres de la literatura mundial: Isolde, princesa de
Irlanda; Melisanda, una mujer en los relatos de Rodenbach; María de
Jorge Isaacs; y la octava mujer de Barba Azul. En la segunda parte
presenta simultáneamente y en contraposición la historia de dos hermanas:

La mayor vivía retirada en el corazón de un umbroso fundo que
ella misma administraba con mano de hierro. Era silenciosa, terca y
activa. La menor, muy hermosa, estaba siempre enferma; sin embargo también ella vivía sola en una vieja casa de familia, en la ciudad.
(p. 36)

En uno de los pocos estudios conocidos sobre "Las trenzas", Julia Hermosilla anota que hay dos niveles de lectura: uno a nivel de ensayo y el otro a nivel de leyenda.[9] El enfoque ensayístico se establece desde un comienzo al describir la función primordial de las trenzas; "Porque día a día el ser humano tiende a desprenderse un poco más de la tierra, a marcar una diferencia y un triunfo y sobre el limo inicial, es que las mujeres se cortan las trenzas" (p. 36). La interpretación enmarcada de la leyenda oscila entre dos hechos principales: la muerte inesperada de la hermana menor (la de las trenzas rojas) y el incendio del bosque donde vive la mayor. Aunque los eventos se desarrollan en dos lugares distintos (la ciudad y el campo) las historias se intercalan consecutivamente para enfocar los dos hechos trágicos de la narración. Por un lado, las trenzas rojas ocasionan misteriosamente el incendio del bosque; mientras que por el otro, el bosque mismo fija el ambiente mágico y fantasmal del cuento: "El bosque ardía sin ruido, sin humo . . . Durante un breve instante aquel fantasma del bosque osciló frente a la dueña resignada" (p. 37). Este relato mezcla de ensayo y fantasía de "sueños horrendos y enigmáticos" culmina con la muerte simbólica de las trenzas y la destrucción física del bosque, dejando así por terminada la turbia historia de esta familia.

En "Lo secreto", tercer cuento de este grupo, la narración comienza con el mismo texto de "Mar, cielo y tierra", pero el narrador anota explícitamente que "Esta vez, sin embargo, no contaré sino del mar" (p. 77). Como los dos relatos anteriores, "Lo secreto" destaca el aspecto mágico y maravilloso de la imaginación infantil. Así es como se describe el cuento: "Es la historia de un banco pirata que siglos atrás rodara absorbido por la escalera de un remolino, y que siguiera viajando mar abajo entre ignotas corrientes y arrecifes sumergidos" (p. 80).

Una vez más los personajes que aparecen no tienen nombre y son más bien entes simbólicos, representantes de una idea o imagen establecida. Por un lado, El Chico es un niño de unos quince años, tímido, incrédulo y asustadizo; por el otro, el Capitán Terrible es un pirata violento, cruel y malhumorado. Aunque ambos son prototipos de dos actitudes opuestas, los dos tienen un destino en común, el de estar en un barco condenado a morir en las entrañas del mar. En cuanto al mensaje de este cuento infantil, Lucía Guerra-Cunninghan reconoce que "la creación de un espacio fantástico submarino . . . posee en este relato connotaciones simbólicas que aluden a un estado del alma . . . [y] lo fantástico, plasma un mensaje de carácter puramente metafísico".[10]

Como en otros relatos de esta serie, hay en "Lo secreto" dos planos distintos que se desenvuelven en forma paralela y que se vinculan por medio de la nota infantil y el recuerdo: "y ahora recuerdo, recuerden cuando de niños saltando de roca en roca refrenábamos nuestro impulso al borde imprevisto de un estrecho desfiladero" (p. 79). También como en "Mar, cielo y tierra" se destaca el aspecto ónricio de la narración. Además, la escalera que en "Mar, cielo y tierra" lleva al protagonista hacia el firmamento, en "Lo secreto" lo dirige hacia "el mar abajo entre ignorantes corrientes y arrefices sumergidos" (p. 80).

En todas estas cortas narraciones y especialmente en "Lo secreto", entramos en un mundo inusitado y maravilloso, donde por ejemplo, los pies no dejan huella en la arena, donde las velas del barco no echan sombra, donde no hay firmamento, y donde los tripulantes de este barco condenado salen en busca del mar, a pesar de que están en las profundidades del mismo. El temor ante lo desconocido, en este caso, el enfrentamiento ante la muerte afecta a todos los participantes, incluyendo al Capitán Terrible, que le pregunta a El Chico: "¿En dónde crees tú que estamos?" Y el niño responde: "—Ahí donde usted piensa, mi capitán" (p. 84). La carcajada final del pirata que resuena más bien como un "gemido" de desesperación, sugiere la condena del hombre en este infierno submarino.

Por último, "Washington, ciudad de las ardillas", es el cuento de Bombal que más se acerca al género ensayístico y a la anécdota, tal como lo anota la misma narradora: "Clasificaremos, pues, estas líneas en el género de la divagación. He aquí una divagación sobre las ardillas" (p. 28). En estas digresiones típicas del ensayo, la narradora en tono confidencial relata sus temores y angustias desde el balcón de su casa. Desde esta "casa del amor", o "casa después del baile" o "casa del olvido", ella logra comunicarse con la naturaleza y exponer como en "Lo secreto", el temor ante lo incierto: "Miedo de que al abrir la canilla de agua caliente, el cuarto se llenara de leones. Miedo, en fin, miedo" (p. 29). No es solamente el temor lo que se expresa en este cuento-ensayo, sino es también la angustia existencial, expresada por medio de imágenes brutales: "La garra que me oprimía la garganta empezó a desapretar sus horribles uñas de hierro" (p. 30).

En esta narrativa bombaliana también se halla presente a cada paso la añoranza hacia su tierra natal, especialmente durante estos años de auto-exilio. Tanto en "Mar, cielo y tierra" como en "Washington, ciudad de las ardillas", Bombal recuerda nostálgicamente a Chile en términos poéticos: "Tarjetas postales enviadas desde otro continente hasta un lejano país estrecho, hasta una playa en donde el negro océano pacífico estrecha constantemente su lomo frío y poderoso (p. 30). La realidad que confronta la autora en un país extraño se describe también en términos de una tarjeta postal:

> Tarjetas postales: una ardilla arrastrando una plateada brizna de árbol de Navidad. Una familia de ardillas anidando en el hueco de un árbol cargado de nieve. Lagunas heladas, y niños de rojas bufandas patinando sobre el hielo. Sombríos pinos agujereados de estrella y de escarcha''. (p. 30)

El contraste de estos dos escenarios marcan por un lado, la pena de verse ausente de Chile, y, por otro, la soledad que afecta su existencia.

Como es el caso con todos los cuentos aquí analizados, el libre discurrir del pensamiento nos permite adentrarnos a la sensibilidad lírica y al mundo personal de la autora. En "Washington, ciudad de las ardillas", Bombal se dirige al lector y en forma de ensayo define el tono de su escritura:

> En fin, pedantes o no, todos los que escribieron sobre la ardilla sabrían adoptar ese tono impersonal que confiere tanta dignidad al escritor. Pero para el infeliz poeta que escribe en prosa —y éste es mi caso— nada más difícil que encarar un artículo en tercera persona, ya que su especialidad consiste en desmadejar una serie de impresiones tan personales como, al parecer, alocadas. (p. 28)

A pesar de presentar situaciones de índole obviamente personal, María Luisa Bombal continúa describiendo sus inquietudes, por medio de la narrativa infantil o cuento de hadas, ya visto en los relatos anteriores. Por ejemplo, los animales que se mencionan provienen de un mundo mágico y distante:

> Es así como nuestra madre nos enseñó, desde muy niñas, que todos los sapos son príncipes y llevan una coronita en la cabeza; que debajo de ciertos caracoles se suele encontrar una sirenita llorando, y que las ardillas son todas brujas, unas brujas juveniles y traviesas pero brujas a pesar de ello. (p. 31)

Las motivaciones centrales de "Washington, ciudad de las ardillas" se funden en la angustia ante el pasar del tiempo: "sin embargo el día corre, un solo día, único y que nunca volverá" (p. 32); en la nostalgia de estar alejada de su rincón preferido del mundo (Chile o más bien

Viña del Mar); y en sus ansias de compartir con el lector sus temores y preocupaciones infantiles.

En conclusión, estos cuatro mini-cuento-ensayos, "Mar, cielo y tierra", "Las trenzas", "Lo secreto" y "Washington, ciudad de las ardillas" subrayan una dimensión importante y descuidada del estilo literario de María Luisa Bombal. Resumen una etapa de ajuste y de desasosiego que viene inmediatamente después de su reconocimiento y fama internacional. Son cuentos que se caracterizan tanto por lo poético como por lo enigmático. Esta cosmovisión íntima de su universo se lleva a cabo por medio de la imaginación (lo mágico, lo insólito, el cuento de hadas, las pesadillas), las digresiones filosóficas y metafísicas y su profunda intimidad con la naturaleza. En todos estos componentes de su cuentística, reflejo de la personalidad y experiencia vital de la autora, prevalecen el recuerdo infantil y la nostalgia adulta. Es un mundo de fantasías donde la incertidumbre, la angustia y el temor se esconden bajo las impresiones poéticas y ensayísticas de su narrativa.

NORTH CAROLINA STATE UNIVERSITY

Notas

[1] Cedomil Goiç, "María Luisa Bombal", *El cronista* (18 de noviembre de 1976), p. 4.

[2] La publicación inicial de estos cuentos es la siguiente: "Mar, cielo y tierra", *Saber Vivir,* año I, N° 1 (Buenos Aires, agosto 1940), pp. 34-35; "Las trenzas", *Saber Vivir,* año I, N° 2 (septiember 1940), pp. 36-37; "Lo secreto", en *La última niebla* (Santiago, Chile: Editorial Nascimento, 1941); "Washington, ciudad de las ardillas", *Sur,* año 12, 106 (agosto 1943), pp. 28-35. Las demás citas de estos cuentos son de la misma edición y la paginación va incluída en el texto.

[3] La labor de reunir fuentes importantes del género cuentístico sería una tarea extensa y además redundante. Con solo mencionar algunos de los mayores cuentistas hispanoamericanos que participaron en la renovación y teoría del cuento es más que suficiente: Quiroga, Cortázar, Borges, Ánderson Imbert, entre muchos otros. El estudio de introducción de Scherer-Virski, *The Modern Polish Short Story* (Hague: Mouton and Co., Slavistic Printing, 1965) es una de las contribuciones más concretas y nítidas sobre el tema.

[4] Para un estudio completo y detallado de esta aproximación se puede consultar el libro de Lucía Guerra-Cunningham, *La narrativa de María Luisa Bombal: una visión de la existencia femenina* (Madrid: Editorial Playor, 1980).

[5] En su *Historia del ensayo hispanoamericano* (México: Ediciones de Andrea, 1973), Peter Earle y Robert Mead anotan que "siempre han coexistido en el ensayo la enseñanza y la poesía. Eso es, en él confluyen las dos corrientes fundamentales de la experiencia personal: la búsqueda intelectual, o la curiosidad; y la experimentación estéti-co-emocional, o la sensibilidad", p. 75.

[6] Marta Blanco, "La implacable Bombal y sus bondades", *Paula*, N° 204 (29 de octubre de 1975), p. 31.

[7] Cedomil Goiç, p. 5.

[8] Marjorie Agosín, "Entrevista con María Luisa Bombal", *The American Hispanist*, vol. III, N° 21 (noviembre 1977), p. 6.

[9] Julia Hermosilla, "Lectura interpretativa de 'Las trenzas' de María Luisa Bombal", *Estudios Filológicos*, N° 10 (Valdivia, 1974-1975), p. 81. Hermosilla comenta además que "A primera vista, se podría clasificar como cuento este pequeño texto. Sin embargo, confrontándolo con ciertas teorías en relación con esta forma y que sustentan algunos autores, sería factible llegar a conclusiones diferentes" (p. 81).

[10] Lucía Guerra-Cunningham, "Estética fantástica y mensaje metafísico en 'Lo secreto' de María Luisa Bombal", ponencia presentada en la reunión anual del AATSP en Boston, Massachusetts (14-18 de agosto), p. 7. En este estudio la autora se refiere a lo que ha dicho Bombal sobre "Lo secreto": "Cuando pequeña yo era muy aficionada a las novelas de piratas y en este cuento, *ex-profeso* hice de mis personajes unos verdaderos piratas. Y entonces se encuentran en este lugar tan espantoso, pero es que han perdido a Dios. Nadie ha entendido que se trata de la pérdida de Dios; esa situación horrible de enfrentar la nada, de perder todo sentido en la existencia por haber perdido a Dios". Ver también Lucía Guerra-Cunningham, "Entrevista a María Luisa Bombal", *Hispanic Journal*, vol. III, N° 2 (abril 1982), pp. 119-127.

ELEMENTOS NARRATIVOS TRADICIONALES EN LA OBRA DE MARIA LUISA BOMBAL Y SU RELACION CON MOTIVOS FOLKLORICOS UNIVERSALES

Inés Dölz-Blackburn

La obra de María Luisa Bombal, aunque no extensa, ha sido estudiada en un sin número de revistas, libros[1] y en dos obras que se centran en ella.[2] También, ha sido traducida a varias lenguas: francesa, inglesa, checa, sueca, alemana, japonesa.

Para quien ha leído sus novelas y cuentos, esto no es una sorpresa. Los elementos narrativos, aunque comunes y parte de la literatura tradicional universal, se nos ofrecen con un matiz muy especial, envueltos en una especie de "quejido", que los hace, con un intenso tono afectivo, tocar las fibras de sensibilidad más recónditas del lector, obligándolo a vivir y sufrir con las heroínas, generalmente protagonistas de su obra.

Además, Bombal es "el portavoz de un conjunto de ideas características del contexto social e histórico en que se produjo su obra",[3] y es la receptora de experiencias y lecturas que acunan rincones de todo el mundo. Ya, de niña, cuenta en una entrevista dada a Marjorie Agosín, escuchaba los cuentos de Hans Christian Andersen de labios de su madre. El casi místico noruego Knut Hamsun es otra gran influencia.[4] También lo son sus viajes y su amistad con grandes escritores como los del grupo *Sur* en Buenos Aires.

Todos los elementos narrativos que usa en su obra son tradicionales y se encuentran en la literatura folklórica universal, como se puede ver si nos referimos a la obra de Stith Thompson en 6 vólumenes: *Motif Index of Folk Literature*.[5] Estudiarlos extensamente y en su totalidad no es mi propósito en este artículo. Más bien pretendo enumerarlos y estudiar algunos, analizando en forma somera el matiz especial y único que les infunde la Bombal. Para esto persigo el elemento en cada una de sus obras, generalmente, en orden de publicación inicial,[6] pero en ediciones posteriores, cuyo título abrevio en la mayor parte del curso de este trabajo para hacer más ligera la lectura.[7] Muchos de estos elementos serán míticos o "universal archetypes and primordial images emerging from the collective unconscious" (arquetipos universales e imágenes primordiales que emergen del subconsciente colectivo) que es como en forma tan precisa define el mito de profesor John B. Vickery.[8]

Los elementos más comunes son: el pelo; árboles, bosques y raíces; belleza extraordinaria de mujer; ojos verdes; aguas; la muerte y las almas en pena; animales; color blanco; temas bíblicos, cuentos y supersticiones. Otros, que serán analizados en forma más somera, constituyen la temática del adulterio y el abandono del marido; mitos del amor cortés, de Don Juan y de la pasión. Los antecedentes se dan en la obra de Stith Thompson. También se encuentran allí los entierros especiales, las islas extraordinarias, el héroe como cazador poderoso, la sirviente fiel, la mujer desnuda, etc.

El pelo

El cabello se da desatado o como un casco trenzado a la cabeza. Se le asocia a las raíces de los árboles y se le presenta en íntima comunicación con la naturaleza. A menudo, se le suelta para mostrar el deseo de liberarse y dar rienda suelta a los instintos. Esta asociación del pelo a las fuerzas naturales, ya se daba en el antiguo Méjico. Durante los festivales del maíz, las mujeres usaban el pelo desatado para que así el maíz creciera en abundancia. Lo mismo sucedía en Sumatra con el arroz.[9]

En *La última niebla* (1934) veamos como se describe el pelo:

> Pienso en la trenza demasiado apretada que corona sin gracia mi cabeza. (p. 41)[10]
>
> Ante el espejo de mi cuarto desato mis cabellos, mis cabellos también sombríos. Muy lacios y apegados a las sienes brillaban como una seda fulgurante. Mi peinado se me antojaba entonces un casco guerrero . . . (p. 41)
>
> Mi marido me ha obligado a recoger mis extravagantes cabellos . . . (p. 41)
>
> La caballera medio desatada de Regina queda prendida a los botones de la chaqueta de un desconocido . . . (p. 41)
>
> Casi sin tocarme me desata los cabellos y empieza a quitarme los vestidos . . . (p. 51)

La transformación de la personalidad de la mujer por el solo acto de trenzarse el pelo tiene antecedentes africanos. En la obra de Stith Thompson se hace esta referencia en D 577.[11]

En *La amortajada* (1938) se tiene:

> Ya no le incomoda bajo la nuca esa espesa mata de pelo . . .[12] (p. 12)
>
> . . . la masa sombría de una cabellera desplegada presta a toda mujer extendida y durmiendo un ceño de misterio. (p. 12)
>
> . . . que un pesado nudo de trenzas negras doblegaba hacia atrás su cabeza, su pequeña y pálida frente. (pp. 84-85)
>
> ¡Ah, peinarse eternamente las trenzas a esa desoladora luz de amanecer! (p. 88)
>
> El viento. Mis trenzas aleteaban derechas, se te enroscaban en el cuello. (p. 27)

La protagonista de "El árbol" (1939) también tiene trenzas, largas trenzas y la protagonista las desata, quizás al borde de la fuente donde se sienta a meditar sobre su insatisfacción: "Sus dieciocho años, sus trenzas castañas que desatadas le llegaban hasta los tobillos"[13] (p. 89).

En "Las islas nuevas" (1939), Yolanda "duerme envuelta en una cabellera oscura, frondosa y crespa que gime y se debate . . ." (p. 125). También hay un "olor a madreselvas vivas que se desprende de aquella impetuosa mata de pelo que le acaricia los labios" (p. 126). Y al amar, amar es desatarse en Bombal: "El lucha enredándose entre los largos cabellos perfumados y ásperos" (p. 127).

En la entrevista a Bombal de Agosín, ya mencionada, la autora explica por qué el cabello es fundamental en su obra: "La cabellera me parece no sólo aquello más estrechamente unido a la belleza en la mujer, sino el arranque más evidente y vivo que une a todo ser con la naturaleza".[14]

Es en "Trenzas" (1940) donde el motivo del pelo se repite una y otra vez para expresar insatisfacción y rebeldía, y mostrar la relación del cabello con la naturaleza. Al hablar de las trenzas: "Las mujeres ignoran al desprenderse de éstas, ponen atajo a las mágicas corrientes que brotan del corazón mismo de la tierra" (p. 73).

El mito de Tristán e Isolda aparece al seguir hablando de las trenzas.

> ¡Las obscuras y lustrosas trenzas de Isolde, princesa de Irlanda, no absorbieron acaso esta primera burbuja en tanto sus labios bebieran la primera gota de aquel filtro encantado! ¿No fue acaso a lo largo de

> esas trenzas que las raíces de aquel filtro escurriéronse veloces hacia su humano destino?[15] (p. 73)

Las trenzas para Bombal están unidas a las fuerzas más elementales y ancestrales, a las primeras fuentes del universo.

Thompson, en dos instancias, en su mención de motivos folklóricos en la literatura, hace mención del pelo usado como medio para bajar y subir a una torre: F848 ("girl's long hair as a ladder into tower": pelo largo de una muchacha como escalera para una torre) y F843 ("Rope made of person's hair": soga hecha de pelo de persona).[16]

La Bombal lo expresa de la siguiente manera, en la misma obra "Trenzas":

> Y las rubias trenzas de Melisanda más largas que su mismo cuerpo delicado.
>
> . . . descolgándose torreón abajo, sobre los hombres fuertes del propio hermano del rey . . . su marido. (p. 74)

Stith Thompson sitúa este motivo tradicional en leyendas italianas e inglesas.

Bombal también menciona a la mujer de Barba Azul; lo que salvó a la mujer de Barba Azul "fueron sus trenzas y nada más que sus trenzas, complicadamente peinadas . . . las que trabaron y entrabaron sus dedos criminales . . . obstinándose en proteger esa nuca delicada" (p. 76).

Y la hermana menor, todavía en "Trenzas" tenía una: "trenza roja que apretaba en peinado alrededor de su pequeña cabeza . . . Era una mujer dulce y terrible. Se enamoraba y amaba perdidamente" (p. 78).

Thompson incluye en su obra el motivo de "transformation by braiding hair": transformación al trenzar el pelo (D577). Viene del Africa.

Y lo mágico en el pelo (D991) tiene raíces en Irlanda, España, Grecia, mitos judíos, hindúes, esquimales y africanos.[17]

Dice Bombal:

> Y es por eso que las mujeres de ahora al desprenderse de sus trenzas han perdido su fuerza adivina y no tienen premoniciones, ni goces absurdos, ni poder magnético. ("Trenzas", p. 81)
>
> Pero el bosque hubo de agonizar y morir junto con ella y su cabellera, cuyas raíces eran las mismas. ("Trenzas", p. 81)

El bosque asociado al pelo es otro motivo universal (D457.4.2. Transformation: hair to forest, "transformación del pelo en bosque"), y es judío.

Sí, las enredaderas, además, son para Bombal "cabelleras desmadejadas . . . , el venir y aletear de la naturaleza . . . ; por medio de la cual la naturaleza infiltra confusamente su magia y saber a las cosas" ("Trenzas", p. 81).

Y María Griselda que no le tiene miedo al río Malleco. Allí va y se tiende sobre un peñón y suelta a las aguas "sus largas trenzas." ". . . al incorporarse, ella solía hurgar, hurgaba . . . su cabellera chorreante para extraer de entre ésta . . . algún pececito plateado, regalo vivo que le ofrendara el Malleco" (*La historia de María Griselda* [1946], p. 56). Y "el Malleco estaba enamorado de María Griselda" (p. 56).

El pelo como motivo extraordinario, también está en la literatura folklórica universal (F 555 ff) y es un elemento irlandés. También lo son el pez plateado (B102), mito irlandés, y el río extraordinario (F 715 ff), mito de Islandia e Irlanda.

Las juguetonas niñas de "La maja y el ruiseñor" (1960), también usan trenzas y es el viento el que "deshace los rizos y trenzas de las niñas" (p. 30).

Árboles, bosques y raíces

Los árboles, según Erich Neumann, están asociados con la fertilidad de la mujer en su crecimiento y proliferación. El árbol protege, alimenta y sostiene el ciclo de la vida.[18]

En Dalmacia, se dice que los árboles tienen alma y quien los tala, debe morir o vivir inválido el resto de su vida.[19] Douglas Day afirma que el culto del árbol se tiene desde la Edad de Bronce desde Palestina a Irlanda y se asocia en todas partes con la veneración de la diosa luna.[20] Vardis Fisher se une a la importancia del árbol en el folklore universal y declara:

> For ancient people a tree was a house of God, a phallic symbol, a miracle standing in the earth womb, an act of divine creation, a living, breathing thing with speech, powers and spirit. (Para la gente de la Antigüedad, un árbol era la casa de Dios, un símbolo fálico, un milagro vivo en la matriz de la tierra, un acto de creación divina, un ente que respiraba y vivía con facultad de palabra, poderes y espíritu.[21]

María Luisa Bombal, eterna viajera del mundo y del espíritu, ha aprehendido la importancia del árbol, el bosque y las raíces en la cultura universal y nos la transmite en variados mensajes a lo largo de su obra de una manera que sólo puede ser suya.

En busca de la naturaleza, lo primitivo y la liberación final, nos da las siguientes imágenes: "... un rayo de sol se enciende al través, prestando una dorada claridad de gruta al bosque en que me encuentro" (LVN p. 42). El bosque mágicamente claro es un motivo hindú (D 1641.4). "Entre la oscuridad y la niebla, vislumbro una pequeña plaza. Como en pleno campo, me apoyo extenuada contra un árbol. Mi mejilla busca la humedad de su corteza" (LVN p. 49). El árbol como guardían de una heroína (D 1380.2) y el abandono en un árbol (S 143.2) son también motivos hindúes.

Sin embargo, es en "El árbol" donde se dan las imágenes del árbol más numerosas.

> Un estruendo feroz, luego una llamarada blanca que la echa hacia atrás toda temblorosa.
> ¿Es el entreacto? No es el gomero. Ella lo sabe.
> Lo habían abatido de un solo hachazo.
> ... una luz cruda entraba por todos lados, se le metía por los poros, la quemaba de frío ... (p. 101)

Thompson anota la cautividad debido a un árbol (R 49.1) como motivo hindú; el cortar sus ramas como hecho tabú (C 513.1), o el cortarlo de un golpe (H 1562.1.1), también son motivos hindúes. "El árbol extraordinario" (F 811 y F 811.21) está en mitos irlandeses, judíos, y budas.

El alma escondida en el árbol (E 712.1: mito hindú), también se da en Bombal:

> Un oleaje bulle, bulle muy lejano, murmura como un mar de hojas. ¿Es Beethoven? No.
> Es el árbol pegado a la ventana del cuarto de vestir. (EA p. 92)

> Alguien o algo golpeó en los cristales de la ventana ... Era el árbol, el gomero que con un gran soplo de viento agitaba, el que golpeaba con sus ramas los vidrios, el que la requería desde afuera ... (EA, p. 96)

Y con la lluvia: "Durante toda la noche, oiría crujir y gemir, el viejo tronco del gomero contándole de la intemperie ..." (EA, p. 96).

La heroína de "Trenzas" también se abandona en un árbol, lo que dijimos es motivo folklórico universal de origen hindú (S 143.2): "La Amazona sentada en el tronco de un árbol muerto y caído ha muchos años" (T, p. 79).

El bosque que se quema automáticamente, también está en la literatura folklórica hindú (D 1649.4): "Ardía sin ruido y ante la Amazona impasible, los árboles caían uno a otro silenciosamente y ella contemplaba como en sueño encenderse, ennegrecerse y desmoronarse galería por galería, las columnas silvestres de aquella catedral familiar . . ." (T, p. 79).

En *La historia de María Griselda*, Griselda nos recuerda a Egeria, la ninfa del agua clara que brota de las rocas:[22] " . . . el peñón sobre el que acostumbraba a tenderse largo a largo, soltando a las aguas . . ." (p. 56).

También es una diosa de los bosques:

> Como cazadores de una huidiza gacela, habían empezado a seguir por el bosque las huellas de María Griselda. (HMG, p. 55)
>
> Y apartando las ramas espinosas de algunos árboles, se habían inclinado un segundo sobre la grieta abierta a sus pies.
>
> Un ejército de árboles bajaba denso, ordenado, implacable, por la pendiente de helechos. (p. 55)
>
> ¡María Griselda! . . . la habían llamado hasta que la penumbra del crepúsculo . . . (p. 57).
>
> Y mientras la buscan se observan "las enormes raíces convulsas que se encrespaban casi a un metro del suelo. (p. 59)

Sara Vial, en su introducción a este cuento, nos dice que a "María Griselda o el espíritu de los bosques . . . sólo los elementos naturales pueden entenderla y hacerse comprender; el árbol, las vertientes" (p. 26).

Diosas que viven en los bosques (A 151.7) forman parte de la mitología budista. Diosas de la vegetación (A 430.1) están en la mitología irlandesa.

Belleza extraordinaria de mujer

María Luisa Bombal al comentar en una entrevista sobre la belleza en la mujer:

> —¿Por qué inventaste una historia especial para María Griselda?
> —Porque era triste, porque era bella . . . He conocido tantas mu-

jeres cuya belleza ha sido para ellas un imán de desgracias. Ser muy bella, no implica ser feliz. De ello se hace un mito. Se cree que siendo hermosa será más feliz y todo le será más fácil . . . (HMG pp. 25-26).

Zoila, la criada nos dice de María Griselda: ". . . porque don Alberto parece que la odiara a fuerza de tanto quererla. ¡Dios mío! ¡Si yo voy creyendo que ser tan bonita es una desgracia como cualquier otra!" (HMG p. 52).

La belleza de María Griselda no es natural:

> . . . y en los viejos retratos de familia, nunca se pudo encontrar el rasgo común, la expresión que la pudiera hacer reconocerse como el eslabón de una cadena humana. (p. 68)

> Nunca la belleza de aquella mujer podría llegar a serle totalmente familiar. Porque María Griselda cambiaba imperceptiblemente, según la hora, la luz, y el humor y se renovaba como el follaje de los árboles. (p. 58)

Mujeres de belleza extraordinaria (F 575) aparecen en la mitología griega, hindú y budista. El matrimonio de una criatura extraordinaria a un simple mortal (T 111) es un motivo hindú y chino.

Los hombres que confrontan a María Griselda sufren una especie de locura (F 1041.8.1: motivo hindú): ". . . don Alberto parece que la odiara a fuerza de tanto quererla . . ." (p. 52).

Rodolfo está también enamorado de María Griselda:

> Sólo Dios, por haber creado a un ser tan prodigiosamente bello, era el de la culpa. . . . María Griselda, era necesario verla todos los días para lograr sequir viviendo. (HMB p. 58)

> Alberto, Rodolfo y Fred también . . . Sí, tú también Fred.
> Alberto ya lo sabes. Tu hermano tan querido escribe versos de amor para tu mujer. (p. 61)

Y al verla Fred:

> . . . supo de alegría a la par grave y liviana, sin nombre y sin origen, y de una tristeza resignada y rica de desordenadas sensaciones. (p. 63)

> Sí. ¡María Griselda! Dicen que es la mujer más linda que se haya visto jamás. (p. 44)

> María Griselda, la de la belleza mágica, la que lleva una flor amarilla en la mano, como si fuera un cetro de oro. (p. 63)

La flor que contribuye a hacer resplandecer la belleza de una mujer es un elemento narrativo importante en la literatura folklórica hindú (T 56.4).

Sylvia, como la madrastra en el cuento "Blanca Nieves", se sume "en el agua de su espejo" para hacer la misma pregunta: "¿ . . . quién es más linda, si María Griselda o yo?" (p. 53).

¿Quién es la más linda? Es otro motivo folkórico que anota Thompson (N 141.3) y es también de origen hindú.

Ojos verdes

Es también en *La historia de María Griselda* que deberemos comentar este otro motivo folklórico universal. Una persona poco común debido a sus ojos (F 512 ff, India), ojos notables (F 541.ff, India e Irlanda), ojos notables por su color (F 541.6), verde como color mágico (D 1293.2: mito irlandés) son motivos que Thompson anota en su obra y que se observan en María Griselda:

> —Veo tus trenzas retintas, tu tez pálida, tu altivo perfil. Y veo tus ojos estrechos, de un verde sombrío igual a esa natas de musgo flotante, estancadas en la superficie de las aguas forestales. (p. 25)
>
> . . . él evitaba siempre mirarla, de repente, miedoso, temeroso de que el corazón pudiera detenérsele bruscamente. Como quien va entrando con prudencia en una agua glacial, así iba él enfrentando, de a poco, la mirada de sus ojos verdes . . . (p. 58)

Y Fred nos dice: "¡Sus ojos estrechos, verdes como la fronda! . . . ¡María Griselda! la vio pasar. Y a través de ella, de su pura belleza, tocó de pronto . . . raíces que se pudren sordamente creciendo limo abajo, hasta su propio y acongojado corazón" (p. 63).

El verde en la literatura irlandesa puede ser también un símbolo de martirio (Z 145.1): María Griselda vive en un mundo interior de soledad, sólo con su propia belleza mágica, en la que los ojos verdes, la vuelven una imagen de lo intemporal, lo mágico y lo mítico, y la aislan del resto de los mortales:

> ¿De cuántos colores estaba hecho el color uniforme de sus ojos? ¿De cuántos verdes distintos de verde sombrío? No había nada más minucioso ni más complicado que una pupila, que la pupila de María Griselda.
>
> Un círculo de oro, un verde claro, otro de un verde turbio, otro muy negro y de nuevo un círculo de oro, y otro de verde claro, y . . .

total: los igual al musgo que se adhiere a los troncos de los ojos de María Griselda. Esos ojos de un verde de árboles mojados por el invierno . . . (p. 66)

¡ . . . Con la punta de un alfiler pinchar esas pupilas! Habría sido algo así como rajar una estrella. (p. 66)

María Griselda, o más bien, los ojos verdes, tocan lo cósmico, las estrellas, o el mundo de las diosas, las brujas y la poesía: En "La maja y el ruiseñor" (1960), un viejo loco, que es también poeta, menciona "los ojos verdes": ". . . Yo conozco las escondidas vetas, las venas comunicantes por donde el océano infiltra sus mareas en la tierra para subir hasta las pupilas de ciertas mujeres que nos miran de pronto con ojos profundamente verdes. ¡Y ciudado hijos! Desconfiar de ellas que son brujas" (p. 26).

Aguas

El agua es otro elemento folklórico universal muy socorrido en la obra bombaliana: referencias a la lluvia, niebla, agua de estanques, mares y océanos son numerosas. El mundo de la niebla ya ha sido estudiado en forma extensa por Margaret Campbell.[23] Somowski ha analizado las imágenes acuáticas en *La última niebla*.[24]

Me parece de interés observar las imágenes del agua en la obra en su totalidad para ver en forma más clara su conexión a motivos universales.

Sara Vial nos ha dicho que Bombal "es más hija del árbol que de la ola" (HMG p. 32). La misma María Luisa Bombal nos dice reticente: "Me gusta más el estero que el mar. Lo siento más cercano a mí, con sus sauces, con su sensación de tierra adentro. No es que no sienta el mar, pero el mar de Viña es solitario como un desierto azul marino" (HMG p. 32).

Sin embargo, el mar aparece en su obra, pero es como un elemento cargado de poesía y en el que aparecen sumergidos medusas, volcanes, esponjas, actinias, estrellas de mar, barcos piratas, sirenas y ahogadas en pena:

Toda clase de plantas y de seres helados viven allí sumidos en esa luz de estío glacial, eterno . . . gigantescas esponjas, actinias verdes y rojas se aprietan en anchos prados a los que se entrelazan las transparentes medusas que no rompieran aún sus amarras para emprender por los mares su destino errabundo.

Duros corales blancos se enmarañan en matorrales estáticos por donde se escurren peces de un terciopelo sombrío . . . (LS p. 139)

Lejos, lejos y profundo existe un volcán submarino en constante erupción. Noche y día su cráter hierve incansable y soplando espesas burbujas de lava plateada hacia la superficie de las aguas. (LS p. 140)

También se encuentran: ". . . duros corales blancos, hipocambos y si se llegara a levantar ciertas caracolas grises de forma anodina, puede encontrarse debajo una sirenita llorando" (LS p. 140).

El agua como barrera con otro mundo (F 141) se encuentra en la tradición irlandesa e hindú. Descripción de animales que habitan en el agua (A 2433.2.2) se tienen en la tradición alemana.

Pescadores sumergidos (E 751.5) en un barco extraordinario (F 841 ff) aparecen en la literatura mítica irlandesa y también en la Bombal: "Encallado en un desierto demoníaco, ciego, sordo y nudo y con una arena en que los pies no dejan huella. . . . Las estrellas de mar, eso sí, dejan huellas (LS p. 144).

Es en "La maja y el ruiseñor" donde se hacen alusiones más directas y se le personifica. En el invierno: "Despechado, por cierto, se levanta de pronto en terribles temporales y grita ronco" (p. 16). En el verano: ". . . él nos permitía corretear cerca" (p. 17). ". . . es que tiene corazón y es de verdad amigo . . . aunque rencoroso" (p. 19). Más adelante, en este mismo cuento, se le presenta derribando castillos de arena "en arrebato de celos" (pp. 20-21).

El mar se ha personificado desde tiempo inmemoriales en la tradición mundial (Z 118: mitos irlandeses, islandeses, judíos e hindúes).

Ya, en otra oportunidad, nos referimos al océano que infiltra sus mareas en la tierra a través de las mujeres de ojos verdes (LMR p. 26).

Las ahogadas en pena también existen en el océano:

> Un viejo cuenta:
> —Niños, ¿Sabían Uds. que existe una ahogada muy blanca y enteramente desnuda que todos los pescadores de Chile tratan en vano de recoger en sus redes?
> —Tal vez una sirena . . . insinúa tímidamente una de las niñas.
> —Nada más que una gaviota desmayada que llevan y traen las corrientes del Pacífico . . . dice el viejo. (LMR p. 25).

La ahogada que no puede descansar en paz (E 414) tiene sus orígenes en mitos islandeses y nórdicos, pero también se la anota en la tradición oral chilena.

La lluvia es otro motivo que aparece en la obra de la Bombal (LS pp. 130, 131), pero es en "El árbol" donde se da de manera más uniforme (pp. 96, 97, 98).

En esta obra, aparece como música y compañera de horas solitarias. Se hace hincapié en su sonido regular (p. 96 J 1812.3: Lituania y Rusia).

También aparece el estanque, donde la heroína se libera al bañarse desnuda. Al hacerlo, a veces, cambia y adquiere otra personalidad (D 565.6: mito irlandés):

> . . . Me quito las ropas, todas, hasta que mi carne se tiñe del mismo resplandor que flota entre los árboles. Y así, desnuda y dorada me sumerjo en el estanque.
> Tibias corrientes me acarician y penetran. Como con lazos de seda las plantas acuáticas me enlazan el torso con sus largas raíces. (LUN p. 43)

También:

> Sucedió este atardecer cuando yo me bañaba en el estanque. De costumbre, permanezco allí largas horas . . . (LUN p. 48)

> Sobrecogida me agarré a las ramas de un sauce, y no reparando en mi desnudez suspendí medio cuerpo fuera del agua.
> El carruaje avanzó lentamente, hasta arrimarse a la orilla opuesta del estanque. (LUN p. 59).

Se menciona también en su obra el río, tal vez el Malleco, el que está enamorado de María Griselda: "Y del fondo de aquella siniestra rendija subía un olor fuerte y mojado, un olor a bestia forestal: el olor del río Malleco rodando incansable su lomo tumultuoso" (HMG p. 53).

El río como barrera con otro mundo es una imagen hindú e islandesa. (F 141.1)

La niebla como elemento mágico (D 2143.3: mitos fineses, islandeses, esquimales) la tenemos en *La última niebla*:

> La niebla se estrecha cada día más, contra la casa. Ya hizo desaparecer las araucarias . . .
> Anoche soñé que, por entre las rendijas de las puertas y ventanas, se infiltraba lentamente en la casa, en mi cuarto . . . y se entrelazaba a mis cabellos y se me adhería al cuerpo y lo deshacía todo. (p. 46)

Las aguas, finalmente, están asociadas a la belleza. Fred en *La historia de María Griselda* al tocar la belleza de María Griselda, toca aguas, algas, arenas y raíces que se entrelazan con su corazón: "... tocó de pronto un más allá infinito y dulce ... algas, aguas, tibias arenas, visitadas por la luna, raíces que se pudren sordamente y creciendo limo abajo, hasta su propio y acongojado corazón" (HMB p. 63).

Raíces que marcan la entrada, a lo que podríamos llamar un submundo, nos dan imágenes de la literatura folklórica irlandesa, islandesa e hindú (F 93).

La muerte y las almas en pena

El alma en pena es un motivo frecuente en la tradición oral chilena donde el tema del "aparecido" que viene a arreglar viejas cuentas deleita y a la vez atemoriza a la concurrencia, como me consta lo es en la tradición de Melipilla, región chilena donde pasé mis veraneos de niña.

En *La última niebla* Bombal se refiere a los fantasmas nocturnos: "Cuando era niño, Daniel no temía a los fantasmas ni a los muebles que crujen en la oscuridad durante la noche" (p. 37). En "El árbol", el padre de Brígida comenta acerca de ella: "—Sí le gusta pasarse en la cocina, oyendo cuentos de ánimas ..." (p. 88).

Es en *La amortajada*, sin embargo, donde el motivo domina la obra. El alma de la amortajada recuerda y visita. (El alma que sale del cuerpo es un elemento muy socorrido en la literatura folklórica mundial [E 270]. Su origen se encuentra en leyendas celtas, irlandesas, noruegas, estonianas, eslavas, hindúes, japonesas y esquimales.) Y al visitar, visita a María Griselda, la bella de los ojos verdes, su nuera querida. Pero antes, alguien la empuja hacia abajo "a una región húmeda de bosques" (p. 113).

Y luego, nos habla de su visita a María Griselda: "Ahora soplo la lámpara. No tengas miedo, deseo acariciarte el hombro al pasar. ... ¿Por qué has saltado de tu asiento?" (p. 115). La visita del alma a parientes queridos (T 294) encuentra su origen en leyendas hindúes, siberianas y japonesas.

La muerte se asocia como un viaje hacia abajo, como una penetración hacia un paraje tropical en que la naturaleza se ve en todo su esplendor, con vegetación que casi respira agua: "Una corriente la empuja, la empuja canal abajo por un trópico cuya vegetación ... se parte en mil y mil apretados islotes. La naturaleza entera aspira, se nutre aquí de agua, nada más que de agua" (p. 115).

También se la asocia con un viaje hacia el centro de la tierra, hasta unirse con infinidad de raíces que la esparcen y la ponen en contacto con el universo:

> . . . se siente precipitada hacia abajo, precipitada vertiginosamente durante un tiempo ilimitado abajo; como si hubieran cavado el fondo de la cripta y pretendieran sepultarla en las entrañas mismas de la tierra . . . (p. 140)
>
> . . . y así fue como empezó a descender fango abajo, por entre las raíces encrespadas de los árboles. Cayendo a ratos, en blandos pozos de helada baba del diablo. (p. 141)
>
> . . . nacidos de su cuerpo, sentía una infinidad de raíces hundirse y esparcirse en la tierra como una pujante telaraña por la que subía temblando hacia ella, la constante palpitación del universo. (p. 142)

La visión del ser humano precipitándose hacia el centro de la tierra es común en la tradición literaria de los Estados Unidos, la tradición judía, hindú y esquimal (F 942), pero el hecho de volver otra vez a sentir el universo subiendo por medio de las raíces de la vegetación que Bombal tanto ama, es original en su presentación. También lo es la aseveración final en la que se anhela: ". . . la inmersión total, la segunda muerte: la muerte de los muertos" (p. 143).

Animales

Ya observamos al analizar las imágenes del mar en la Bombal, la presentación llena de colorido de medusas, actinias, hipocambos, esponjas gigantescas, caracolas grises, etc.

También se tienen perros (LVN p. 38), arañas (LA p. 52), gaviotas (LIN p. 118), cisnes (HMG p. 45), luciérnagas (HMG p. 57), chuncho o chucho, pájaro agorero de la muerte y típicamente chileno (HMG pp. 53, 54), etc.

En relación a la obra de Thompson sobre motivos folklóricos en la literatura universal, hay algunos que merecen mención en su presentación, pues en ella aparecen emparentados con los motivos que menciona dicho autor.

La urraca que guía a otras hacia su nido (K 2032), o la urraca de cola larga (A 2236.4, A 2378.3.1: origen finés), se transmutan en una imagen en "Las islas nuevas": "Algunas urracas de larga cola vuelan graznando un instante y se acurrucan luego en racimos apretados sobre las desnudas ramas del bosque ceniciento" (p. 120).

El sapo quieto esperando a alguien en Thompson (A 2461.2), en la Bombal, espera a María Griselda: "En el último peldaño de la escalinata, un sapo levantaba hacia ella su cabecita trémula" (HMG p. 42).

El animal tiene emociones humanas (B 773: fábulas de Esopo): "—Está enamorado de María Griselda. Todas las tardes sale aquí a esperarla para verla cuando vuelve de su paseo a caballo . . ." (HMG p. 42).

La realidad mezclada a la fantasía es un toque personal de la Bombal.

El sapo, poseedor de un alma (E 715.5), tiene su contraparte en la literatura folklórica hindú: "¡María Griselda! ¡María Griselda! Ella recuerda que en medio de la escalinata, su pie había tropezado con algo blando, con aquel sapo esperando él también eternamente a María Griselda" (HMG p. 59).

La espera incondicional y eterna del sapo convierte a María Griselda en un ser mítico desenvolviéndose en forma confusa en un mundo real que no la puede comprender.

La gacela asociada a un ser humano, origen africano (D 314.1.4), se menciona también en *La historia de María Griselda*: ". . . cual cazadores de una huidiza gacela, habían empezado a seguir por el bosque las huellas de María Griselda" (HMG p. 55).

Lo es también la zorra pronosticando mala suerte (B 147.2.1: origen chino e islandés): "Una zorra lanzaba a ratos su erupto macabro y estridente y de la quebrada opuesta le contestaba otra en seguida, con la precisión del eco" (HMG p. 57).

Grillos asociados a ranas (A 2493.20: leyendas hindúes); luciérnagas que asisten (B 482.1 Indonesia): ". . . se la posa siempre sobre el hombro como para guiarla" (HMG p. 57); gaviotas (LMR p. 2J); ruiseñores que sienten y ayudan (B 451.2: hindú): "el ruiseñor canta, le canta para consolarla" (también motivo ovidiano); cisnes negros (LMR p. 28); cobran vida intensa y espectacular. Incluso hay una mujer-pájaro:

> Yolanda está desnuda y de pie en el baño absorta contemplando: "En su hombro crece y se descuelga un poco hacia la espalda algo liviano y blando. Un ala. O más bien un comienzo de ala. O mejor dicho un muñón de ala". (LIN p. 129)

Este reino de animales, mundo acuático, pájaros e insectos se presenta, como se ha visto, poetizado y tocando los dominios de la irrealidad, en un tono personal y sugerente que transforma los motivos folklóricos universales y los lleva a un mundo mágico muy especial que sólo puede pertenecer a la Bombal.

Color blanco

En la literatura folklórica universal es un color simbólico (2142) de ascendencia irlandesa y judía.

En Bombal es símbolo de pureza e irrealidad: ". . . se ve envuelta en aquel batón de raso blanco que solía volverla tan grácil" (LA p. 12). Y en el estanque: ". . . sobre cuya superficie se recortó su propia imagen envuelta en el largo peinador blanco" (LA p. 88). Y María Griselda:

> ¡Estaba de blanco y llevaba una dalia amarilla en el escote! (HMG p. 44)
>
> ¿La ves con su tez pálida y sus negros cabellos, con su cabecita de cisne y su porte majestuoso y melancólico, la ves vestida de blanco y con una flor amarilla en el escote? (HMG p. 45)

Y se implica el blanco: "¡La hallan tan bonita! ¡Dicen que es más bonita que la propia Santísima Virgen!" (HMG p. 51).

Temas bíblicos, cuentos y supersticiones

Una rememoración de *Canción de las canciones* de Salomón aparece al describirse la presencia en todas partes del amado: "La aldea, el parque, los bosques, me parecen llenos de su presencia. Ando por todos lados con la convicción de que él acecha cada uno de mis pasos" (LVN p. 61). A veces, el amado se asemeja a Jesús: "Me estremezco al divisarlo con su red al hombro y sus pies descalzos . . . Pero, cada vez, se pierde, indiferente entre los pinos" (LVN p. 62). Hay también visiones del Antiguo Testamento:

> . . . Y el mar Rojo, levantando sus aguas y abriéndose mansamente para dar paso al pueblo elegido. (LA p. 129)
>
> . . . el Paraíso Terrenal del cual Adán y Eva fueron expulsados por causa de su desobediencia . . . (LA p. 131)
>
> —Tu vida entera no fue sino la búsqueda ansiosa de ese jardín, ya irremediablemente vedado al hombre por el querubín de la espada de fuego. (LA p. 132)

La pérdida de bienes debido al pecado (A 1331) aparece en mitos irlandeses, judíos, persas, hawaianos y en el Antiguo Testamento.

El ambiente de leyenda, que frecuentemente observamos en la Bombal, se agudiza cuando entra en los dominios del cuento infantil. Barcos piratas: "Encallado en un desierto demoníaco, ciego, sordo y mudo y con una arena en que los pies no dejan huellas" (LS p. 144); la madrastra legendaria: ". . . La niña salió entonces al jardín y se puso a barrer la nieve. Poco a poco la escoba empezó a describir una gran cantidad de fresas . . . que gozosa llevó a la madrastra" (LA p. 35); Melisenda y Pelleas (T p. 74); Tristán e Isolda (T p. 74); Barba Azul (T pp. 75-76). Imágenes son éstas que transportan a un mundo eterno de ensueño y poesía.

A lo ancestral y primitivo del hombre, nos llevan las supersticiones. Hay alusiones a la mala estrella: "—Oh, Ana María, ninguno de los dos hemos nacido bajo estrella que lo preserve" (Se refiere al amor; LA p. 62). O a la mala suerte: "Jesús, ¡quebraste ese espejo! Torcida va a andar tu suerte mientras no rompas vidrio blanco . . ." (LA p. 52). O a la buena suerte al referirse a una araña o la luna nueva:

> —¡Una araña corriendo por el techo a estas horas! Novedad tendremos. (LA p. 52)
>
> —Chiquilla, ¡la luna nueva! Salúdala tres veces y pide tres cosas que Dios te las dará en seguida. (LA pp. 51-52)

Estrellas que predicen el porvenir (D 1812.5.1.6), espejos que se quiebran y traen mala suerte (D 1812.5.1.3), arañas mágicas (B 93: hindú), lunas nuevas de buenos augurios (D 1812.5.1.5), son comunes en la tradición folklórica chilena, como he tenido ocasión de comprobarlo, especialmente en los campos de Melipilla en Chile.

Otros elementos tradicionales

En "El árbol", en Brígida, tenemos la hija sumisa (H 659.2.1) que como en tantos cuentos infantiles es la menor (L 50 ff: mitología hindú y española, y especialmente *Cuentos* de Perrault). Se casa con un viejo amigo del padre. Este elemento del viejo y la niña (J 445.2) se encuentra en el *Panchatandra* y en la tradición española.

Las obras de la Bombal presentan una mujer, en general, sumisa al hombre y ansiosa de complacerlo (A 1571.2). Sin embargo, para la época en que aparecen son extraordinarias, ya que llevan un fuerte sentimiento de rebeldía e insatisfacción debido a esta situación tradicional hispana que no pueden dejar de resentir. Son mujeres revolucionarias si las comparamos con otras heroínas de novelas hispanas de la época.

Reminiscencias de mitos también se dan: el mito de Tristán e Isolda o de la pasión y el adulterio,[25] en *La última niebla*, donde la heroína se quema en la pasión por un desconocido fantasmal; el mito del amor cortés en el amor silencioso de años que siente Fernando, el amigo del marido de Ana María, por ella misma; en *La amortajada* (pp. 59-62), el mito de don Juan, personificado en la misma obra en el marido de Ana María (p. 101).

Rivales enamorados de una misma mujer se dan en *La historia de María Griselda* (T 925: leyendas hindúes y francesas); relaciones sexuales ilícitas (T 400.5) se dan en *La amortajada* y *La última niebla*: el abandono del marido, en "El árbol" (R 227.2).

El entierro de un difunto (E 586: folklore español e inglés) en *La amortajada*; carruajes extraordinarios (F 861: Islandia) que se esfuman en la niebla (LVN); islas extra-terrestres (F 730 ff: Islandia y Groelandia) en las que se mueven cazadores poderosos (A 526.2 y F 679.5) en "Las islas nuevas" (p. 109) y *La historia de María Griselda* (p. 60); la sirviente fiel (P 361 ff en LA y HMG), Zoila, para terminar; todos convierten a María Luisa Bombal en una escritora de comprensión universal que toca el corazón de cualquier lector del mundo.

Hay una imagen que presenta, en dos instancias en su obra, que no se encuentra en la literatura folklórica universal y que la muestra como precursora de una corriente feminista contemporánea: la absorción en la contemplación de la propia desnudez. En "Las islas nuevas", Yolanda desnuda, y de pie en el baño, contempla su hombro derecho (p. 129). En *La última niebla*, la heroína se recrea en su desnudez, mientras se baña en el estanque al mismo tiempo que musita, "no me sabía tan blanca y tan hermosa" (p. 43). Esta sensualidad tan cruda y abierta fue una revelación cuando se publicaron las obras.

Conclusiones

María Luisa Bombal usa numerosos y variados elementos de la literatura folklórica universal, pero los poetiza, los sutiliza y estiliza en un mundo de fantasía y realidad que les da un toque tan personal que sólo puede ser de ella. El vaho de misterio con que los roza les da una especie de humedad que muchas veces casi sentimos.

El lenguaje que utiliza, pura poesía, puede ser entendido y valorizado universalmente. De allí, el éxito de sus traducciones que conmueven lo mismo a un checo, que a un japonés, que a un chileno.

Ciudadana del mundo y del espíritu, ha absorbido mitos, folklore, leyendas de todas partes y los ha volcado en su obra en un crisol del cual han salido depurados a su manera. Por ejemplo, en *La historia de María Griselda*, tenemos el mito de la mujer de belleza extraordinaria, poseedora de ojos verdes; pero éstos causan martirio, al mismo tiempo que aislan del resto de los mortales. Los motivos son universales, el toque de la mágica belleza y de los ojos que aislan y hacen sufrir son bombalianos.

La sensualidad abierta y la contemplación de la propia desnudez, en dos heroínas, se nos plantea como liberación final y como germen de rebeldía en una sociedad en que generalmente sólo se toleran mujeres recatadas y pasivas. La protesta encubierta y la expresión de sensualidad refinada son elementos narrativos originales en la época.

El viaje hacia abajo para llegar al final eterno, para luego remontarse por medio de raíces hacia el universo que suspira y vive es otra expresión sumamente novedosa.

En general, repito, es la forma como se revisten estos elementos de poesía, en lo que radica la originalidad y universalidad.

La historia de María Griselda lleva al lector, en mi opinión, al máximo grado de poetización y sublimidad de elementos narrativos folklóricos universales en la obra de Bombal. Allí es donde con mayor frecuencia se tocan mitos y motivos de siempre; la procedencia en general hindú o nórdica, como casi lo es en toda su obra.

María Luisa Bombal, escritora de todos, de todas partes; de ayer, hoy y siempre. Exponente sublime de la prosa poética en la literatura hispana. Antecedente de la literatura feminista de décadas después, en la exposición del amor libre, la sensualidad femenina refinada y el deleite de mujer en la absorción de la propia y bella desnudez.

UNIVERSITY OF COLORADO

Notas

[1] Ver Darío Cortés, "Bibliografía de y sobre María Luisa Bombal", *Hispanic Journal*, I, ii (1980), 125-142.

[2] Me refiero a las obras de Hernán Vidal, *María Luisa Bombal: la femineidad ena-*

jenada (Barcelona: Hijos de José Bosch, SA, 1976), y Lucía Guerra-Cunningham, *La narrativa de María Luisa Bombal: una visión de la existencia femenina* (Madrid: Nova Scholar, 1980).

[3] Guerra-Cunningham, p. 11.

[4] Marjorie Agosín, "Entrevista con María Luisa Bombal," *The American Hispanist*, III (1977), 5-6.

[5] Stith Thompson, *Motif Index of Folk Literature*. 6 vols. (Bloomington & London: Indiana University Press, 1955). Vol. 1 (A-C), Vol. 2 (D-E), Vol. 3 (F-H), Vol. 4 (J-K), Vol. 5 (L-Z), Vol. 6 (Index). El lector deberá referirse a esta nota para saber el volumen a que me refiero cuando cito a Thompson. Las traducciones serán mías.

[6] *La última niebla* (1934), *La amortajada* (1938), "El árbol" (1939), "Las islas nuevas" (1939), "Trenzas" (1940), "Lo secreto" (1941), *La historia de María Griselda* (1946), "La maja y el ruiseñor" (1960).

[7] *La última niebla* (Santiago: Orbe 8a. ed., 1975): LUN. También incluye "Las islas nuevas" (LIN), "Lo secreto" (LS), y "El árbol" (EA). Utilizo esta edición para las citas sobre "El árbol".

"Trenzas" (T) y *La historia de María Griselda* (LHMG) en *La historia de María Griselda* (Valparaíso: Ediciones Universitarias de Valparaíso, 1977).

"La maja y el ruiseñor" (LMR) en Patricia Lutz H., *El niño que fue* (Santiago: Ediciones Nueva Universidad, 1975), I, 15-35.

[8] John B. Vickery, en *Myth and Literature* (Nebraska: University of Nebraska Press, 1966), p. 13. La traducción es mía.

[9] James George Frazer, *The Golden Bough* (London: McMillan, 1963), p. 36.

[10] Ver la nota 7 para verificar la edición que he usado de *La última niebla* para mis citas.

[11] De aquí en adelante, la referencia de Thompson relativa a los elementos tradicionales en la obra de la Bombal se dará por un número precedido de una letra que indicará el tomo de la obra de Thompson donde se hace la referencia. Ver nota 5 donde se indica el tono exacto donde Thompson da el nombre de los investgadores que han hecho mención de los "motivos" en las diferentes literaturas universales.

[12] Ver nota 7 si se desea saber la edición que he usado para mis citas.

[13] Ver nota 7 de *La última niebla* que contiene "El árbol" para averiguar la edición usada. Referencias a las otras obras de Bombal se darán también en relación a la nota 7 que contiene todas las ediciones usadas.

[14] Agosín, p. 6.

[15] También hay referencias al pelo en pp. 76, 78 y 81.

[16] La traducción de este motivo de la literatura universal en Stith Thompson y las siguientes serán mías.

[17] Thompson menciona los autores que se han preocupado de estudiar el problema en cada país o región. Su bibliografía se da en el tomo I, si se quiere profundizar más en el asunto.

[18] Erich Neumann, *The Great Mother: An Anaylsis of the Archetype* (Princeton: Princeton University Press, 1963), pp. 240-267. Citado por Lucía Guerra-Cunningham, p. 121.

[19] James George Frazer, p. 5.

[20] Douglas Day, *Swifter than Reason* (Chapel Hill: Unversity of North Carolina Press, 1963), p. 159. Resumo.

[21] Vardis Fisher, "The Novelist and His Background," in Gerald W. Haslam,

Western Writing (Albuquerque: University of New Mexico Press, 1974), p. 68. La traducción es mía.

22 Ver Frazer, p. 5.

23 "The Vaporous World of María Luisa Bombal", *Hispania*, XLIV: 3 (1961), 415-419.

24 "El agua motivo primordial en *La última niebla*", *Cuadernos americanos*, 277-278: 4 (1973), 1-10.

25 Para más detalles sobre este mito, consultar: Denis de Rougemont, *Passion and Society* (London: Faber, Faber, 1954), p. 18. También aquí aparecen detalles sobre el mito de Don Juan (p. 209) y el amor cortés (p. 238).

EL PERDON Y LA ESCRITURA:
AL MARGEN DE UNA OBRA
DE MARIA LUISA BOMBAL

Leonidas Emilfork

En las obras de María Luisa Bombal hay una extraña desproporción entre la intimidad de los protagonistas y su mundo. Este es fácilmente identificable, pero el "yo" de aquéllos parece crecer desde una sensibilidad tan depurada, que a veces casi se confunde con un acto puro de conciencia, el cual no podría sino anular el mundo en que esos personajes se encuentran. De ahí quizás el cortés reproche de Borges en la reseña que escribió sobre *La amortajada*: "Yo le dije que ese argumento era de ejecución imposible y que dos riesgos lo acechaban, igualmente mortales; uno, el oscurecimiento de los hechos humanos de la novela por el gran hecho sobrehumano de la muerte sensible y meditabunda; otro, el oscurecimiento de ese gran hecho por los hechos humanos".[1] Es justamente ese rasgo, la distancia, a veces extrema, entre yo y mundo, el que desarregla las expectativas del lector en un singular lenguaje.

En lo que sigue vamos a considerar *La historia de María Griselda*[2] a través de tres escenas en que se juega de manera decisiva la relación Yo: Otro.

En la primera escena hay un espectáculo que pudo haber sido fatal; en la segunda escena imaginamos un acto fatal para eliminar al Otro; en la tercera escena, la relación es restituida mediante una imagen que duraría sólo en tanto que fugaz.

La primera escena ha sido montada por Charles Darwin[3] y permite imaginar una relación con el Otro que sería insoportable de no mediar un espectáculo. La segunda permite recorrer el texto del relato que hemos elegido, sin evitar un cuerpo muerto —el de un personaje suicidado— pero enfrentando dos tentaciones de la crítica. La tercera escena —en el poema "La linda pelirroja" de Apollinaire— da lugar para pensar una relación con el Otro, que se establece en el umbral de Lenguaje y Silencio, esto es, en una imagen; y en una zona que el poema llama Bondad.

En el trasfondo de nuestra reflexión hay un pensamiento de Merlau-Ponty:

> Como nuestra pertenencia común a un mismo mundo supone que mi experiencia, a título original, es experiencia del ser, de la misma manera nuestra pertenencia a una lengua común o incluso al universo común del lenguaje supone una relación primordial mía con mi palabra que le da el valor de una dimensión del ser, participable con X. En virtud de esta relación, el otro yo mismo puede llegar a ser otro y puede llegar a ser yo mismo en un sentido mucho más radical.[4]

Hemos seguido este pensamiento muy libremente. No es una exégesis ni una aplicación al texto literario, sino más bien un juego de sentido. Por eso mismo sería difícil encontrar una conclusión en nuestra reflexión, como lo sería también buscarla en el texto de la Bombal. En este tipo de cosas siempre se está recomenzando.

La escena de Darwin

El 17 de diciembre de 1832, el capitán Fitz-Roy, comandante de la *Beagle*, envía un bote a la costa de Tierra del Fuego, en el que va el naturalista. Una vez en tierra se encuentran con varios indios fueguinos vestidos apenas con pieles, son altos, de piel cobriza, tienen las caras pintadas. Darwin: "Todo el grupo es muy parecido a los demonios que aparecen en la escena de obras como *Der Freischutz*" (p. 205).

Después de los primeros temores, los indios se muestran amistosos. Darwin:

> El viejo lo mostró golpeando nuestros pechos y haciendo un ruido cloqueante, como cuando la gente alimenta gallinas. Caminé con el viejo y esta demostración de amistad se repitió varias veces: concluyó con tres fuertes golpes a mano abierta en el pecho y la espalda al mismo tiempo. Después se desnudó él su pecho para que yo le devolviera el cumplido, lo cual pareció complacerle muchísimo. (p. 206)

El autor del texto, Darwin, ha sido también actor de lo relatado. Olvidemos por un instante el tono condescendiente de la última frase y notemos que los dos han hecho los mismos gestos, produciendo un cierto sentido. Cabe, pues, preguntarse quién es Yo en esta escena. Para saberlo hay que leer lo que sigue: "El lenguaje de esta gente, de acuerdo a nuestras nociones, apenas merece llamarse articulado. El capitán Cook lo ha comparado con un hombre que carraspea, pero ciertamente jamás europeo alguno carraspeó con sonidos tan rechinantes, guturales y a chasquidos'' (ibid.). Curiosa afirmación en quien elaboró el concepto de evolución de las especies. Quizás esta falla en el estrato de su lenguaje científico se deba al violentísimo impacto del Otro. Sin embargo ya estamos en condiciones de responder a la pregunta recién hecha: Yo es el que puede hablar del lenguaje.

Ya más recuperado, Yo sigue su reflexión notando cuán mímicos son los indios, pueden incluso repetir cada una de las palabras de las sentencias que les dirigen. Darwin: ''Sin embargo nosotros los europeos todos sabemos qué difícil es distinguir separadamente los sonidos de un idioma extranjero'' (ibid.). Se pregunta, más tranquilo y más de acuerdo con sus prácticas científica: ''¿es consecuencia de hábitos más ejercitados y sentidos más agudos, comunes a todos los hombres en estado salvaje, comparados con aquellos de larga civilización?'' (ibid.).

Nosotros los europeos/ellos los salvajes. Esta oposición dobla colectivamente la de Yo/Otro. Pero el Otro no es Yo, porque éste —el que reflexiona sobre el lenguaje— estuvo a punto de perder la imagen de sí mismo y por ende la certeza de su mundo pues la actitud del Otro haría cierto el mundo donde la comunicación ocurre. El acto mímico de ''Darwin'' —el personaje de la pantomima— pierde la relación ontológica con su palabra, mientras que el Otro —aquel que no puede reflexionar sobre el lenguaje— podría llegar a ser Yo en un sentido mucho más radical incluso que el indicado por Merlau-Ponty en el texto que hemos citado antes.

Por eso Darwin se recupera distanciándose en un espectáculo: ''Fue sin excepción el espectáculo más curioso e interesante que jamás vi: no habría creído cuán grande es la diferencia entre el salvaje y el hombre civilizado: es mayor que entre un animal domesticado y uno salvaje . . .'' (p. 205). En el espectáculo se ve como Otro que no es Yo sino él, y así por el estilo. Cuestiones del lenguaje.

Segunda escena

Estoy en la misma ciudad donde nació María Luisa Bombal, en una casa, sentado ante una mesa en la que hay papeles, vasos, flores, un cenicero. Cerca de la mesa hay otros muebles, una alfombra, encima de la alfombra hay, etc., etc. Esta descripción podría seguir hasta el infinito y no llenaría jamás todo lo que hay en torno, esto es, porque pretendería colmar el universo. Pretensión ingenua sin duda puesto que no es el universo lo que está alrededor sino un mundo, mi mundo, en el que tampoco hay abstracciones como las indicadas por la palabra "objeto". Lo que hay es ese vaso, estos papeles, aquel florero donde alguien puso flores, el cuadro de más allá. Con todas estas ¿cosas? de mi mundo estoy. Pero no me siento cosa porque las indico: ese, esta, aquel, donde mi cuerpo es la referencia general, o mejor dicho el referente.

Podemos imaginar todo lo que pasaría si entrara Otro al cuato. Si su cuerpo no participa de ninguna de las apelaciones del mundo, puedo dudar de mi propia experiencia del ser, etc. Lo que no se puede imaginar es que el Otro fuera totalmente ajeno al lenguaje en general porque esto, entre otras cosas, supondría un silencio completamente diferente del lenguaje. Volveremos con Apollinaire a esta relación entre silencio y lenguaje. Lo que sí puedo hacer es extremar la escena de Darwin, imaginando un Otro que me obliga a mimar un lenguaje cuyo sitio está en otra parte, ciegamente. Yo no entiendo el sentido de lo expresado aunque estoy participando de su producción. Supongamos que el Otro tiene el poder para darme a entender, en algún momento ese sentido: supongamos que esa comprensión importa mi aniquilamiento. Yo puedo poner fin a todo esto con la muerte del Otro. Puedo dispararle, pero quizás no sea Hegel el que dirija la puntería.

En el relato de María Griselda no hay una escena como la que acabamos de insinuar, pero sí su hueco: *La amortajada*. El personaje con quien todos dialogan, la madre, es la misma muerta "sensitiva y meditabunda" que ahora, de algún modo, vuelve. La historia de María Griselda es un retorno del tiempo y una reescritura.

Pero lo que nos interesa ahora es el disparo. En lo que sigue veremos el disparo de Alberto, un disparo que simboliza el conocimiento como cacería; y el disparo de Silvia, un disparate (*nonsense*). Entre ambos disparos hay un discurso de nacimiento a la poesía lírica y la tentación de la culpa.

El disparo de Alberto

La escena es recordada por su madre:

> La puerta del corredor, abierta de par en par, hacia una noche palpitante de relámpagos y tardías luciérnagas. Y en el jardín, un hombre persiguiendo, revólver en mano, a las palomas de María Griselda.
>
> Ella lo había visto derribar una, y otra, y precipitarse sobre sus cuerpos mullidos, no consiguiendo aprisionar entre sus palmas ávidas sino cuerpos a los cuales se apegaban unas pocas plumas mojadas de sangre. (p. 60)

La experiencia de Alberto es semejante en algo a la escena en que imaginábamos el disparo contra el Otro. Sólo que la experiencia del personaje en cuestión va al límite tanto del cuerpo como del lenguaje porque es una experiencia erótica. Aparentemente su mujer responde a su deseo, pero sólo con las palabras, no con el cuerpo: "De qué le sirve decirme: ¡soy tuya, soy tuya! ¡Si apenas se mueve, la siento lejana! ¡Apenas se viste, me parece que no la he poseído jamás!" (p.60).

El nudo de la cuestión está en que el marido de ese Otro Yo que es su mujer confunde el sentido inefable de la experiencia erótica —el éxtasis— con el conocimiento, y por ende con la posesión. Se pregunta exasperado: "¿Cómo lograr, captar, conocer y agotar cada uno de los movimientos de esa mujer? ¡Si hubiera podido envolverla en una apretada red de paciencia y memoria, tal vez hubiera logrado comprender y aprisionar la razón de la Belleza y de su propia angustia!" (p. 61).

Una apretada red, es decir, un sistema. Pero la Belleza no está en el sistema, ni Alberto la puede poseer. Inutilidad de la ciencia estética y del discurso de propiedad. El sistema, la apretada red, es una red de cazadores. Otro de los personajes, Rodolfo, induce a la madre a un gesto semejante, siguen las huellas de María Griselda: "Y así fue como cual cazadores de una huidiza gacela, habían empezado a seguir por el bosque las huellas de María Griselda" (p. 55). Pero no encuentran a la gacela de amor, sino a una fiera. Llegan "hasta donde el fragor del agua rugía como un trueno sostenido y permanente. ¡Un paso más y se habrían hallado al fondo del cañón y en frente mismo del monstruo!" (p. 56). El monstruo, en este caso un río, está enamorado de una belleza humana, como en un encantamiento. María Griselda tiene una relación extraña con los animales. Al comienzo del relato hay un sapo que la espera porque está enamorado de ella; el río Malleco deposita peces en su cabellera porque también está enamorado; la primera luciérnaga de la tarde espera a la niña para posarse en su hombro. En un momento, la madre arroja lejos el sapo, como si fuera así a romper el encantamiento, pero sólo se queda "con la horrorosa sensación de haber estrujado en la mano una entraña palpitante y fría" (p. 59). Pero es el marido el que dispara contra las palomas encantadas. Dejemos esto porque hay otro disparo, más fatal.

El suicidio de la imagen

Una vez que una cacería comienza, es difícil detenerla, casi imposible, es el vértigo del conocimiento que va a llegar hasta la muerte.

Ni Rodolfo, ni la madre, ni Alberto cazan o disparan directamente a María Griselda. Es Silvia la que dispara realmente por ellos. El disparo del marido era simbólico, si entendemos por símbolo un signo en el que perdura o parte o todo lo simbolizado, las palomas, el sapo encantado, etc. El disparo de Silvia en cambio iba dirigido contra María Griselda, sólo que ésta era una imagen. Recuérdese el episodio en que la madre sorprende a Silvia mirándose en el espejo: "—¡Qué linda estás, Silvia!, le había dicho ella como para romper esa desconcertante situación . . . Silvia, mirándose en el espejo atentamente, obstinadamente, como si no se hubiera visto nunca, y ella, de pie, contemplando a Silvia". Pero su nuera ve al Otro: "¡Linda! ¿Yo? ¡No, no! . . . Yo creía serlo hasta que conocía a María Griselda. ¡María Griselda sí que es linda!"

He ahí cómo Yo ve a Otro en el espejo, pero como no es tal se mata, lo hace "valientemente como lo hacen los hombres . . ." (p. 64). Frase irónica en apariencia, aunque llena de sentido por lo que decíamos hace unos instantes, que ella se atreve a disparar por Alberto, por Rodolfo, etc. ¿O se trata de un sobresentido? ¿Qué lo suscita?

El discurso de Fred

María Griselda siempre aparece como una imagen, por ejemplo la que construye Fred: "¿La ves? ¿La ves con su tez pálida y sus negros cabellos, con su cabecita de cisne y su porte majestuoso y melancólico, la ves vestida de blanco y con una dalia amarilla en el escote?" Es esta *aparición* la que teme Fred: ". . . todos los días una nueva imagen, todos los días una nueva admiración por ella que combatir!" (p. 45).

Sería insuficiente pensar que el temor de este personaje es meramente psicológico. Le confiesa a su mujer, Silvia, momentos antes que ella se suicide, su amor por María Griselda. El episodio entero es el nacimiento a un discurso lírico, entendido también como una experiencia del ser y de la muerte. Tomaremos solamente la imagen:

> Llevaba enfáticamente una flor amarilla en la mano, como si fuera un cetro de oro, y su caballo la seguía a corta distancia, sin que ella precisara guiarlo. ¡Sus ojos estrechos, verdes como la fronda! ¡Su porte sereno, su mano pequeñita y pálida! ¡María Griselda! La vio pasar. Y a través de ella, de su pura belleza, tocó de pronto un más allá infinito y dulce . . . algas, raíces que se pudren sordamente creciendo limo abajo, hasta su propio y acogojado corazón. (p. 63)

Fred ve *a través* de María Griselda, como si su cuerpo fuera insubstancial. En la relación con el Otro necesito de su cuerpo, todos lo necesitamos, para el mundo. La experiencia del amor es en el mundo, con él, con los cuerpos, con el lenguaje que prolonga la existencia y la experiencia del Otro. Pero Fred no, toca "una más allá", cuando el cuerpo está siempre más acá. Fred toca su propio ser como ausencia, como lenguaje lírico: compone sus primeros versos después de la visión anteriormente indicada. Compone versos; la sintaxis, esa que repetían ciegamente los indios fueguinos, es precedida por el suspiro: "Y suspiró, supo al fin lo que era suspirar . . . porque debió llevarse las dos manos al pecho, dar unos pasos y echarse al suelo entre las altas raíces" (p. 64).

María Griselda inspira, Fred suspira, Silvia expira. El disparate al espejo (*nonsense*) rompe el encantamiento. Entonces Alberto, por un breve instante, se encuentra con el Otro, con el cuerpo y con el lenguaje del mundo. Le grita a su mujer, desmayada al oir el disparo de Silvia: "—¡Abre los ojos! ¡Abre los ojos! . . . le gritaba, le ordenaba, le suplicaba. Y como por encanto, María Griselda había obedecido, medio inconsciente" (p. 66). He ahí al Yo y al Otro en el diálogo del mundo. Pero este diálogo dura poquísimo. María Griselda sigue hablando, casi confesándose, con la madre. Mas en el tránsito de la imagen, de la parecida, al cuerpo que te habla, hay un cuerpo muerto, realmente muerto. ¿Habría que buscar un culpable?

La culpa

"Nada se puede decir en contra de doña Griselda". Estas palabras las dice una vieja sirvienta del fondo donde los personajes infructuosamente tratan de convivir. Ella no duda, afirma. ¿Es que habría que hablar *a favor* de María Griselda? En uno u otro caso nos quedaríamos en el mismo círculo: la lectura se vería igualmente obligada o a la defensa (apología) o a la acusación (categoría, como se decía en griego clásico). Habría que encontrar en primer lugar la culpa.

En dos pasajes se menciona la culpa. En el primero Rodolfo confiesa que ama a María Griselda "Pero él no se avergonzaba por ello, no. Griselda, ni nadie. Sólo Dios, por haber creado un ser tan prodigiosamente bello, era el de la culpa" (p. 58). Una blasfemia.

En el segundo, después de la primera palabra pronunciada por María Griselda ("Perdón"), la madre dice una culpa: "Perdón, ¿de qué? ¿Tienes tú acaso la culpa de ser tan bella?" (p. 67). Exonera a María Griselda, pero la culpa sigue ahí.

Si hubiéramos de seguir el camino de la apología, el relato entero sería visto como un caso judicial (algunos críticos del *Lazarillo* lo han hecho, por ejemplo), pero antes que esta o aquella culpa particular habría que establecer la posibilidad misma de la culpa, algo así como una caída. Y sobre ese fondo tendríamos que establecer la lectura. No han sido únicamente los existencialistas los que han leído así. Hasta la más neutra de las filologías o de las historias positivistas puede operar con una lectura de este tipo (nostalgia por la Edad de Oro, la España eterna, etc.). Si así leyéramos, habría que arreglárselas de algún modo para que el despertar de la protagonista (supra, p. 10) sea visto como un paso de la inocencia al conocimiento, el paraíso perdido. Quizás no sea exagerado decir que toda lectura apologética tiene en vista esa dualidad.

"Categoría" significó, antes de recibir un uso filosófico, "acusación". Es Aristóteles el primero que le da la acepción que se ha estado reelaborando durante casi toda la historia del pensamiento occidental. En los últimos tiempos de la crítica literaria, el pensamiento categórico reaparece bajo la forma de "tipologías". Si tomáramos este camino (método), el relato de María Griselda sería visto como parte de esta o de aquella tipología; el texto se reduciría entonces a un tipo, lo que viene a ser otro nombre para la "esencia" que ha criticado Heidegger, quedando la lectura bajo el dominio tradicional de la metafísica. ¿Cómo imaginar otro espacio, una libertad? El espacio de un poema.

La linda pelirroja

En las primeras tres estrofas del poema de Apollinaire hay un gesto categórico, un juicio, y un discurso apologético. Ambos se refieren a la poesía moderna. El Yo del poema hace un juicio ("Entre nosotros y para nosotros mis amigos / Yo juzgo esta larga querella de la tradición y de la invención / Del Orden de la Aventura"), de donde resultan dos grupos: Yo-nosotros y vosotros. La brusca aparición de los Otros se dice bajo el signo de la piedad y constituye el discurso apologético: "Sed indulgentes cuando nos comparéis / A los que fueron la perfección del orden". Este discurso dice el dominio de la poesía moderna como el misterio maravilloso de lo desconocido:

> Nosotros no somos vuestros enemigos
> Nosotros queremos daros vastos y extraños dominios
> Donde el misterio en flores se ofrece al que quiera cogerlo
> Hay ahí ñuevos fuegos colores nunca vistos
> Mil fantasmas imponderables
> A los que hay que dar realidad

> Nosotros queremos explorar la bondad comarca enorme donde todo
> se calla
> Hay también el tiempo que se puede cazar o hacer retornar
> . . . .

Pero tanto el juicio como la apología se interrumpen ante la *irrup-ción* de una imagen: "Ella tiene el aspecto encantador / De una adorable pelirroja". La encantadora colorina es el tiempo nuevo, que se dice como invocación y como paradoja: "Oh Sol es el tiempo de la Razón ardiente". A la suspensión del juicio y de la apología sucede una pura tensión de las imágenes: "Sus cabellos son de oro diríase / Un bello relámpago que duraría / O esas llamas que se pavonean / En las rosas-té que se marchitan", esto es, el tiempo nuevo debería durar en la fugacidad. Ante este límite extremo se vuelve a decir la piedad "Pues hay tantas cosas que no me atrevo a deciros / Tantas cosas que vosotros no me dejaríais decir / Tened piedad de mí".

Retengamos, para la lectura de la historia de María Griselda, el tiempo que se puede cazar, el tiempo que se puede hacer retornar y los dos últimos versos del poema porque recogen toda nuestra lectura.

El tiempo que se puede cazar lo leemos como el tiempo de la historia, el tiempo de los cazadores que seguían fatalmente las huellas de María Griselda para encontrar, en cambio, un cuerpo muerto y un desencantamiento.

El tiempo que se puede hacer retornar es, para esta lectura, el tiempo del perdón. Hanna Arendt ha comentado espléndidamente un pasaje en el Nuevo Testamento donde la cuestión que acabamos de señalar aparece bajo otra luz. El pasaje está en Lucas 17:3-4 y lo citaremos como aparece en el texto de la Arendt: "And if he trespasses against thee seven times a day, and seven times in a day turn again to thee, saying, I repent; thou shalt forgive him".[5] La filósofa agrega en su comentario:

> It is important to keep in mind that the key words of the text
> —*aphienai, metanoein,* and *hamartanein*— carry certain connotations even in the New Testament Greek with the translations fail to
> render fully. The original meaning of *aphienai* is 'dismiss' and 're-lease' rather than 'forgive'; *metanoein* means "change of mind" and
> —since it serves also to render the Hebrew *shuv* —'return', 'trace
> back one's steps', rather than 'repentance' with its psychological
> emotional overtones; what is required is change your mind and 'sin
> no more', which is almost the opposite of doing penance. *Hamarta-nein*, finally, is indeed very well rendered by 'trespassing' in so far as

it means rather 'to miss' 'fail and go astray', than 'to sin'. . . . The verse which I quote in the standard translation could also be rendered as follows: 'And if he trespasses against thee . . . and . . . turn again to thee, saying, *I changed my mind*; thou shalt *release* him'.[6]

La madre viene a liberar a María Griselda no de su belleza sino de la culpa que los demás han depositado en esa belleza. Viene desde el más allá, desde *La amortajada*.

El poema de Apollinaire, su modulación del nuevo tiempo poético, es tan paradójico como la condición de durabilidad de la luz pelirroja. Las cosas que el poeta no se atreve a decir y que los Otros no le dejarían decir, si bien aparentemente quedan bajo el aspecto de la resignación, son las cosas de la Bondad, esa "comarca enorme donde todo se calla": un espacio donde ya no habría que temer (o atreverse, que es lo mismo); pero donde tampoco alguien se arrogaría el poder de "permitir". ¿No se parece a lo que se ha soñado como libertad?

Este pasaje entre una y otra historia de la Bombal es una nueva entrada en el tiempo. Su paso tiende, en nuestra lectura, hacia el campo extendido por el poema de Apollinaire. El *alcance* de ese tiempo es una de las cuestiones fundamentales para la relación con el Otro. Es también el umbral aún suspenso de la poesía moderna.

UNIVERSIDAD CATOLICA DE VALPARAISO, 1983

Notas

[1] Citado por Lucía Guerra-Cunningham en *La narrativa de María Luisa Bombal: Una visión de la existencia femenina* (Madrid: Playor, 1980), pág. 75.

[2] (Valparaíso: Ediciones Universitarias, 1977). Todas las referencias se hacen por esta edición.

[3] *The Voyage of the Beagle* (New York: Doubleday, 1962). Traducción mía.

[4] *La prosa del mundo* (Madrid: Taurus, 1971), p. 202.

[5] *The Human Condition* (New York: Doubleday Anchor, 1959), pp. 215-16.

[6] Ibid., pp. 361-62, n. 78.

ESTETICA FANTASTICA Y MENSAJE METAFISICO EN "LO SECRETO" DE MARIA LUISA BOMBAL

Lucía Guerra-Cunningham

Para María Luisa Bombal, esta deuda en
reconocimiento de su amistad.

Al hacer un recuento bibliográfico de los estudios críticos sobre la obra de María Luisa Bombal, llama la atención el hecho de que "Lo secreto" haya sido casi sistemáticamente ignorado,[1] hecho que sorprendía a la autora misma quien lo calificaba como una de sus mejores creaciones. La razón de esta omisión resulta obvia, la mayor parte de la obra bombaliana posee un núcleo unificador en la presentación de la problemática femenina en una sociedad dominada por valores masculinos, tema que se subraya a través de la ambigüedad de una realidad en la cual lo real, lo irreal, lo ensoñado y lo mágico ponen de manifiesto la oposición entre el racionalismo masculino y la intuición femenina hacia lo cósmico. En "Lo secreto", sin embargo, no se da esta preocupación centrada en la dialéctica de los sexos, por el contrario, se omite lo histórico y social inmediato para postular una temática de carácter filosófico y religioso que supone en los seres humanos dilemas de tipo trascendental en su relación con la divinidad.

Esta preocupación de carácter metafísico es, sin lugar a dudas, esencial para comprender la visión del mundo de María Luisa Bombal quien en 1940 declaraba: "Todo cuanto sea misterio me atrae. Yo creo que el mundo olvida hasta qué punto vivimos apoyados en lo desconocido. Hemos organizado una existencia lógica sobre un pozo de misterios".[2] La concepción de la realidad como un conglomerado de elementos dispares que la mente humana ha logrado aprehender sólo de manera limitada e insuficiente a partir de la razón, motivaba a la autora a incursionar en el ámbito de lo ensoñado, lo mágico y lo sobrenatural. En este sentido, el acto de escribir constituía un proceso de develación de aquellos misterios que la razón y la lógica no lograban explicar, una actividad que en sí misma poseía un valor trascendental y metafísico, según la propia definición de María Luisa Bombal quien, en una ocasión, señalaba: "Escribir es un aliento de la tierra, un aliento de Dios. Llega como el viento, como un viento de Dios, que pasa. Escribir es un ángel que pasa. Un enigma que no tiene, no debe tener explicación".[3]

La creencia en Dios fue, sin embargo, siempre problemática para María Luisa Bombal quien definía su existencia como "una constante lucha en la que, a veces, hasta me peleo con Dios aunque siempre nos volvemos a hacer amigos".[4] Su predilección por "Lo secreto" se debía precisamente a que, en este cuento, ella se propuso describir la sensación de desamparo producida por la pérdida de Dios.[5]

Esta vivencia metafísica se elabora en el relato a partir de la creación de un espacio fantástico entregado por una narradora de omnisciencia aparentemente ilimitada que lo inicia diciendo: "Sé muchas cosas que nadie sabe. Conozco del mar, de la tierra y del cielo infinidad de secretos pequeños y mágicos".[6] La narradora se ubica así en una función de reveladora de secretos cósmicos que les están vedados al resto de la humanidad. "Sé", "veo" y "entendí" son, entonces, aseveraciones que presentan lo desconocido y mágico a través de un discurso de carácter representativo que anula la intangibilidad de lo misterioso. Se nos describe así el fondo del mar habitado por refulgentes esponjas, actinias verdes, peces de un terciopelo sombrío, hipocampos y sirenas. El oxímoron "estío glacial" (p. 176) atribuido a la luz que invade este espacio subterráneo subraya una atmósfera mágica en la cual no se han impuesto límites racionales entre la vida y la muerte o lo real y lo imaginado.

Sin embargo, en esta presentación introductoria subyace una tensión creada por la conciencia de la narradora con respecto al grado limitado de conocimiento que posee su receptor. En un lenguaje apelativo dice:

> Y ahora recuerdo, recuerden cuando de niños saltando de roca en roca refrenábamos nuestro impulso al borde imprevisto de un estrecho desfiladero. Desfiladero dentro del cual las olas al retirarse dejaran atrás un largo manto real hecho de espuma, de una espuma irisada, recalcitrante en morir y que susurraba, susurraba . . . algo así como un mensaje. ¿Entendieron ustedes entonces el sentido de aquel mensaje? No lo sé. Por mi parte debo confesar que lo entendí. (pp. 176-177)

El no saber si los otros entendieron el mensaje de la espuma con respecto a sus orígenes en el cráter de un volcán submarino en constante erupción, pone en evidencia una oposición recurrente en toda la obra de María Luisa Bombal. No obstante la mujer se define como un ser íntimamente ligado a lo cósmico y capaz de intuir sus misterios, esta comunicación le está vedada en el plano humano debido a que la acción civilizadora del Hombre ha tronchado toda otra actividad cognoscitiva que no sea la razón.[7] El propósito del relato ("contarles de un extraño, ignorado suceso acaecido igualmente allá abajo", p. 177) reitera precisamente la afirmación de hechos y vivencias que están más allá de lo calificado como "real" por los esquemas positivistas. En la realidad que aquí se nos presenta, se anulan las fronteras temporales y se invierten las leyes físicas constatadas por la ciencia en el ámbito de la realidad tangible para crear un espacio fantástico que implícitamente representa una subversión ante el sistema de valores propuesto por la ideología dominante.[8]

El núcleo o instancia cardinal del relato es el naufragio de un barco de piratas hace muchos siglos atrás en el fondo del mar; esta caída en un ámbito subterráneo e ignoto los conduce a un espacio fantástico y conlleva el sentido primario de descenso a los infiernos y pérdida de Dios.

En este viaje se destacan dos actantes complementarios: el Capitán Terrible, pirata vociferante que ordena a la tripulación salir a buscar el mar y El Chico, niño que se queda con el capitán como guardarrelevo. La elección de personajes típicos de un cuento infantil involucra la referencia a un código literario en el cual el pirata se asocia con el crimen, la maldad y la omnipotencia. Dicha elección también permite un esquematismo caracterizador de tipo alegórico puesto que rasgos estereotípicos tales como el cinturón salpicado de sangre, la pistola en mano y el mal humor del capitán funcionan en el relato como indicios que configuran el símbolo del Mal. Por otra parte, es interesante señalar que el cuento infantil supone distinciones básicas que en "Lo secreto" contrastan con la complejidad de su sentido trascendental. Este contraste se hace evidente además en el lenguaje y los gestos del Capitán Terrible, lenguaje cargado de blasfemias y sonoras carcajadas que son típicas del personaje literario del pirata. Así, por ejemplo, al arribar al desierto interminable, se dice: "Condenado mar —vociferó— Malditas mareas que maneja el mismo Diablo. Mal rayo las parta. Dejarnos tirados costa adentro . . . para volver a recogernos quién sabe a qué siniestra malvenida hora" (p. 178). En el contexto trágico y metafísico de "Lo secreto", la recurrencia de este lenguaje desmesurado y maldiciente no sólo funciona como una retórica vacía que manifiesta la fragilidad de los seres humanos frente al poder divino sino que también sugiere, por sus constantes alusiones a Satanás, el advenimiento de lo infernal.[9] Por otra parte, El Chico, personaje que en su ingenuidad no ha asimilado la Ley de Pirata, sinónimo de robo y crimen, funciona como un personaje opuesto en su calidad de portavoz de los sentimientos que el capitán acalla y de transmisor de un conocimiento intuitivo con respecto al significado del naufragio y el arribo al desierto allende el fondo del mar.

Pero aparte de los actantes en una secuencia de naufragio, sorpresa y espanto frente a la pérdida de Dios, en este relato se elabora un espacio fantástico que viene a simbolizar el estado infernal del alma por la ausencia de la divinidad. En este desierto infinito las leyes físicas se han trastrocado: las pisadas no dejan huellas, los cuerpos no hacen sombra y las velas del barco se hinchan en sus mástiles sin el soplo del viento. De manera significativa, lo normal —el hecho que las estrellas de mar sí dejen una huella en la arena— resulta lo insólito. Es más, cuando el capitán dirige su televista hacia arriba descubre que no hay cielo ni estrellas, que todo aquello ". . . era exactamente el reflejo invertido de aquel demoníaco, arenoso desierto en que habían encallado" (p. 179).

Simultáneamente, se crea una atmósfera de desolación por medio de signos de sugestión tales como la luz de un verde umbrío y nefando resplandor, el desierto angustiante, la arena fría y un silencio sin eco. Atmósfera que se carga con un simbolismo religioso al definirse el espacio como sin mar, símbolo de la vida,[10] y sin cielo ni estrellas, referentes simbólicos del alma y el espíritu. Al calificar dicho espacio como "ciego, sordo y mudo" (p. 179), se sugiere que la ausencia de Dios equivale a la nada y el desierto que en sus connotaciones tradicionales se considera como lugar propicio para la revelación divina y clima de la espiritualidad pura y ascética,[11] asume en "Lo secreto" un significado de aridez espiritual.

Es precisamente la carga simbólica otorgada al espacio la que permite, en el plano del desarrollo de los personajes, la elusión para describir sus sentimientos de manera sugerente y no directa u objetiva. Así, por ejemplo, en el desenlace del relato se da el siguiente diálogo: "Chico, dime, tú has de saber . . . ¿En dónde crees que estamos? —Ahí donde usted piensa, mi capitán— contesta respetuosamente el muchacho" (p. 183).

Esta descripción elusiva indudablemente añade al sentido trascendental del relato puesto que, de manera implícita, se propone que en los seres humanos se dan vivencias inefables, sentimientos que resul-

tan imposibles de definir a través de un lenguaje objetivo de significados unívocos. En este sentido, la creación de un espacio fantástico
configurado por elementos concretos que poseen dimensiones simbólicas responde a la plasmación de lo inefable en un proceso poético y
metafórico que pone en evidencia la complejidad e intensidad de lo
subjetivo.

El cambio en los personajes es, entonces, sólo un brochazo que
muestra al Capitán Terrible bajando la voz para con sencillez y mo-
destia hacer una pregunta a El Chico. En medio de una luz mortecina
"que no sabe titilar" (p. 182) y un silencio desolador, empieza a surgir
en ambos una marea desconocida descrita como: "La marea de un
sentimiento del que no atinan a encontrar el nombre. Un sentimiento
cien veces más destructivo que la ira, el odio o el pavor. Un sentimiento ordenado, nocturno, roedor. Y el corazón a él entregado, paciente
y resignado" (p. 182). El capitán se aferra al grito agresivo y al conocimiento científico tratando de explicar que se encuentran a mil millones
de pies bajo el mar; pero El Chico pronuncia "Tristeza" (p. 182), una
palabra que la narradora define como "soplada a su oído" (p. 182),
explícitamente contraponiendo lo misterioso a la arrogancia del capitán quien al lanzar una carcajada estrepitosa siente que se le troncha
en la garganta, sentimiento que en el relato se describe de la siguiente
manera: "Porque aquello que quiso ser carcajada resonó tremendo
gemido, clamor de aflicción de alguien que dentro de su propio pecho
estuviera usurpando su risa y su sentir; de alguien desesperado y ar-
diendo en deseo de algo que sabe irremisiblemente perdido" (p. 183).

La intensidad del dolor produce en el Capitán Terrible el despojo
de una máscara de guiñol cuya fuerza y desparpajo se fragmentan ante
la inminencia de lo verdaderamente humano definido en el cuento como de una esencia espiritual. Por otra parte, la antítesis entre carcajada y gemido, risa prepotente y aflicción es la que en el desenlace del relato infunde al motivo arquetípico de la caída el sentido pleno de una
aventura trascendental pues el viaje de descenso a los infiernos conduce al descubrimiento del desamparo absoluto producido por la ausencia de Dios. En consecuencia, la instancia cardinal del naufragio que
en el cuento infantil habría llevado al descubrimiento de una isla y un
tesoro, adquiere en "Lo secreto" el significado de pérdida de todo
apoyo y muerte espiritual con su consecuente agonía.

Por lo tanto, la creación de un espacio fantástico submarino que
en la obra de Julio Verne, por ejemplo, habría respondido a una fabu-
lación de tipo científico posee en este relato connotaciones simbólicas
que aluden a un estado del alma y, mientras en *La última niebla*, el

motivo del amante representa una transgresión social de la fidelidad marital, en "Lo secreto" lo fantástico plasma un mensaje de carácter puramente metafísico.

UNIVERSITY OF CALIFORNIA, IRVINE

Notas

1 La excepción es el estudio de Manuel Peña Muñoz titulado "La presencia del mar en 'Lo secreto' ", *Nueva Revista del Pacífico*, No. 4 (octubre-diciembre 1976), pp. 28-47.

2 "María Luisa Bombal quiso ser actriz, vivió en el Sur, le gusta el misterio y escribe novelas", *Ercilla*, 17-I-1940, p. 18.

3 Antonio Requeni, "María Luisa Bombal, novelista chilena", *La Prensa*, 11-III-1979, p. 2.

4 Entrevista no publicada con la autora, diciembre de 1979.

5 Al referirse a "Lo secreto", María Luisa Bombal ha dicho: "Cuando pequeña yo era muy aficionada a las novelas de piratas y en este cuento, *ex profeso* hice de mis personajes unos verdaderos piratas. Y entonces se encuentran en este lugar tan espantoso, pero es que han perdido a Dios. Nadie ha entendido que se trata de la pérdida de Dios; esa situación horrible de enfrentar la nada, de perder todo sentido en la existencia por haber perdido a Dios". Ver mi "Entrevista a María Luisa Bombal" publicada en *Hispanic Journal*, vol. III, No. 2 (abril de 1982), pp. 119-127.

6 María Luisa Bombal, *La última niebla* (Buenos Aires: Editorial Andina, 1978), p. 175.

7 Este punto ha sido desarrollado en detalle en mi libro *La narrativo de María Luisa Bombal: Una visión de la existencia femenina* (Madrid: Editorial Playor, 1980).

8 Este aspecto de la estética fantástica ha sido estudiado, por ejemplo, en el excelente libro de Rosemary Jackson titulado *Fantasy: The Literature of Subversion* (Nueva York: Methuen Inc., 1981).

9 Manuel Peña Muñoz en su estudio ya citado hace un valioso recuento de adjetivos y sintagmas en el lenguaje del pirata destacando su agresividad.

10 Juan-Eduardo Cirlot destaca en el mar sus connotaciones de vida y fecundidad: *Diccionario de símbolos* (Barcelona: Editorial Labor, S.A., 1969), pp. 62-64, 310.

11 Ibid., p. 175.

"ROMANCE" Y NOVELA LIRICA

Ricardo Gullón

Con las novelas de María Luisa Bombal nos acercamos a un modo de creación más aceptable para el lector, si se las ve como ficción pura que como pertenecientes a la modalidad tradicional, cuyas conexiones con la realidad son difíciles de soslayar. El rodeo puede ser vía más segura —y hasta más rápida— de llegar a un punto que el atajo, y el rodeo consiste aquí en recordar la diferencia observada por los escritores —no sólo por los críticos— entre dos tipos de ficción, el romance y la novela propiamente dicha, de los cuales serían paradigma, entre los anglosajones, practicantes de la distinción, las obras de Walter Scott y de Charles Dickens, respectivamente.

Examinando *Luna de miel* y su continuación, en un texto anterior, aludí al "romance" de que ahora trato, seguramente porque el punto de partida y la composición de aquellas obras permiten, o, más bien recomiendan su aproximación a tal categoría. No me detuve entonces a puntualizar lo que el "romance" sea. Este me parece mejor lugar para hacerlo. Northrop Frye expuso en *Anatomy of Criticism* una teoría a la que me referiré luego; prefiero empezar resumiendo las observaciones hechas sobre el tema no por un teorizante sino por uno de sus más admirables cultivadores: Henry James.

En 1877 (el año de *Gloria*, de Galdós) apareció el volumen *El americano,*[1] tercera novela de James, melodrama de una frustración (el gran millonario americano rechazado por la aristocrática familia francesa con que pretende enlazar, y rechazado pese a tener en sus manos la prueba del crimen cometido por uno de los miembros del clan. Al incorporar la novela a la edición de *Obras completas* (incompletas) de Nueva York, preparada para Scribner en 1907, el novelista le antepuso un prefacio en el que hizo una excelente caracterización del "romance".

Resumiré las ideas expuestas, sin entrar en el comentario de la novela, confiando en la posibilidad de separar la generalización del caso concreto a que esas ideas se aplican, por muy teñidas que parezcan de su coloración. El "aire" del romance es decididamente romántico, y esta calificación aparece contrastando con la dependencia de la realidad observable en las novelas de un Tolstoy o de un Balzac. Entre lo familiar y lo extraño el romance se inclina a lo segundo y no, según indica James, porque lo extraño y lejano sea necesariamente romántico, sino porque es lo "desconocido". Lo real se presenta "como las cosas que, más pronto o más tarde, es imposible que *no* conozcamos", en tanto que lo romántico es "lo que nunca *podemos* conocer directamente, las cosas que sólo pueden alcanzarnos a través del hermoso circuito y subterfugio de nuestro pensamiento y nuestro deseo". Desentendiéndose de los accidentes con que se ofrece en los ejemplos concretos o, dicho mejor, reduciéndolos a su esencia, piensa que la idea de limitar el romance a "la fascinación . . . de su incertidumbre" es inadecuada e insuficiente, aun si en principio parece aceptable, parece una "fina fórmula".

El sueño de una experiencia intensa acaso inclina a visiones y éxtasis que conducen de una fase a otra, de "un riesgo" a otro. Y de los dos tipos de riesgo observables (los "inmensos y flagrantes" y los que "no parecen ser nada") los más amenazadores son los disimulados —que son también los que reclaman una decisión más intrépida.

No más de un atributo del romance cree James encontrar en los casos del subgénero: la liberación de la experiencia, el hecho de hallarla "exenta de las condiciones que comúnmente sabemos que conlleva", es decir, de su vinculación a la tierra, de su estar sujeta a ella por una cuerda que nos sitúa. "El arte del romancista consiste en cortar insidiosamente ese cable, para divertirse (*for the fun of it*); y cortarlo sin que nos demos cuenta". Cortar las amarras, dejar libre la imaginación, prescindiendo de "cómo las cosas suceden" habitualmente, es consentir que "el globo de la experiencia" se desconecte de los rigores referenciales, buscando un dramatismo que, como James reconoce, puede ser más jugoso que fiel a la verdad, entrañando una cierta "perversión" o tergiversación, en beneficio de otros efectos.

Sacrificar la verosimilitud es tolerable si se mantiene la coherencia de la visión. El personaje (y aquí el novelista-crítico trata de su "americano" y del personaje en abstracto) es "una ventana": su visión, su concepción, su interpretación son lo importante, pues desde ellas, como desde el centro natural de la obra, y no sólo natural sino unificante, asistimos a cuanto sucede.[2]

La teoría de Northrop Frye sobre el romance forma parte de su *Anatomía*, extenso y comprensivo estudio sobre los géneros literarios. Exponer aun en forma resumida, ese estudio, es tarea superior a las necesidades de este trabajo, pues, entre otras cosas, exigiría explicar un vocabulario personal, sin duda atractivo, pero más complicado de

lo que a mi propósito conviene. Si hasta comienzos del siglo XX
—piensa Frye— "la palabra novela . . . era todavía el nombre de una
forma más o menos reconocible, a partir de entonces se ha convertido
en un término muy abarcador que puede aplicarse prácticamente a
cualquier libro de prosa que no trata *de* algo" ("saco en que todo cabe", según imagen de Baroja).

Meditando sobre la novela de lengua inglesa, las diferencias entre
sus productos se imponen al crítico. Si las obras de Jane Austen le parecen cercanas a la comedia de costumbres, *Wuthering Heights*, de
Emily Bronte, le hace pensar en el cuento y la balada, por lo que a su
juicio debe ser llamada romance, forma de ficción en prosa distinta de
la novela, identificable ante todo por "el modo de concebir la caracterización". "El romancista no intenta tanto crear 'gente de verdad' como figuras estilizadas que pueden llegar a ser arquetipos psicológicos". Arquetipos que Frye relaciona con lo llamado por Jung libido,
ánima y sombra, palabras aplicables al héroe, a la heorína y al villano,
respectivamente. Por esta razón "el romance irradia a menudo un brillo de intensidad subjetiva, que en la novela no se produce, y por eso
un brote de alegoría apunta constantemente en sus márgenes".

En cuanto a caracterización, Frye explica así las diferencias entre
ambos géneros:

> El novelista trata con la personalidad, con personajes portadores de
> sus *personae* o máscaras sociales: necesita el marco de una sociedad
> estable, y muchos de nuestros mejores novelistas han sido convencio-
> nales hasta el punto de *fussiness*. El romancista trata con la indivi-
> dualidad, con personajes *in vacuo* idealizados por la fantasía, y por
> muy conservador que sea, es probable que algo nihilista e indomable
> se esfuerce en sobresalir de sus páginas".

Todavía quiero subrayar otro punto. No cree Frye que el romance
sea un subgénero del género novela sino algo perfectamente diferenciado. Romance y novela, ramas del mismo árbol, el de la ficción en
prosa. Y aún en el cuento cabría, en su opinión, distinguir el "roman-
cesco" de Poe del "novelesco" de Chejov. La admisión de estas categorías habrá de ejercer un efecto beneficioso en la crítica literaria ha-
bituándola a ver como entidades de contorno variado las mezcladas y
revueltas en el mismo saco (el de la observación barojiana). "Un gran
romancista —concluye Frye— ha de ser estudiado de acuerdo con las
convenciones por que ha optado". En consecuencia será injusto acu-
sarle de escapismo por el hecho de haber escogido una forma de escri-

tura conectada con la realidad de modo más oblicuo al seguido por la novela.[3] De atenerse a la recomendación del crítico canadiense no hubiera tratado Ortega con tanta severidad al autor de *El obispo leproso*.

La reviviscencia del romance en la época romántica, registrada por Frye, es evidente. Regresando a la literatura hispánica, convendría preguntarse si el mejor ejemplo aducible no será *El señor de Bembibre*, de Enrique Gil y Carrasco. El culto del héroe resplandece allí con brillante idealización y poetización. Después y con cuantas variantes propongan el autor y las circunstancias de la creación, la línea se prolonga hasta el modernismo en ficciones como *Amistad funesta, Sangre patricia, La gloria de don Ramiro, De sobremesa* . . . , para desembocar en las estudiadas en este trabajo.

Así se establece la conexión romance-novela lírica, ilustrativa y vital si no se olvidan los matices y peculiaridades del uno y de la otra. Y conectan, precisamente, en dos de los puntos señalados por Frye: el subjetivismo y el modo de caracterización del personaje, y en el hecho de que la composición esté presidida por la sensibilidad. En la novela lírica, como en el romance, la creación es en sí la experiencia, la ficción, la realidad, y no, conforme quería ser en la novela decimonónica, trasunto de la realidad. El novelista lírico no niega la realidad (creo haberlo reiterado suficientemente), pero atribuye al acto verbal una autonomía que le distancia de la mímesis.

Lirismo de la niebla

María Luisa Bombal ejemplifica bien lo recién escrito. *La última niebla* (1935) y *La amortajada* (1938) ofrecen innegables concomitancias con el romance, según la descripción de James. Son pura ficción, pura invención, y no en el sentido en que lo es *La de Bringas* u otro texto análogo, sino en ser invención total de una verdad fabulosa, de una verdad que no lo es en la acepción corriente, pues es por naturaleza equívoca y ambigua. Invención total, dijo: invención del asunto, de la trama, de los personajes, de la voz narrativa, del narrador(a) mismo. Todo es incierto porque todo es inventado, dependiente de una perspectiva que configura la "realidad" de la ficción. Al lector, habituado a la seguridad del hecho se le impone la inseguridad de la invención. Pocas veces, en la literatura de lengua española, "el globo de la experiencia" ha flotado más libremente en una imaginación que cortó sin vacilar el cable que la limitaba.

El alejamiento de la realidad permitió a Bombal dar a su narración la textura neblinosa que le es propia y que se prolonga de la figura al espacio con absoluta correlación. Desde la mente del personaje se extiende la bruma que es el texto y a la vez lo envuelve, alimentándose, creciendo y viviendo de sí. Todo es borroso, "penumbra de sombras" en que el narrador(a) ha de tocar las cosas para cerciorarse "de que existen realmente". Situada en espacio de tal consistencia siente la energía de algo que pareciendo venir de fuera ("el asalto de la niebla") procede de muy adentro: del sentimiento de la vida como sueño y de ser sueño el cuerpo "joven y esbelto" en que cree habitar. La protagonista vive en la realidad de su ensueño.

Nombres se inscriben en el texto, figuras posibles, brumosas desde luego, como quien las evoca o las convoca en el mismo tono con que habla de sueños que se le pierden en el despertar. Sueños dentro de un sueño, "turbia inquietud". Otra palabra clave, "turbia", secuela de la sensación de ser "huésped de las nieblas". Pues, no haya error, el narrador no propone hechos sino sensaciones: sombras le parecen —son— Regina y su amante, y huyendo de ellas, ¿cabe hacer otra cosa que internarse en la bruma?

Aun las imágenes más precisas se contagian de irrealidad. Se sumerge en un estanque la protagonista, y observa:

> . . . no me sabía tan blanca y tan hermosa, el agua alarga mis formas que toman proporciones irreales. Nunca me atreví antes a mirar mis senos; ahora los miro. Pequeños y redondos, parecen diminutas corolas suspendidas sobre el agua. . . . Tibias corrientes me acarician y penetran. Como con brazos de seda, las plantas acuáticas me enlazan el torso con sus largas raíces. Me besa la nuca y sube hasta mi frente el aliento fresco del agua.[4]

De sensación en imagen y de imagen en sensación, la prosa se carga de sugerencias que en su vaguedad resultan reveladoras de un ser cuya realidad nadie prueba. Las cosas —las plantas, las corrientes, el agua— tienen la tibieza, la suavidad y la frescura que el hombre (el brumoso marido) no pone en la vida de quien las desea.

Vivir es imaginar, aun lo que se ve, aun lo que se está viendo, a Regina durmiendo, por ejemplo: "Me la imagino dormida así, en tibios aposentos alfombrados donde toda una vida misteriosa se insinúa en un flotante perfume de cabelleras y cigarrillos femeninos".[5] Ni siquiera la luz del día vence a la niebla, pues después de empapar los espacios la bruma se instala en el corazón del personaje y la hace imaginarse poseída, desleída y deshecha en ella, como lo está todo.

No es necesario recoger todas las referencias a la niebla dispersas en el texto. Baste decir que es en ella donde incesantemente se busca la protagonista, para nunca encontrar sino confusión y sombra. Se habla de un encuentro, de un amante, pero el lector sabe que es una falacia: cita y persona pertenecen al dominio de la fantasía; tal denudez, tal abrazo, tal cópula son compensaciones imaginarias forjadas en la soledad y el silencio por la mujer tendida junto a un cuerpo indiferente.

Y en ese largo sueño está el tiempo, el sentimiento del tiempo. El presente de la narración es repetición y variación de los momentos grises de una existencia vacilante entre lo que es y lo que no es; en la mente y en el texto los planos se funden, las fronteras se difuminan. Amado Alonso escribió: "Todo lo que pasa en esta novela pasa dentro de la cabeza y del corazón de una mujer que sueña y ensueña",[6] y esto explica la identidad espacio-personaje: la ocurrencia depende del cerebro en que ocurre, forzado a imaginar para sentirse vivir. Alonso señaló, además (y le dedicó una sección entera de su comentario) la poesía de *La última niebla*, su lirismo, "exaltación sentimental que en verdad es como el elemento respirable de esta historia", destacando su construcción de sentido poético. De su crítica es especialmente valioso lo relativo al ritmo;[7] por él, por la unidad tonal y por la concentración temático-emocional en el drama de la ensoñación que sustituye a la vida, se logra tan sostenida intensidad poética.

Ritmos brumosos habían de ser los de *La última niebla*; ya lo dije en otra parte.[8] Precisaré: ritmos de la bruma (sutiles como los de las olas, las ondas . . .), de variación tan constante como es constante la repetición, y rigiéndolos el ritmo total de la novela vasto tejido verbal que alienta por sí y es como una frase musical en que cada uno de los elementos de la invención se ajusta a los demás y al conjunto impulsado por una voluntad de equilibrio determinada por el ritmo. Metáfora central y caracterización espacial, la niebla es también clave del ritmo, del movimiento de la novela hacia una destrucción de la realidad que al final fijó las cosas —y las mente del narrador— en una "inmovilidad definitiva".

Si lo propio de la novela lírica es aceptar la irrealidad como natural, el punto de partida de *La amortajada* parecerá muy adecuado para una narración de este tipo. Sin explicaciones, el lector es introducido a la estancia donde ha muerto la protagonista. Una voz ambigua se deja oir: por momentos —se diría— habla desde afuera, pero más generalmente habla desde la conciencia sobreviviente del personaje. La voz, desinteresada de lo referencial, solo atenta al fluir de su propia corriente va suscitando en ella (o la corriente misma la convoca) imágenes, rostros, figuras de consistencia a la vez precisa y vaga; precisa, en cuanto a su función (su carácter) no deja lugar a dudas; vaga, por su condición espectral: son creaciones de la palabra en que se cruzan, espectros que salen un momento, de la sombra, para en seguida volver a ella.

Al plantear una situación tan de veras fantástica, preguntarse sobre la veracidad, según un realista lo haría, es ocioso. Problema abolido cuando el relato remite a la verdad poética. En suspenso la incredulidad y aceptado este hecho por el lector, lo que importa es la coherencia del texto y su superación. La agonía concluyó, pero no su representación y a ella se asiste en la lectura: ni cielo ni infierno en el presente narrativo (ni en el ayer evocado), ni vida después de la muerte. En las páginas finales se abren las puertas de la serenidad, el descanso y la nada.

De la primera a la tercera persona, *La amortajada* no es menos intensamente lírica que *La última niebla*. Libros de juventud, escritos antes de que la autora cumpliese treinta años,[9] siguen la recomendación de Virginia Woolf de compendiar en la imagen lo interior, esquivando los azares de la prosa poética (alguna vez sucumbe a ellos) y —en esto discrepo de Amado Alonso— experimentando las persistentes sensaciones que la estimulan. Frente a la opinión negativa de Alonso que opone interiorización a sensación, citaré unas líneas de Azorín que disuelven la antinomia: "La memoria de una sensación remota aglutina alrededor de tal sensación, en el artista, un mundo de otras sensaciones y de distintas ideas".[10] Esa memoria, interiorizada como ha de ser, proyecta en la página el recuerdo de lo sentido, y ¿cómo concebir un ser desprovisto de sensaciones? ¿Cómo imaginarle inerte y sin capacidad de respuesta a lo circundante? Cuanto les pasa (cuanto no les pasa) a los personajes de Bombal es consecuencia de la sensación de soledad, de la irrevocable sensación de hallarse perdidos en la incomunicación y el silencio.

No toda *La amortajada* está escrita en tercera persona; lo contado por el narrador omnisciente alterna con lo dicho en primera persona por la protagonista. Aun cuando habla aquél la narración es subjetiva, dictada desde una conciencia que suele ser la del sujeto a quien se refiere lo narrado; en varios pasajes, sobre todo en las páginas últimas, el diálogo se incorpora a la narración como parte de la rememoración que es la novela.

La estructura externa es sencilla: tres partes, una de las cuales es de extensión superior a la de las otras dos sumadas. En la primera parte la alternación narrativa es constante, con variaciones en que las voces hablan en el pasado. No es sólo la muerte quien habla en primera persona, pero aun si no es a ella a quien oímos, todo está referido a su persona y a su recuerdo.

En la segunda parte voces del pasado irrumpen en la narración, comúnmente en tercera persona (única excepción es la página en que la protagonista se dirige a su hermosa nuera, para calmarla), mientras en la tercera parte, la más breve, se enmarca entre la sección inicial y la final una docena de páginas en que un sacerdote habla con la protagonista y recuerda conversaciones con la niña remota, con la mujer del pasado, con la moribunda de ayer . . .

Esta descripción, siendo fiel, puede inducir a error. La narración en tercera persona no es menos interiorizada que la hecha en primera persona: el narrador ve con los ojos de la protagonista, piensa con su cerebro, habla con su voz y sabe lo que ella sabía. La utilización del estilo indirecto libre y de recursos emparentados con él ilumina el emplazamiento de la voz narrativa, tonalmente idéntica a la del personaje.

Repasemos la situación. Una mujer ha muerto y desde el lecho mortuorio contempla lo que sucede y a la vez recuerda. Alguien dice lo que Ella (así, con mayúscula) ve y siente, lo que piensa mientras la miran. Cae la lluvia, que será uno de los motivos de la primera parte, y es de noche. Noche del presente en que el pasado irá mostrándose por los recuerdos que suscitan en la muerte las presencias del amante, del enamorado, del marido . . . El narrador dice el sentimiento, la sensación. La amortajada oye caer la lluvia, y la escucha "caer sobre su corazón y empaparlo, deshacerlo de languidez y tristeza";[11] las emociones de que se habla y lo dicho de su lucidez y de su presciencia se refieren a quien desde algún punto del espacio puede verse a sí misma y ver a los demás, mientras recuerda.

Pues no sólo un cuerpo está en la estancia: también un espíritu, una mente pensante que (otra relación intertextual, esta vez con Unamuno[12]) viendo a su hermana se pregunta si verá "algún día la cara de tu Dios".[13] Vuelta sobre el ayer, recuerda su vida y las razones de su fracaso. La situación tiene alguna analogía con la presentada por Miguel Delibes en *Cinco horas con Mario*. Como allí, se trata de reconstruir lo pasado desde el presente, la vida desde la muerte. En el libro de Delibes, calla el muerto o habla en el silencio, con las palabras que la mujer —o la Biblia— le atribuye; en el de Bombal la voz que se oye es la de la muerta. Delibes apunta a un realismo de situación que a Bombal no le interesa: la "verdad" le parece asequible desde las iluminaciones (las imágenes) de la voz narrativa.

Y esta voz, confiando en la comprensión del lector, es una mirada, una cámara, un foco. La palabra iluminaciones se ajusta a un contexto audio-visual en que puede ser leída literalmente. Lo comprobaremos ahora mismo. La primera parte de la novela se refiere a la noche del velatorio; la segunda, al día siguiente; la tercera, al traslado del cadáver al cementerio. Es en esta escena donde cámara y mirada, narrador y personaje se acoplan cabalmente; en verdad, se funden: el espacio gira según cambia el campo visual del cadáver al ser llevado por las habitaciones de la casa, saliendo al jardín, llegando al cementerio . . . La mirada toma posesión de los objetos y al desprenderse de ellos, los deja en una realidad que ya no es la suya: "Ve oscilar el cielo raso; resbalar; sus ojos entreabiertos perciben casi en seguida otra, blanquedo hace poco; es el de su cuarto de vestir. Una enorme rasgadura, obra del último temblor, la hace reconocerse luego en el cuarto de alojados. Largas filas de habitaciones van mostrandole así ángulos, moldes, vigas familiares. . . . De pronto el cielo sobre sí. . . . ¡El cielo! Un cielo plomizo donde los pájaros vuelan bajo. Dentro de unas horas lloverá nuevamente".[14]

Se inserta una exclamación ("¡El cielo!") y la cámara vibra, declara el alma que la maneja. Luego la voz recuerda, reflexiona, da fe de vida, y de estar sintiendo la experiencia de la muerte en su reconstrucción imaginativa, y la continuación de la vida en quienes la trasportan por un mundo que ya no es el suyo, por un espacio (literario)[15] en que confluyen realidad e imaginación en la superrealidad (no surrealidad) o realidad suprema de la "verdad" finalmente alcanzada.

Sólo puedo aceptar las películas —decía Antonin Artaud— en que "todos los medios de acción sensual del cine haya sido utilizados". Y lo decía hacia 1924-25, en fecha no muy anterior a la novela de Bombal, añadiendo: "reclamo películas fantasmagóricas, películas *poeticas*, en el sentido denso, filosófico de la palabra, películas psíquicas".[16] Esto es lo hecho por María Luisa Bombal en sus obras. Pocos incidentes novelescos tan fantasmagóricos y tan psíquicos, según la terminología de Artaud, como el errar en sueños de la protagonista de *La última niebla* buscando entre las sombras la sombra del amante inventado. En *La amortajada* sueña Ana María que ama a su marido, de quien se alejó, y lo soñado se le hace realidad, pero tardía, inútil. Condenadas al fracaso, la historia de las dos mujeres puede resumirse en una frase: persiguen un espectro inventado por ellas; en el caso de la amortajada tal invención está ligada a la busca del paraíso. El sacerdote se lo recuerda: "Tu vida entera no fue sino la búsqueda de la espada de fuego".[17] Y quien leyó ciudadosamente las secciones anteriores sabe cuándo la mujer fue expulsada del paraíso y cómo, desde entonces, vivir fue un esfuerzo ciego y estéril por volver a él.

Así toma la vida ese aire de cosa que cambia para nada, nube deshilachada, sustancia de consistencia evasiva que se niega a dejarse aprehender. Por eso —volveremos a uno de nuestros temas— el tiempo no *es*; pasa, sin que uno esté seguro de vivir el ahora o un instante suspendido en el vacío que llamamos eternidad. Si hay vida, es en el discurso y en la invención que lo determina, en "la novela" que absorbe al lector como primero absorbió al personaje, su creador, disuelto en una narración, reconstruído en la otra, siguiendo procesos inversos, coincidentes en el uso predominante de la imagen perceptiva de lo esencial en cada situación y en la unidad lograda de una trama donde cada hilo contribuye a la figura intentada en el diseño.

Los detalles de la composición pueden variar, pero en los textos de Bombal hay análogo principio de organización: una mente busca, tantea, se esfuerza hasta desembocar en la resignada aceptación del vacío, de la quietud, de la muerte diferida o de la muerte entendida como la nada definitiva, como el absoluto no-ser. Un pesimismo total marca estas novelas, y acaso explica por qué María Luisa Bombal, después de entrar tan brillantemente en la literatura, se dejó resbalar, como su Ana María, a un silencio en que quizá veía cómo emergen islas y estallan soles sin sentir el deseo o la necesidad de contarlo.

UNIVERSITY OF CHICAGO

Notas

[1] Se había publicado antes en *The Atlantic Monthly* (junio 1876-mayo 1877).

[2] Todas las citas entrecomilladas en el texto proceden de *The Art of the Novel: Critical Prefaces by Henry James*, edited by R.P. Blackmur (Nueva York: Scribner's Sons, 1934), págs. 20-39.

[3] Northrop Frye, *Anatomy of Criticism* (Princeton: Princeton University Press, 1957), págs. 305-306.

[4] *La última niebla*, 7a. edición (Buenos Aires: Orbe-Andina, 1973), pág. 49.

[5] Ibid., pág. 50.

[6] Amado Alonso, "Aparición de una novelista", en ibid., pág. 12.

[7] Ibid., págs. 29 y 31.

[8] *Psicologías del autor y lógicas del personaje* (Madrid: Taurus, 1979), pág. 38.

[9] María Luisa Bombal nació el 8 de junio de 1910.

[10] *Memorias inmemoriables* (Madrid: Biblioteca Nueva, 1946), págs. 45 y 153.

[11] *La amortajada,* 3a. edición (Santiago de Chile: Nascimento, 1962), pág. 9.

[12] En "Recuerdo de la granja de Moreruela", *Andanzas y visiones españolas* (Madrid: Renacimiento, 1922), pág. 13.

[13] *La amortajada*, pág. 45.

[14] *La amortajada*, págs. 115-117.

[15] Sobre el espacio en María Luisa Bombal véase Esther W. Nelson, "The Creation of Fictional Space in the Contemporary Hispanic Novel", tesis doctoral inédita, University of Texas, 1974.

[16] Antonin Artaud, *Oeuvres completes*, III (Paris: Gallimard, 1970), pág. 79.

[17] *La amortajada,* pág. 128.

CONSTRUCCION Y REPRESION DEL DESEO
EN LAS NOVELAS DE MARIA LUISA BOMBAL

Ricardo Gutiérrez Mouat

I. *La última niebla*: buscar el cuerpo en el fantasma

Si es cierto, como afirma Raymond Jean, que hay ciertos escritores que atraen más que otros por la fuerza deseante de sus textos,[1] entonces habría que incluir entre ellos a María Luisa Bombal. Leer a esta insólita escritora chilena es ser solicitado por un más allá imaginario y fantasmático que desrealiza el mundo objetivo de la novela positivista que con pocas excepciones imperaba en la América Latina de los años 30 y 40; es establecer un diálogo con la ausencia, la nostalgia y la memoria, y asistir a la asimilación de erotismo y muerte. Significa también acceder al lugar fundador del Otro en la construcción del deseo propio.

Toda la producción de la Bombal es una proclamación del principio del placer, ¿o habría que hablar de *apología* en vista de los obstáculos sociales que se oponen al goce y que los textos registran? Estos obstáculos deben postularse al nivel de las construcciones simbólicas (roles, ideologías, valores) convocadas por el discurso del padre y transmitidas por él, y cuya imposición inaugura la cultura del sujeto, a la vez que constituye una mediación entre el sujeto y su imagen idealizada. Se arma así en la biografía de todo sujeto un diálogo triangular entre la persona (desdoblada en un yo y un tú especulares) y la no-persona (el "él" que establece la mediación y obligación sociales).[2] En todo caso el orden Simbólico es el orden de lo fijo, de lo nombrado, del producto; en cambio, el de lo Imaginario es el orden de lo móvil, del nombrar, de la producción:

> In short, the Imaginary is everything in the human mind and its reflexive life which is in a state of flux before the fixation is effected by the symbol, a fixation which, at the very least, tempers the incessant sliding of the mutations of being and of desire.[3]

Justamente porque el deseo reclama para perfeccionarse el concurso de algún objeto deseado y porque este objeto que vendría a suplir la carencia original instaurada por la separación del cuerpo materno (que nunca se suple sino que sólo se suplanta) es innombrable y oscuro, la satisfacción del deseo tiene por campo "tout le 'possible' de l'imagination, de l'écriture et probablement, de la vie d'un écrivain".[4] La inquietud de lo posible es un rasgo del discurso desesperadamente esperanzado de *La última niebla*, como también lo es la erotización de la escritura, pues la materialidad de la página (en un nivel, las "cartas" que le escribe la narradora a su amante imaginario) es el lugar privilegiado y recurrente de la cita erótica, su *producción* constante ante el peligroso desgaste de la memoria que sólo puede reproducir —y cada vez con menor verosimilitud— la información del problemático encuentro clandestino con el amante.

Esas cartas (o diario, más propiamente) en que se va modificando la imagen incierta y anónima del amante (como se modifican los rasgos de la criatura fabricada en sueños por el mago de "Las ruinas circulares", de Borges), erotizan también el lugar del lector, puesto que se dirigen a un tú fluctuante, a la *figura* de un amante que podría ser cualquiera y que eso mismo es deseable:[5] ¿cuándo se presentará? ¿será igual al del recuerdo? ¿quién es, en suma? El lugar del lector (o del narratario) reserva así el misterio que el discurso narrativo exalta con respecto al personaje de Regina y que opone a la rutina comatosa de una sociedad configurada a partir de la exclusión de todo enigma. Se asigna a ese lugar incierto un rasgo no sólo positivo sino también determinante de la capacidad misma de generar discurso, de significar. De hecho, significación y erotismo son nociones coextensivas en el texto, ambas se presuponen mutuamente: "Hoy he visto a mi amante. No me canso de pensarlo, de repetirlo en voz alta. Necesito escribir: hoy lo he visto, hoy lo he visto".[6] El silencio es, al contrario, la muerte, la nada:

> Me acerco y miro, por primera vez, la cara de un muerto. . . . Esta muerta, sobre la cual no se me ocurriría inclinarme para llamarla porque parece que no hubiera vivido nunca, me sugiere de pronto la palabra silencio. Silencio, un gran silencio, un silencio de años, de siglos, un silencio aterrador que empieza a crecer en el cuarto y dentro de mi cabeza. (39)

La niebla, por otro lado, es el emisario o prefiguración de la nada; es el anuncio de la muerte de la significación en tanto borra las formas, los significantes, y especialmente el significante privilegiado del texto: el cuerpo. Es a la vez el espejo velado (que no devuelve la imagen del cuerpo) y la página en blanco. Este vacío de la significación se colma provisoriamente con el llamado a ese tú eróticamente productivo, llamado por escrito que evita la ecolalia:

> Grito: "¡Te quiero!" "¡Te deseo!" ... Ayer una voz lejana respondió a la mía: "¡Amooor!" Me detuve, pero, aguzando el oído, percibí un rumor confuso de risas ahogadas. Muerta de vergüenza caí en cuenta de que los leñadores parodiaban así mi llamado. (61)

Evidentemente, la figura mitológica que representa aquí a la narradora es Eco, la pura voz que queda después de languidecer inútilmente de amor.

Esa voz, puro residuo precario, busca un lugar en que inscribirse, un objeto que le asegure su figuración en un discurso significante: el amante, que materializa a la voz tanto como ésta intenta corporizarlo como presencia real. Pero el amante no nace espontáneamente sino que es la producción de una relación especular establecida con el modelo constructivo del deseo de la narradora: Regina. El desdoblamiento entre ambas mujeres (y sus amantes) no puede ser más obvio y se significa sobre todo en la escena del estanque, donde un cuerpo se separa en dos (el que mira y el que es ad-mirado) pero también donde el mundo sufre un corte simbólico: entre la superficie y la profundidad (ver las pp. 58-59) y entre la vida y la muerte, esta última significada por la barca de Andrés (la barca de Caronte). A estos desdoblamientos se superpone otro: el que distingue al sujeto (la narradora) del ego imaginario (imagen ideal del espejo, Regina), distinción marcada en tres momentos claves: el cuerpo reflejado (que corresponde al cuerpo de Regina dormida, contemplado en las pp. 44-45); el amante deseado de rostro moreno y ojos claros (que corresponde al amante "moreno" de Regina); y el intento de suicidarse, que imita el de Regina. Además, el discurso de la narradora significa expresamente la idealidad de la imagen especular: "Me la imagino dormida así, en tibios aposentos alfombrados donde toda una vida misteriosa se insinúa en un flotante perfume de cabelleras y cigarrillos femeninos" (45).

Imaginar historias para el personaje doble que se constituye en el espejo inserta el narcisismo de la protagonista en el orden imaginario definido por Lacan, lectura que resulta más productiva que la convencionalmente freudiana según la cual el narcisismo es el egoísmo erótico que para satisfacerse no toma en cuenta las necesidades libidinales y psíquicas del otro. Aludiendo a la "fase del espejo" Lacan habla de la constitución del yo mediante una alienación entre el sujeto que se contempla en el espejo (o en la imagen de otro) y la imagen reflejada, que es una forma idealizada del sujeto. Este es capturado, efectivamente, por el yo imaginario, y sólo la mediación simbólica de la Ley del padre operante en la resolución normal del Edipo puede liberar al sujeto de su identifación imaginaria, del juego de espejos que lo fija en una relación a-social con el progenitor del sexo opuesto. La introducción de un tercer elemento en la relación dual del *infans* con la madre o el padre neutraliza la amenaza del incesto y mediatiza el deseo del sujeto dirigiéndolo fuera del ámbito familiar. Al inscribirse en el discurso como "yo" el sujeto asume simultáneamente el deseo del Otro, que comienza a designar los objetos del deseo del sujeto. Se conforma así el deseo triangular que René Girard maneja como modelo hermenéutico en *Mensonge romantique et vérité romanesque.*[7]

Resulta evidente que *La última niebla* elabora la alienación imaginaria del sujeto y, también, que la relación dual no aparece corregida por la introducción del Otro, o mejor dicho, que el Otro que la rompe es la muerte, y específicamente, la muerte imaginada. Para citar a Anthony Wilden:

> Lacan . . . describes the narcissistic relationship as the first implicit experience of death. . . . The anticipation of a future "coming to realization" is like death, for in order to realize his "identity," the subject has to take over his own mature functions in the world, on his own account, and escape the imaginary situation of being the alienated witness of the acts of his own ego.[8]

Y Wilden agrega:

> . . . the "struggle for pure prestige" in the Imaginary cannot depend on any kind of real death. It is in effect dependent on an implicit or unconscious pact between the participants: that they shall both survive, for one cannot be recognized alone. The dialectic must depend therefore on *imagined* death, and this is the form of death that Lacan believes to be the significant mediating factor in all narcissistic relationships . . .[9]

Efectivamente, la muerte frustrada de la protagonista de *La última niebla* —muerte que se vive en la imaginación— la entrega irremisiblemente a las exigencias del Otro, del cuerpo social del cual se había mantenido excluida por las operaciones imaginarias.

La aparición del intermediario al final de la relación imaginaria o narcisa no significa que ésta carezca en sí de mediación, como claramente se puede inferir de la segunda cita de Wilden. Una de las propiedades del orden imaginario es que no está provisto de un metalenguaje que señale y comente la mediación, y así ésta se disimula.[10] Esto es importante porque permite postular la construcción del triángulo girardiano como modelo de lectura de *La última niebla* y, consecuentemente, desplazar las lecturas acostumbradas de la novela, centradas en la relación de la narradora y su amante misterioso o entre ella y Daniel,[11] hacia la relación que en realidad estructura el relato: la de la narradora y Regina. Recordemos que para Girard el deseo es imitativo (copiado por lo que aparece como elección libre) y que el objeto del deseo deriva su valor del hecho de que otro lo desea. Ese "otro" puede ser Amadís de Gaula y el código caballeresco para don Quijote (modelo externo) o cualquier mediador intranovelesco que confiere valor al objeto deseado por el *vaniteux* de Stendhal (modelo interno).[12] En este segundo caso el triángulo del deseo adquiere una sugestiva complejidad:

> The mediator here is a *rival*. . . . In most of Stendhal's desires, the mediator himself desires the object, or could desire it: it is even this very desire, real or presumed, which makes this object infinitely desirable in the eyes of the subject. The mediation begets a second desire exactly the same as the mediator's. This means that one is always confronted with two *competing* desires. The mediator can no longer act his role of model without also acting or appearing to act the role of obstacle.[13]

Girard agrega más adelante que el impulso hacia el objeto es en última instancia un impulso hacia el intermediario, a quien el sujeto considera demasiado superior para aspirar a ser aceptado como discípulo, lo cual se traduce en una actitud contradictoria: el sujeto a la vez admira y odia al intermediario, lo envidia, le tiene celos.[14] En este triángulo, además, hay elementos imaginarios:

> It is the transfiguration of the desired object which constitutes the unity of external and internal mediation. The hero's imagination is the mother of the illusion but the child must still have a father: the mediator.[15]

La "madre de la ilusión" (del amante) es la imaginación de la narradora anónima de *La última niebla*; el "padre" es Regina, intermediario desplazado, habría que agregar, por el orden del relato. Este propone como modelo inicial para la narradora a la esposa muerta de

Daniel, que aunque externa a la narración funciona como modelo interno de mediación porque genera una rivalidad (desnivelada y alienante) con la narradora. Se trata aquí de una imposición del marido (variante del Otro paterno en casi todos los textos de la Bombal) rechazada por la esposa, que *elige* la mediación imaginaria de Regina. Esta desea a su amante clandestino y es deseada por él; en este deseo se funda el de la narradora, que construye un doble imaginario del amante de Regina, a quien intenta inútilmente naturalizar e integrar al orden de lo Real. Pero el amante fantasmático no es en realidad el objeto del deseo de su creadora, o lo es sólo en la medida en que sirve de vehículo para una *complicidad* con Regina, para su reconocimiento. Para recordar a Girard: "The impulse towards the object is ultimately an impulse towards the mediator." El reconocimiento deseado claro está, no se ubicaría en el lugar del Otro (del texto social); o sea, no se podría traducir convencionalmente en deseo de valorización o desagravio social, o en deseo de elevar la posición social del sujeto a un nivel más justo. Se ubicaría, más bien, en el orden de la clandestinidad (modelado y mediado también por Regina) que existe en la intersección de lo Imaginario y lo Real. En efecto, la forma del reconocimiento participa de las operaciones de la imaginación según las cuales Regina tendría una doble función reconocedora. Por una parte (y como el amante fantasmático) Regina es un *personaje* de la historia de la narradora, quien le llega a imaginar un desenlace apoyado en el suicidio real:

> Veo a Regina desplomándose sobre un gran lecho todavía tibio. Me la imagino aferrada a un hombre y temiendo caer en ese vacío que se está abriendo bajo ella y en el cual soberbiamente decidió precipitarse. Mientras la izaban al carro ambulancia, boca arriba en su camilla, debió ver oscilar en el cielo todas las estrellas de esa noche de otoño. Vislumbro en las manos del amante, enloquecido de terror, dos trenzas que de un tijeretazo han desprendido, empapadas de sangre. (82-83)

A través de este episodio imaginario que afantasma a sus protagonistas la narradora puede llenar con signos (eróticos) la carencia que origina el deseo. Hay aquí significación, desplazamiento del objeto del deseo del cuerpo a la escritura que le permite al sujeto inscribirse en un orden significante. A este nivel, Regina cumple la misma función que el amante imaginario, quien siempre aparece en función de un discurso que inventa al yo en trance de producirlo. Además, se trata en ambos casos de un discurso cómplice y secreto que escapa a la censura del Otro, de la autoridad masculina (tanto Felipe como Daniel ignoran o descreen).

Por otra parte, Regina representa la última posibilidad de un *lector* cómplice para legitimizar una ficción en la cual la propia inventora ha perdido fe. Regina sería una lectora ideal pues su convicción de que los hechos narrados son reales no diferiría de la de la propia narradora: después de todo es su propio doble quien cuenta la historia. En última instancia esta complicidad adquiere el carácter de un proyecto identificatorio entre el sujeto y su imagen especular, relación que no puede regirse por un principio que no sea el de la alienación.

Regina le entrega a la narradora, en suma, la posibilidad de significarse, y le entrega un lugar para fundar la significación: el cuerpo, no sólo origen de un sentido sino también posibilidad de transgresión, de apertura de un sistema social que le confiere a la mujer un valor insignificante.

II. *La amortajada*: buscar el fantasma en el cuerpo

La amortajada es la historia de un trauma cuyos efectos repercuten a través de la biografía entera de la narradora y, sobre todo, en sus relaciones emocionales con los hombres. Es también la historia (mínima) de otros personajes (María Griselda y Alberto, Alicia y su marido) no ligados por la lógica de las acciones sino por el paradigma familiar a las circunstancias biográficas de la protagonista, lo que autoriza a decir que la historia de ésta es el modelo de las demás historias. El trauma en sí se origina *manifiestamente* en la pérdida desconcertante y enigmática del primer amor, que en último término lleva a la narradora a preguntarse: "'¿Por qué, por qué la naturaleza de la mujer ha de ser tal que tenga que ser siempre un hombre el eje de su vida? Los hombres, ellos, logran poner su pasión en otras cosas''.[16]

Aunque este pasaje puede servir como punto de partida para una lectura de la novela como crítica social, lo cierto es que la voz narrativa no se sitúa en una perspectiva crítica o globalizante que le permita discurrir sobre un campo social desplegado en toda su extensión denigradora. A una visión homogénea de las mujeres como víctimas (María Griselda, Alicia, las mujeres anónimas enterradas en lugares degradados, la narradora) corresponde una visión heterogénea de los hombres: sí se los describe como tiranos arbitrarios pero también se los idealiza y sobre todo se los perdona. El hecho es que en general la visión de los hombres en *La amortajada* es fragmentaria o parcial:

tanto a Ricardo como a Antonio, por ejemplo, se los ve (se los *conoce*) intermitentemente, a través de la intermitencia del deseo y de su negación. La limitación del punto de vista femenino que no tiene la información necesaria para armar una imagen coherente de los personajes masculinos que lo determinan socialmente es quizás una demostración de la desigualdad sexual, pero el relato no pone en juego esta limitación con sentido crítico.[17]

Estos comentarios podrán parecer obvios a algunos lectores de *La amortajada* pero no por eso dejan de ser pertinentes a una lectura de la novela, porque el discurso narrativo está estructurado a cierto nivel como un diálogo entre la ignorancia y el conocimiento, entre una vida configurada por interrogantes y una muerte que le responde proveyendo las soluciones. Esta dirección narrativa ya la advirtió Borges en su temprana reseña de la novela. Ahí afirma que *La amortajada* es sobre:

> el velorio de una mujer sobrenaturalmente lúcida que en esa visitada noche final que precede al entierro, intuye de algún modo —desde la muerte— el sentido de la vida pretérita y vanamente sabe quien [sic] ha sido ella y quienes [sic] las mujeres y los hombres que poblaron su vida. Uno a uno se inclinan sobre el cajón, y ella increíblemente los reconoce, los recuerda y los justifica.[18]

La prolongada muerte de la amortajada es, por un lado, el recurso que viene a redondear una vida sólo parcialmente comprendida y, por otro, el testimonio final y eficaz de la alienación u otredad que signa al personaje en vida: "Cuantos entran al cuarto se mueven ahora tranquilos, se mueven indiferentes a ese cuerpo de mujer, lívido y remoto, cuya carne parece hecha de otra materia que la de ellos" (77).

Pero antes de morir, y para poder gozar su muerte como un nuevo revivir, Ana María debe exculparse y, también, asumir o producir un discurso terapéutico cuya finalidad es resolver los conflictos internos mediante su re-presentación y reinterpretación. Es fácil discernir en este doble proyecto la operación de dos códigos superpuestos: un código simbólico-religioso que organiza los temas de la inocencia y la culpa, de la redención y la expiación; y otro del conocimiento psicoanalítico, que genera y recupera el motivo de la culpa desde otra perspectiva, y que permite una lectura implícita de los personajes y de las relaciones sociales.[19] Las relaciones entre los personajes, además, son uniformemente traumáticas, sobre todo las que involucran a Ana María y los tres hombres de su vida. Estas historias están unificadas por la neurosis que las caracteriza a todas y que anima lo que de otro modo sería una sucesión estática de personajes en trance de decir el último adiós a la amortajada.

Así entonces, las primeras descripciones de Ana María elaboran un mundo idílico (no muy diferente del descrito por ciertas páginas de *María*, de Jorge Isaacs)[20] mediante referencias a la inocencia, al ámbito familiar, a la naturaleza cómplice, los juegos, las lecturas románticas o infantiles, etc. En este mundo irrumpe Ricardo, y a través de él, es decir, perteneciendo a él y definiéndolo, llega después de un tiempo a enamorar y poseer a Ana María, quien se entrega sin plena conciencia de ese "gusto dulce y terrible cuya nostalgia suele encadenar para siempre" (19-20). Más bien, se entrega con una conciencia entre infantil y adolescente: "Esa noche me entregué a ti, nada más que por sentirte ciñéndome la cintura. . . . Tú me hallabas fría porque nunca lograste que compartiera tu frenesí, porque me colmaba el olor a oscuro clavel silvestre de tu beso" (24). Esta historia idílica es interrumpida por el desconcertante y brusco abandono del amante, que rompe la imagen que Ana María había proyectado de sí misma como componente de su relación y la deja a merced de su otredad insospechada: deseo de muerte, venganza a través de aborto "accidental", angustias sin nombre, etc. Años después cuando Ricardo se acerca al ataúd de la amortajada, ella comprende que ambos habían seguido siendo el uno de la otra: "Y era como si parte de su sangre hubiera estado alimentando, siempre, una entraña que ella misma ignorase llevar adentro, y que esa entraña hubiera crecido así, clandestinamente, al margen y a la par de su vida" (39). Junto con la comprensión la narradora profiere a Ricardo el perdón, un perdón inconfundiblemente materno.[21]

Al desaparecer Ricardo de su vida Ana María aún lo espera, tejiendo como Penélope,[22] pero no es el mismo amante quien retorna sino otro: Antonio. Se abre así un circuito de alienación y extrañamiento que compromete todos los aspectos de la vida conyugal: el placer sexual, el papel de esposa, la casa, la ciudad, e incluso los propios recuerdos de la narradora se le hacen cada día más ajenos. Además, la alienación de la esposa se desdobla e implica al marido, quien goza de una sonrisa "que no iba dirigida a él" (82). El anonadamiento de Ana María, sin embargo, está corregido por revelaciones graduales de su situación que culminan en un re-conocimiento de Antonio: aunque es cierto que éste le quiere imponer a Ana María un deseo ajeno a ella, también lo es que Antonio tiene un carácter positivo y noble. El resentimiento contra el marido se confunde ahora con el amor por él, y el amor con la necesiad de expiar, de ser perdonada: "Mes a mes, la ausencia . . . fue acrecentando el arrepentimiento, la sed amorosa" (95).

Antonio perdona pero también distancia: "Recuerda y siente aún sobre la nuca una mano perdonadora que la apartaba, sin embargo, dulcemente . . ." (96). Así recomienza el ciclo de desencuentros que termina con el discurso lúcido de la amortajada. Antonio llega al velorio transfigurado por el remordimiento, viene a confesarse. La amortajada también sabe perdonar pero lo hace estableciendo una complicidad más bien perversa: "De hoy en adelante, por lo menos, conocerá lo que importa llevar un muerto en el pasado. Jamás, no gozar jamás enteramente de nada. En cada goce, hasta en el más simple . . . cierto vacío, cierta extraña sensación de soledad" (109). Si antes Ana María perdona como madre al hijo descarriado que le ha hecho tanto mal, ahora asume el rol de oficiante religioso al imponer una penitencia a cambio del perdón.

Los mismos motivos de la revelación y de la culpa y el perdón reaparecen en la historia de Fernando, el hombre que pudo haber sido el tercero en discordia en el matrimonio de Ana María —el amante— pero que debe conformarse con ser el confidente. Pero en el discurso confidencial que ambos personajes intercambian se pone en juego una relación oscura que escapa al control de los interlocutores. El discurso entre ellos es ante todo un desplazamiento de la sexualidad y a la vez una distorsión (o sea, un síntoma). Ana María asedia a Fernando con confidencias de las que luego se arrepiente; se abre y se confía a ese personaje desde un principio menospreciado (síntoma de una culpabilidad indefinida que exige un castigo) para luego lamentar su "incontinencia" (56). Fernando, por su parte, acepta el resentimiento de Ana María como única posibilidad de contacto con esa mujer a la que ama desesperadamente, y se somete a una serie de vejaciones y ofensas hasta el punto que cuando Ana María muere Fernando siente esa muerte como una liberación. Se configura entre ellos una relación de amo a esclavo: Fernando es el esclavo de Ana María (o de sus sentimientos por ella) pero Ana María es también la esclava de Fernando: "Oh, Fernando, me habías envuelto en tus redes. Para sentirme vivir, necesité desde entonces a mi lado ese constante sufrimiento tuyo" (75).

El vampirismo de la relación es evidente y se fundamenta en el estatuto de Fernando como objeto desplazado: quien se inscribe en ese discurso intimista como objeto de atracción y repulsión es en realidad otro, un ausente (sólo en un primer momento Ricardo). Estos son los elementos del vampirismo que, por cierto, no se asume sin culpa. No es sólo Ana María quien necesita ser absuelta ("¡Ah, sus confidencias! ¡Qué arrepentimiento la embargaba siempre, después!," p. 55); también Fernando profiere y exige el perdón: "Sin embargo, mucho me ha de ser perdonado, porque mi amor te perdonó mucho'' (60). El perdón le permite a Fernando establecer una complicidad con Ana María que ésta vehementemente rechaza: "¿Con qué derecho la consideraba su igual? . . . Dos seres al margen del amor, al margen de la vida, teniéndose las manos y suspirando, recordando, envidiando . . . ¡Eso jamás, jamás!'' (58). La violencia de esta reacción es sintomática del tipo de negación freudiana según la cual el significante reprimido (la identificación con Fernando) retorna al discurso consciente como su propia negación. Fernando es, en efecto, el igual de Ana María. La exclamación "¡Pobre Fernando!'' (75) tiene un segundo significado: la propia conmiseración de la narradora. Por último, para completar la escena neurótica las reglas del decoro social censuran y reprimen la violencia de la atormentada relación entre los personajes.

Es interesante constatar que aparte de Fernando hay otro personaje que funciona como perspectiva externa sobre Ana María: el padre Carlos, que con ahínco persigue la conformidad religiosa de su feligresa, y sobre todo busca que ésta acepte la absolución en su trance de muerte. Pero el objeto del deseo de Ana María no es el cielo convencional sino el Paraíso Terrenal, que ella ubica en este mundo y en el que incluye a Ricardo: "—Me gustaría que fuera lo mismo que es esta tierra. Me gustaría que fuera como la hacienda en primavera . . . que hubiera venaditos . . . Y me gustaría también que mi primo Ricardo estuviera siempre conmigo . . .'' (127). Aunque el tono de esta evocación es infantil, no se puede pasar por alto el hecho de que la muerte de la amor-tajada (la muerta de amor) es un acto erótico que no reclama absolución. Es literalmente una cópula con la tierra que invalida el sistema deseante impuesto por el Otro porque se sitúa más allá de él.[23]

Por añadidura, y de acuerdo al código simbólico-religioso que opera en la novela, la muerte de Ana María es también una muerte crística. En el interior de este código significa resurrección ("Y de golpe se siente sin una sola arruga, pálida y bella como nunca,'' p. 7) y redención: "Y ya no deseaba sino quedarse crucificada a la tierra . . .'' (139). El padre Carlos, como representante de Cristo en la tierra, intenta transmitirle a Ana María la redención de los pecados que la pasión del crucificado puso a disposición del género humano. Ana María, en cambio, asume o imposta la pasión misma de Cristo (modificada por el erotismo) y redime simbólicamente al género femenino, de cuyo sufrimiento pasivo y paciente se apropia mediante la *compasión* (de Alicia, María Griselda, etc.) La amortajada se propone sufrir por todas y emplaza el sufrimiento en el lugar del cuerpo (erótico, ascético). El martirio del cuerpo, la *negación* del goce exigida por la formalidad social se convierte en *abnegación*. Se trata, entonces, de otra encarnación, no ya de un espíritu divino sino de una fantasía en el sentido estricto del término, es decir, de una escena imaginaria protagonizada por el sujeto que representa el cumplimiento de un deseo inconsciente en una manera deformada por los procesos defensivos.[24] Para aclarar: la fantasía del martirio (que, incidentalmente, se dibuja también en la relación con Fred) es una sublimación del erotismo a la potencia del altruismo. La muerte es la entrega amorosa del cuerpo a la Madre Tierra para redimir a sus representantes en la tierra.

La muerte de Ana María se puede ver también como una fusión con el otro imaginario, como una disolución erótica[25] que en apariencia vendría a completar jubilosamente el ciclo de alienación inaugurado por la obtención y pérdida del primer amante real. Es decir, se podría postular un modelo cerrado de lectura que correspondería a la narratividad del texto y que demarcaría un trayecto entre una unión o plenitud original corregida por la ausencia y el desencuentro hasta la restitución de ese original perdido. Este modelo cerrado, sin embargo, no toma en cuenta el lugar fundamental del lenguaje como cuerpo mediador en la expresión del deseo, ni la lectura edípica que el texto promueve a base de ciertas alusiones simbólicas. Por lo tanto, es necesaria una desconstrucción de sus términos, especialmente de la supuesta presencia fundadora que constituiría la relación con Ricardo. En efecto, se puede demostrar que el deseo pre-existe y rebasa a este personaje cuya incorporación a la pareja primordial es sólo parcial, tan parcial como la perspectiva narrativa de Ana María aunque no del "autor (autora) implícito," que corrige esa visión limitada sugiriendo un subtexto alusivo.

Así, la plenitud sexual de los amantes aparece en realidad inquietada por la descripción de la frialdad de Ana María y por su visión romántica y adolescente de Ricardo. Hay aquí un desencuentro que niega la posibilidad de una unión primordial y paradisíaca traducida en abolición del deseo por su satisfacción, desencuentro o desnivel marcado por la operación de dos deseos desviados el uno con respecto al otro. El deseo de Ricardo no aparece inscrito en el discurso textual ni se sabe qué causa su abandono de Ana María: ¿machismo? ¿presión paterna? ¿represión sintomática? "Durante tres vacaciones fui tuya," apunta la narradora (24), lo que permite inferir cierta frivolidad recreativa en el ánimo de Ricardo. En todo caso queda clara la falta de solidaridad entre los amantes: "nunca lograste que compartiera tu frenesí'' (id). Por otra parte el discurso de Ana María que articula esta relación (y sobre todo la posesión sexual) tiene raíces imaginarias: el bosque idílico, el rapto viril del amante a caballo, la satisfacción sexual desplazada: "porque me colmaba el olor a oscuro clavel silvestre de tu beso" (id). Desplazamiento de orificios, desencuentro entre placer genital y placer oral. El verdadero poseedor de Ana María no es un cuerpo sino un fantasma construido a base de estereotipos culturales y de imágenes naturales, fantasma que sí satisface una necesidad (más imaginaria que carnal): la de generar el sueño de amor, es decir, la necesidad del amor romántico que se exalta en la medida en que es irrealizable. Por lo tanto, es la *diferencia* original lo que insiste y repercute en el discurso emocional de la biografía de Ana María. La plenitud primordial retrocede hasta un punto fuera del lenguaje, que sólo puede articular diferencias.

En efecto, es cuestión sabida que en un texto deseante el goce no se puede escribir (ni, en otro plano, decir). El lenguaje es un cuerpo simbólico que opera por definición una otredad fundamental en el sujeto deseante y que lo expulsa de su propio deseo: el sujeto de la enunciación y del enunciado no se pueden articular más que a través de la mediación infinita de todos los signos del lenguaje. Es este cuerpo verbal el que va asumiendo los atributos del objeto del deseo, y ante todo su materialidad. El deseo sexual se convierte en deseo textual, en deseo del texto. Así se puede abordar la escritura "poética" de la Bombal, que en última instancia funciona como una metonimia del deseo inescribible: es la presencia de una ausencia, y presencia metonímica porque está en relación contigua (de medio a fines) con la ausencia que intenta suplir. La escena sexual de *La última niebla* testimonia que el goce sólo se puede escribir indirectamente, a través de una mediación. Esa escena es protagonizada esencialmente por el cuerpo de la narradora que es penetrado, sí, pero sobre todo contemplado. El elemento narcisista inquieta la fusión sexual, la desplaza. La contemplación del cuerpo de la narradora remite a la contemplación del cuerpo de Regina. La posesión sexual de la narradora se efectúa en un espejo y aparece mediada por el cuerpo de la otra, de Regina. Es una cópula imaginaria, protagonizada por personajes que se fabrican a sí mismos a partir de un doble idealizado. Lo que sí se puede escribir es el anticipo y el residuo, el pretexto y la nostalgia. En otras palabras, el deseo de una otredad en el tiempo, de un tiempo cuya única condición necesaria es su *diferencia* con el ahora.

Para volver a *La amortajada*, si el origen se desconstruye y es reemplazado por la diferencia (su pérdida), lo mismo pasa con el final.

La muerte permite el despliegue del lenguaje porque es un espacio vacío de significaciones y, por lo mismo, abierto a todas. Es un espacio imaginario por excelencia desde el punto de vista del discurso: decir (o escribir) "yo muero" es anular el acto real de la muerte (lingüísticamente, el performativo). En las mil y una narraciones de Scheherazada la muerte es diferida por el contar: vivir equivale a narrar tanto como morir equivale a no narrar. En *La amortajada* la muerte se difiere para que pueda ser narrada por el deseo: morir también equivale a no narrar (y a no desear). Para soñar e imaginar hay que construir un objeto cuya vida tenga idéntica duración a la del sueño. La muerte como objeto del deseo tiene un estatuto lógico diferente al de un amante en posición homóloga (se puede decir "yo amo" y amar pero no "yo muero" y morir) pero el mismo estatuto psíquico puesto que ambos se sitúan en lo Imaginario: se busca al fantasma del amante en su cuerpo y al fantasma de la muerte en la muerte.

La existencia fantasmática de Ricardo le permite inscribirse como figura variable y hasta contradictoria en el discurso narrativo. Así como es el hijo perdonado por la madre agonizante es también el padre incestuosamente deseado.[26] En el momento clave de la transición entre la niñez y la adolescencia le prohíbe efectivamente el cuerpo a Ana María, que reprime su deseo por él desplazándolo —como en la versión canónica del edipo femenino— hacia el deseo de un hijo-hermano, engendrado por el padre en la hija para luego servir de regalo filial. Esta es la situación imaginaria que sobredetermina el episodio de la preñez de Ana María, cuyo desenlace (motivado por fuerzas oscuras y extrañas) apunta hacia la incompatibilidad del orden Imaginario y Real, y también hacia una agresión contra el hombre que se manifiesta en el relato como un deseo explícito de venganza.[27]

Hay otro punto de entrada a la organización edípica de *La amortajada*, localizado en un símbolo que recurre en el relato. En dos momentos claves de la vida emocional de Ana María —primero, cuando la invade la angustia del abandono de Ricardo y, luego, durante su desencuentro simultáneo con los otros dos hombres de su historia (consciente)— la protagonista se identifica con una lechuza aparentemente arbitraria que en ambos casos surge de la oscuridad del bosque:[28] "Era una bandada de lechuzas blancas. Volaban . . . Y aquello era tan armonioso que, de golpe, estallé en lágrimas" (32). Evidentemente, el pasaje significa la nostalgia de una armonía perdida que es sólo manifiestamente la de Ana María y Ricardo. Más adelante reaparece el ave nocturna, objeto del capricho infantil de Anita que Fernando con su escopeta satisface:

Sobre las rodillas de la niña, la lechuza mantenía abiertos los ojos, unos ojos redondos, amarillos y mojados, fijos como una amenaza. Pero, sin inmutarse, la niña sostenía la mirada. 'No está bien muerta. Me ve. Ahora cierra los ojos poquito a poco . . .' (66)

Sólo basta detenerse momentáneamente en la descripción inicial de la amortajada para verificar su identificación con el ave derribada: "Y luego que hubo anochecido, se le entreabrieron los ojos. Oh, un poco, muy poco" (5). Además, en ambas instancias en que se concreta el símbolo de la lechuza la protagonista ingresa misteriosamente a otro mundo. El texto marca esta otredad expresamente:

Largo rato permanecí de pie en el umbral de la puerta sin atreverme a entrar en aquel mundo nuevo, irreconocible, en aquel mundo que parecía un mundo sumergido. (31-32).

Bruscamente, habían descendido a otro clima, a otro tiempo, a otra región. Los caballos corrían despavoridos por una llanura que ninguno recordaba haber visto jamás. (67)

Perdidos Fernando y Ana María en esa llanura se les aparece un peón enigmático con ojos iguales a los de una lechuza que los dirige hacia un puente inexistente. Aterrada por esta aparición Ana María le ordena a su hija tirar la lechuza porque le mancha el vestido (68).

El hecho es que la lechuza *no* es un símbolo arbitrario sino, al contrario, un símbolo codificado por la mitología clásica y deliberadamente manejado por el discurso narrativo. La lechuza es la Nictimene de las *Metamorfosis* de Ovidio, que siendo hija del rey de Lesbia fue amada por su padre y, avergonzada del incesto, huyó a esconderse entre los bosques, donde Atenea la convirtió en ave nocturna. Desde esta perspectiva se pueden reinterpretar ciertos pasajes de *La amortajada*. En el caso particular de Antonio —el único otro hombre que posee sexualmente a Ana María— es evidente que la enajenación del placer se debe a la presencia fantasmática y prohibida en la escena sexual de otro hombre, en un primer momento de Ricardo, pero en último término del padre, a quien Antonio sustituye metafóricamente. El padre es una entidad simbólica (como dice Lacan), definida no por su poder genital tanto como por ser el detentor de la Ley. En una sociedad patriarcal el padre en efecto nombra a su sucesor en el afecto de la hija: "Chiquilla, abraza a tu novio" (89), pero no sólo nombra a un sucesor sino que funciona como modelo de todas las relaciones de la hija con el sexo opuesto.[29]

La organización edípica que se configura en el relato no remite, por lo tanto, a un drama individual (ni mucho menos biográfico o autobiográfico) sino a una situación generalizada en un cierto tipo de sociedad paternalista, dentro de la cual la mujer es víctima de la usurpación de su deseo finalmente detentado por el padre y sus avatares. Esta victimización, que el relato también formula en un lenguaje bíblico, es el significado de la lechuza abatida por el tiro de escopeta. En el discurso simbólico de este episodio es Ana María quien yace sangrante y agónica, martirizada por la propia familia (la hija que ordena la muerte del ave), cuya estructura modela también la sociedad.

Dentro de este esquema también habría que reinterpretar al personaje de Ricardo, que representa en el relato una tercera figura: la del hijo rebelde. El también acribilla a balazos un ave nocturna (los murciélagos), lo cual desencadena el castigo paterno y su huida provisoria de la casa familiar (16-19). Ana María admira esta rebelión y se identifica con ella, pero la emancipación de la ley paterna es puramente imaginaria. Ricardo retorna al orden Simbólico en el cual funciona como avatar o heredero del padre. El caso es típico por más que el texto de *La amortajada* omita elaborarlo. El padre de Ricardo es como el de Efraín, en *María*, quien antepone los estudios y la carrera del hijo (heredero de propiedades, hombre práctico, etc.) a sus amoríos. Este positivismo se confunde en el plano social con el machismo, tal como lo evoca Helena Araujo citando a Julio Mafud: "Enamorarse, naturalmente, implicaba un riesgo de flaqueza, y 'el amor con violencia compensaba en cierto modo el haber caído en la debilidad de amar' ".[30] A esta violencia responde el súbito abandono de Ana María, y en la medida en que esta actitud, calificada de "viril" en el código cultural, es un legado impersonal, Ricardo (como amante esporádico) es también una víctima de la alienación, o así al menos parece reconocerlo en los últimos momentos de Ana María.

La amortajada se revela, entonces, como un texto radicalmente mítico. El lugar de la inocencia que propone (el "Paraíso Terrenal") es el lugar del deseo propio (de la propiedad del deseo), y de una fundación subjetiva regulada por el único imperativo de satisfacer ese deseo. Es un lugar inexistente, claro, ya que todo deseo implica mediación, todo deseo es deseo del Otro, que le pertenece a Otro. Además es un mito de pura estirpe romántica, como señala René Girard, ya que la literatura del romanticismo (y la lectura romántica del mundo y sus textos) disimula al mediador en su afán de exaltar la originalidad partenogenésica del yo.[31] Curiosamente, así como el lugar del mito es difícil de insertar en la historia, el proyecto literario en su conjunto de la Bombal (hecho de una mezcla extraña de romanticismo, simbolismo, modernismo e intimismo, y cuyo sentido es oponerse al positivismo, literario o no) ha sido de difícil ubicación en la historia literaria latinoamericana. Pero el mito funda a la historia; quizás sea en los intersticios o rupturas de la tradición donde la literatura más interesante de nuestro tiempo se ha fundado.

III. Conclusión

La subjetividad, como lo ha demostrado Benveniste, sólo puede fundarse en el discurso, pero el sujeto no lo inventa sino que debe insertarse en el discurso legado por los otros e insertarse en los lugares simbólicos prefijados. La mujer —y el deseo en la Bombal es específicamente femenino— es un significante sub-valorizado en el discurso social en tanto significa subordinación a la función (procreativa, económica, cultural) del hombre. Por lo tanto el discurso que constituye la subjetividad no puede ser el discurso del Otro: ahí la mujer no es sujeto sino súbdita. El personaje femenino está obligado a construir otro discurso fundador y en otro orden: el del deseo, el de lo Imaginario. A partir de este proyecto se puede abordar la lectura de *La última niebla*, proyecto no menos alienante que el de existir como significante del discurso social, donde el sujeto femenino sólo puede asumir el deseo dominante, modelador: el de los hombres, o sea, desear la pasividad, la subordinación, la dependencia. La regulación de este orden deseante la asegura la figura del padre (repetida en la del marido, las instituciones, etc.) cuya omnipotencia castradora se traduce en *La amortajada* en la organización edípica que se revela simbólicamente. El deseo erótico, proscrito del cuerpo femenino por el orden burgués, se desplaza como última posibilidad hacia la muerte. También, sin embargo, hacia la escritura concebida como una poética del deseo, como un cuerpo erótico ("poético", opaco, intransitivo) cuyo significado final es el propio deseo que lo origina.

Podemos terminar con una cita de Octavio Paz: "Desde la Edad Media, la tradición erótica de Occidente ha sido la de la búsqueda, en el cuerpo, del fantasma y, en el fantasma, del cuerpo. Nada menos carnal que la copulación carnal: los cuerpos enlazados se vuelven un río de sensaciones que se dispersan y se desvanecen. Lo único que queda, lo único real, son las imágenes: el fantasma".[32]

EMORY UNIVERSITY

Notas

1 *Lectures du désir* (Paris: Seuil, 1977), p. 7.

2 Emile Benveniste opone la persona a la no-persona en "De la subjectivité dans le langage", *Problèmes de linguistique générale* (Paris: Gallimard, 1966), pp. 258-67. Advertimos que en este trabajo se distingue entre el "Otro" (que corresponde al orden Simbólico, al lenguaje, al subconsciente y a la mediación impersonal) y el "otro" (que es el tú imaginario, el fantasma y la imagen especular).

3 Anika Lemaire, *Jacques Lacan*, tr. David Macey (London: Routledge & Kegan Paul, 1977), p. 61.

4 Jean, *Lectures du désir*, p. 19.

5 Desde otro punto de vista Cedomil Goiç también llama la atención sobre la presencia de un destinatario en *La última niebla*, que él asocia con un modo narrativo diferente al que caracterizaba a la novela "moderna" chilena (*La novela chilena: Los mitos degradados* [Santiago: Editorial Universitaria, 1968], pp. 148-49).

6 María Luisa Bombal, *La última niebla* (Santiago: Orbe, 1975), p. 58. Todas las citas de la novela remiten a esta edición.

7 En este trabajo utilizamos la traducción al inglés de Yvonne Freccero, *Deceit, Desire, and the Novel* (Baltimore: Johns Hopkins Press, 1965).

8 *System and Structure: Essays in Communication and Exchange* (London: Tavistock Publications, 1980), p. 468. Ver también Anika Lemaire, *Jacques Lacan*, pp. 167-68.

9 *System and Structure*, pp. 468-69.

10 Ver Anthony Wilden, *System and Structure*, p. 502, y Lemaire, *Jacques Lacan*, p. 60.

11 Por ejemplo, Hernán Vidal, *María Luisa Bombal: La feminidad enajenada* (Barcelona: Hijos de José Bosch, 1976), pp. 79-102, o M. Ian Adams, "María Luisa Bombal: Alienation and the Poetic Image", *Three Authors of Alienation: Bombal, Onetti, Carpentier* (Austin: University of Texas Press, 1975), pp. 15-35.

12 "A *vaniteux* will desire any object so long as he is convinced that it is already desired by another person whom he admires", Girard, *Deceit, Desire, and the Novel*, p. 7.

13 Ibid.

14 Como la narradora odia y envidia a Regina: "Y siento, de pronto, que odio a Regina, que envidio su dolor, su trágica aventura y hasta su posible muerte. Me acometen furiosos deseos de acercarme y sacudirla duramente, preguntándole de qué se queja, ¡ella, que lo ha tenido todo! Amor, vértigo, abandono" (83).

15 Girard, *Deceit, Desire, and the Novel*, p. 23.

16 María Luisa Bombal, *La amortajada* (Santiago: Nascimento, 1962), p. 100. Todas las citas de la novela remiten a esta edición.

17 En la Bombal la visión de la mujer es arquetípica: "Cierto es, sin embargo, que debido a la sociedad burguesa en que les tocaba vivir, mis personajes mujeres se encontraban un tanto desplazadas en el aspecto social. Porque más sentimentales y abnegadas, se retraían de mutuo acuerdo para vivir —o no vivir— calladamente sus decepciones, sus deseos y pasiones. Quisiera agregar por mi cuenta que no creo que los derechos sociales reconocidos oficialmente en la actualidad a la mujer puedan hacer cambiar lo íntimo de su naturaleza. Creo que somos y seguiremos siendo la eterna mujer. La idealista, sensible, sacrificada, ávida ante todo de dar y recibir amor", Marjorie Agosín, "Entrevista con María Luisa Bombal", *The American Hispanist* (noviembre 1967), 6. Es evidente que la Bombal no ve a la mujer como un objeto histórica y culturalmente

determinado sino como una naturaleza mítica, inmanente, anterior y posterior a la sociedad y a la historia. Sus textos no son necesariamente infieles a este concepto de la mujer pero tampoco se limitan a generar una sola posibilidad de lectura, digamos, junguiana.

[18] Jorge Luis Borges, *"La amortajada"*, *Sur*, 47 (agosto, 1938), 80.

[19] Meredith Anne Skura ha alegado convincentemente que la cura psicoanalítica se efectúa de un modo idéntico a la construcción (y lectura) de un texto literario. Ver *Literary Uses of the Psychoanalytic Process* (New Haven: Yale University Press, 1981). Por ejemplo, la autora comenta: "when the psychoanalytic process is used correctly, its elements reflect on one another with the subtlety, rigor and self-consciousness of a literary text" (201). El modo de significación es el mismo y funciona "[by] diverting, displacing, or elaborating meanings, expanding an image into a web of associations or condensing a flow of statements into a single focusing insight; in shifting meanings by shifting perspectives or changing the rules for interpretation" (202).

[20] Otros elementos comunes: la enfermedad intempestiva y fatal de la heroína; la interdicción paterna que complica la relación entre los amantes, obvia en la historia de Isaacs, posible en la María Luisa Bombal.

[21] Citamos un pasaje del texto: "Pero ahora, ahora que él está ahí, de pie, silencioso y conmovido; ahora que, por fin, se atreve a mirarla de nuevo, frente a frente, y a través del mismo risible parpadeo que le conoció de niño en sus momentos de emoción, ahora ella la comprende" (39).

[22] Las referencias al tejer aparecen en las pp. 38 y 80 del texto. Las alusiones mitológicas de la Bombal son claves de lectura.

[23] En cambio, en *La última niebla* la muerte sobreviene como una entrega del cuerpo al Otro.

[24] Ver Jean Laplanche y Jean-Bertrand Pontalis, *Diccionario de psicoanálisis* (Barcelona: Labor, 1977).

[25] "Le passage de l'état normal à celui de désir érotique suppose en nous la dissolution relative de l'être constitué dans l'ordre discontinu . . . Ce qui est en jeu dans l'érotisme est toujours une dissolution des formes constituées", Georges Bataille, citado por Raymond Jean, *Lectures de désir*, p. 145.

[26] Es de notar que aunque a veces Ana María se refiere a Ricardo como "primo", la relación genealógica no es literal: "Sobre tus cinco hermanas, sobre Alicia, sobre mí, a quienes considerabas primas —no lo éramos, pero nuestros fundos lindaban y a nuestra vez llamábamos tíos a tus padres— reinabas por el terror" (12). La identificación entre las dos familias que propicia el uso del vocabulario del clan es puramente socio-económica y se fundamenta en un interés clasista compartido (el "patrimonio" de la tierra, el derecho "natural" a poseerla). Lo pertinente para nuestro estudio es justamente la traducción de relaciones sociales y/o económicas al lenguaje de la familia y el lugar de la mujer en esta transacción semiótica. Limitada al ámbito (y al lenguaje) familiar la mujer no puede más que asumir los deseos y las fantasías culposas que residen en tal estructura cerrada.

[27] En el Edipo "completo" se acepta canónicamente una agresión "cruzada" entre padres e hijos del sexo opuesto, una rivalidad y competencia por el padre del mismo sexo.

[28] Este bosque oscuro, ignoto y primordial (como los paisajes que aparecen en "Las islas nuevas") se puede superponer al bosque idílico del amor adolescente, tal como se superponen las diversas *figuras* de Ricardo.

[29] Ver los comentarios de Helena Araujo sobre la tradición patriarcal latinoameri-

cana en "Narrativa femenina latinoamericana", *Hispamérica*, 32 (agosto, 1982), especialmente las páginas 26 y 30.

[30] "Narrativa femenina latinoamericana", 24-25.

[31] "The romantic is always falling on his knees before the wrong altar; he thinks he is sacrificing the world on the altar of his Self whereas the real object of his worship is the Other", *Deceit, Desire, and the Novel*, p. 87.

[32] *Sor Juana Inés de la Cruz o las trampas de la fe* (Barcelona: Seix Barral, 1982), pp. 381-82.

SILENCIO Y REBELDIA: HACIA UNA VALORACION DE MARIA LUISA BOMBAL DENTRO DE LA TRADICION DE ESCRITURA FEMENINA*

María-Inés Lagos-Pope

> "Oh mujer, el silencio es el adorno de tu sexo".
> Sófocles

> "Vuestras mujeres callen en las congregaciones, porque no les es permitido hablar, sino que estén sujetas, como también la ley lo dice. Y si quieren aprender algo, pregunten en casa a sus maridos; porque es indecoroso que una mujer hable en la congregación".
> San Pablo 1, Corintios 14

> "The privilege of writing cannot be taken for granted; a woman who turns the pages of the cannon can hardly fail to perceive how much of her is not there. . . . The moral could not be plainer: man was created to talk, and woman to listen. A woman who reads and writes, therefore, implicitly challenges silence."
> Lawrence Lipking, "Aristotle's Sister: A Poetics of Abandonment," *Critical Inquiry* 10, no. 1 (1983), p. 68.

La crítica en torno a la obra de María Luisa Bombal se ha caracterizado, en general, por ser de tipo formalista, no ideológica. Sin embargo, a mediados de los años setenta comienzan a aparecer estudios de críticos que trabajan en los Estados Unidos quienes consideran las obras de la escritora chilena desde otros puntos de vista. Entre ellos se destacan Linda Gould Levine, Hernán Vidal y Lucía Guerra-Cunningham. En "María Luisa Bombal from a Feminist Perspective", Gould Levine aplica los criterios del feminismo norteamericano de principios de los años setenta para acercarse a las obras de Bombal, concluyendo que éstas reflejan los estereotipos sexuales tradicionales de la sociedad latinoamericana. Aunque reconoce que los personajes de Bombal no presentan las inhibiciones sexuales características de las mujeres según como aparecen representadas en las literaturas hispánicas, señala que, en otros aspectos, la caracterización de las protagonistas corresponde a la imagen de la mujer tradicional, ya que éstas son pasivas, viven preocupadas de su físico, y no intentan encontrar verdaderas alternativas para cambiar su existencia. Gould Levine afirma que, a través de sus evocaciones de la existencia femenina, Bombal "seems to reinforce the traditional vision of the woman's subordinate role, and thus, she confronts us anew with the societal limitations of the Latin American woman".[1]

Phyllis Rodríguez-Peralta, en cambio, en un artículo de 1980, sugiere que la mujer en las obras de Bombal aparece atrapada entre el orden antiguo y el nuevo, y aunque por una parte no refleja los estereotipos femeninos tradicionales hispánicos que aparecen en la literatura latinoamericana, tampoco, a pesar de sus sentimientos de alienación, presenta una verdadera rebeldía que la lleve a reemplazar los antiguos ideales románticos por unos nuevos.[2] Hernán Vidal, en *María Luisa Bombal: La feminidad enajenada,* utiliza una aproximación arquetípica basada en los principios de Jung con una orientación marxista. Una de las metas de Vidal es incorporar el nombre de Bombal a la lista de autores considerados como los iniciadores de la narrativa hispanoamericana contemporánea, Arlt, Borges, Mallea y Bioy Casares. Según el crítico, uno de los rasgos que caracterizan a esta narrativa es el personaje marginal que sirve "como instrumento de exploración y sátira social",[3] y advierte que se ha olvidado a otro de estos personajes, la mujer enloquecida, lo cual sería, precisamente, la contribución de Bombal, quien en su obra explora "la feminidad enajenada". Para Vidal, las metáforas cósmicas utilizadas por la autora al asociar al hombre con los signos solares y a la mujer con lo intuitivo constituyen un "comentario sobre la situación social concreta de la enajenación de la mujer en la sociedad burguesa" (137). En su opinión, las protagonistas de Bombal se hunden en lo instintivo, incapaces de actuar con sentido humano-histórico, como consecuencia del orden burgués en el que viven.

En su libro *La narrativa de María Luisa Bombal: una visión de la existencia femenina*, Lucía Guerra-Cunningham también toca el aspecto ideológico. Según Guerra-Cunningham, en las obras de Bombal hay una conciencia del problema de la mujer pero "no un planteamiento teórico en cuanto a los modos de modificar las estructuras socioeconómicas que han conducido a la mujer a dicha situación conflictiva".[4] Más adelante afirma que aunque la escritora no desafía en su obra la ideología del estrato social al que pertenece, "sin embargo, como todo verdadero artista, María Luisa Bombal trasciende la ideología de su clase social para mostrar las imperfecciones del sistema'' (131).[5]

En el presente trabajo quiero examinar la obra de Bombal desde el punto de vista de su contribución a la tradición de la escritura femenina en Latinoamérica. Me parece que desde la perspectiva de hoy, después de más de quince años de desarrollo del pensamiento teórico sobre la mujer, y a una cierta distancia de la época más radical del pensamiento feminista, se pueden aclarar ciertas confusiones o malentendidos acerca de la contribución de Bombal a la causa de la mujer latinoamericana.

Antes de comenzar con el análisis quiero puntualizar que me concentraré sólo en las obras de María Luisa Bombal escritas en su primera época, los años en que vive en Buenos Aires, es decir, *La última niebla* (1935), *La amortajada* (1938) y ''El árbol'' (1939), las cuales constituyen una unidad desde el punto de vista de su concepción de la mujer.[6] Dejaré de lado, por lo tanto, no sólo sus relatos posteriores, sino también las traducciones-adaptaciones que hizo la autora cuando publicó sus dos novelas en inglés en los Estados Unidos a fines de los años cuarenta.[7] Otro punto que quiero subrayar es que me concentraré en el análisis de los textos, sin considerar las opiniones que Bombal haya expresado en entrevistas tanto sobre su obra como sobre la mujer, ya que el autor es otro lector, aunque uno muy especial.[8] Desde este punto de vista, las declaraciones de la escritora, aunque útiles para comprender su perspectiva personal, no deben determinar nuestra apreciación de sus textos, que es el objeto de nuestro estudio.

Una de las paradojas que encontramos en estas tres obras, que se caracterizan por el uso de la perspectiva interior y la exploración de la interioridad, es la verbalización del silencio. Mientras la novela como lenguaje verbaliza la silenciada interioridad femenina, al mismo tiempo, a través de la perspectiva de la primera persona hay un énfasis en lo que la narradora anónima de *La última niebla* calla, en lo que no expresa. Al llegar a la casa de campo al comienzo de la novela la narradora no manifiesta sus sentimientos sino que se limita a pensar ''escandalizada''.[9] Ante los comentarios poco afortunados de su marido Daniel sobre su cuerpo no contesta: ''Mi cansancio es tan grande que en lugar de contestar prefiero dejarme caer en un sillón'' (39). Mientras comen en silencio, la narradora no responde a las hirientes palabras de su marido: ''Permanezco muda. No me hacen ya el menor efecto las fraces cáusticas con que me turbaba no hace aún quince días'' (40). No sólo es esta una actitud consciente de la narradora sino que ella misma se autocritica por no tener compasión ante el dolor de

Daniel, quien, al llegar a la casa de campo, recuerda a su difunta mujer. La narradora le mira extrañada, finge ignorar su dolor y luego se acuesta "sin esbozar un gesto hacia él, sin balbucir una palabra de consuelo" (41). Como mujer, educada a compadecer y a preocuparse por los sentimientos de los demás antes que de los propios, se siente avergonzada de esta actitud suya: "más que el llanto de mi marido, me molesta la idea de mi propio egoísmo" (41). [10] De aquí en adelante se va revelando la desolada vida de la protagonista que se refugia en la fantasía y el ensueño para poder sobrevivir.

En *La amortajada* tenemos la evocación de una mujer muerta, por lo tanto la verbalización de sus sentimientos no puede en ningún caso llegar a los demás. Lo dramático reside en que esta confesión se realiza, precisamente, después de la muerte, cuando no hay nada que hacer y nada se puede cambiar, y cuando ya no puede comunicarse con los que la rodean. En "El árbol", la evocación que hace Brígida de su matrimomio con Luis en una sala de conciertos constituye una especie de toma de conciencia de su vida de casada, la cual también permanece como una actividad privada, ya que su oportunidad de ser oída por su marido y de manifestarle sus sentimientos ha pasado.

Al mismo tiempo que estos textos revelan la interioridad de las protagonistas desafiando el silencio a través de la escritura, dejan en claro, a través del uso de la primera persona, que esta tensión que viven los personajes femeninos corresponde a una realidad interior que no desafía el orden social. Esta ambigüedad, que por un lado descubre y por el otro calla, no sólo estructura los relatos sino que está directamente relacionada con la situación de las mujeres planteada por estas obras. La voz narrativa señala que el lugar en el que se desarrolla el conflicto es la conciencia de la mujer y apunta a la resignación final a la que se enfrentan las protagonistas de *La última niebla* y *La amortajada*, quienes aceptan someterse a las convenciones establecidas propias de su medio. No es extraño que estas narraciones se concentren en la interioridad, como sucede con gran parte de la ficción de las mujeres escritoras no sólo de esa época sino de las décadas siguientes, pues el conflicto de la mujer se libra allí, no en el terreno social. Pasarán todavía muchos años antes de que la insatisfacción adquiera una voz en la esfera pública y política. Pero, aunque se trata de una relación silenciosa y silenciada estas obras revelan que está teniendo lugar. A través de estos textos Bombal entrega un testimonio significativo sobre la existencia de la mujer y sus relaciones con el hombre en una época en que las mujeres escritoras, especialmente las novelistas, recién comenzaban a destacarse en Hispanoamérica.

El silencio de la mujer no es algo peculiar a la tradición hispánica, sino que en todas las culturas ésta ha encontrado dificultades semejantes para expresarse por medio de la escritura y el arte, como observan, entre otras, Virginia Woolf, Tillie Olsen y Hélène Cixous. [11] Al referirse a la ausencia de mujeres en la historia del pensamiento crítico, Lawrence Lipking afirma que la mujer que lee y escribe implícitamente desafía el silencio, es decir, la escritura es más que un gesto de rebeldía. [12] Por otra parte, hay que tener en cuenta que la mujer escritora añade con sus obras una dimensión diferente de la realidad, ya que debido a su experiencia como mujer entrega la visión del "otro". Según Simone de Beauvoir es evidente que cuando la mujer habla de sus problemas personales como mujer habla de una manera muy especial, pues, "si el escritor es una mujer, feminista o no, le dará al lenguaje algo que no tendría si hubiera sido utilizado por un hombre". [13] Lamentando el escaso número de mujeres escritoras y reconociendo la necesidad de crear una tradición de escritura femenina, Virginia Woolf exhorta a las mujeres a escribir, sobre cualquier tema, en su conocido ensayo *Un cuarto propio*.

Las obras de María Luisa Bombal a las que nos referimos, exploran la frustrada existencia de las protagonistas, mujeres de clase alta que llevan una vida aburrida y resignada junto a sus indiferentes maridos. El que Bombal haya retratado en sus obras un tipo de mujer dependiente y sometida a las convenciones, aun cuando ella misma personalmente llevara una vida de artista en Buenos Aires, estuviera familiarizada con los ensayos y obra de ficción de Virginia Woolf, y se relacionara con artistas y escritores como Borges, Neruda y el grupo de Sur, no es un hecho insólito, pues, como han comprobado algunos estudios, la gran mayoría de las mujeres escritoras no han creado personajes femeninos autónomos, a pesar de que ellas mismas hayan conseguido llevar vidas independientes y no convencionales. [14]

Sin embargo, aunque sus obras de este período se centren en la mujer de clase alta y sus relaciones con el hombre, que es el eje de su vida, el tratamiento que le da Bombal a estos temas que a primera vista podría parecer tradicional, no lo es, si examinamos sus procedimientos con cuidado, y sobre todo, si consideramos los efectos que los relatos producen en los lectores. [15] La utilización de caracterizaciones tradicionales no necesariamente es indicación de una posición convencional o antifeminista, sino que puede revelar la profundidad y complejidad de los conflictos que expresa la mujer escritora, ya que, como ha señalado una y otra vez la crítica feminista, ¿cómo se puede representar al "otro" si no es en función del hombre y utilizando un lenguaje ya establecido por la tradición literaria? Por esta razón, una de las tareas primordiales de la mujer escritora, como lo proponía Virginia Woolf en sus ensayos de *Un cuarto propio* en 1928, es escribir para dejar un testimonio y establecer una tradición, pues sin ella difícilmente encontrará la mujer modelos y un modo de expresión adecuado para la problemática que desea comunicar.[16] En nuestros días, Hélène Cixous ha hecho un llamado semejante en su ensayo "The Laugh of the Medusa":

> Woman must write her self: must write about women and bring women to writing, from which they have been driven away as violently as from their bodies—for the same reasons, by the same law, with the same fatal goal. Woman must put herself into the text—as into the world and into history—by her own movement.[17]

Si tenemos en cuenta los conflictos centrales que trata Bombal en sus obras y los comparamos con lo que las mujeres escritoras están haciendo en otras latitudes, podemos observar que, como señala Annis Pratt en su libro *Archetypal Patterns in Women's Fiction*, éstos no han sido todavía resueltos ni en la vida ni en la ficción.[18] Aunque muchas actitudes han cambiado, por ejemplo las mujeres en las novelas contemporáneas llevan vidas independientes, no temen ser abandonadas por sus amantes, etc., los temas centrales (la búsqueda de la propia identidad, la exploración del yo) continúan siendo los mismos.[19] En *Actitudes patriarcales: las mujeres en la sociedad*, Eva Figes afirma que, aunque muchas cosas parecen haber cambiado, sus investigaciones demuestran que

> el supuesto básico . . . y que todavía nuestra sociedad tiene como norma, es el de que el deber y la tarea de la mujer estriban en el cuidado de la casa, del marido y de los hijos, que el matrimonio es el factor más importante en la vida de la mujer, y que cualesquiera otros intereses que pueda tener habrán de estar supeditados a las exigencias que estas obligaciones le impongan.[20]

Al comentar obras relativamente recientes de mujeres escritores españolas, Linda Gould Levine advierte que los sentimientos ambivalentes y las dudas representados en estas obras se deben a las dificultades no sólo de parte de la mujer sino también de la sociedad española en general, para aceptar las nuevas exigencias que acarrea la concepción de una existencia femenina diferente.[21] Estas actitudes que se observan en la sociedad española no debieran extrañarnos si consideramos que en *Passages: Predictable Crises of Adult Life*, publicado en 1976, la autora norteamericana Gail Sheehy revela que las historias de las mujeres que entrevistó para su estudio giraban alrededor de sus relaciones con los demás, ya sea que se tratara de los padres, maridos o hijos, y que el centro de sus vidas eran las relaciones humanas. "It was rare to find a woman under 35, even a talented and successful one, who felt complete without a man".[22]

Además de tener en cuenta la época en que se escribieron las obras a las que nos referimos, me parece decisivo para determinar el contenido ideológico de los textos determinar también las estrategias literarias que se ponen en práctica para presentar los temas. Por eso difiero de Linda Gould Levine cuando afirma que Bombal insiste en la perpetuación de los roles sociales tradicionales de la mujer. Y, aunque estoy de acuerdo con Lucía Guerra-Cunningham en que no hay una postura teórica ni una propuesta para cambios futuros, me parece que esto no invalida la actitud crítica que se advierte en la obra de la escritora, aun cuando ésta no sea del todo consciente o intencionada.[23] Es preciso añadir, primero, que sería exigir demasiado de una autora latinoamericana que escribió las obras que comentamos en la década de los treinta, a la edad de 25 o 30 años, y segundo, que aún hoy son pocas las obras que presentan alternativas que no se hayan dado primero en la realidad.[24] Recordemos, por otra parte, que la ambigüedad que encontramos en las obras de muchas escritoras se debe en gran parte al profundo arraigo de unas tradiciones y unos modos de ver la realidad femenina que no son fácilmente olvidados.[25] El siguiente comentario de Annis Pratt sobre la mujer artista, se puede aplicar al caso de Bombal:

> When a woman sets out to manipulate language, to create new myths out of old, to write an essay or to paint a painting, she transgresses fundamental social taboos in that very act. . . . the outcries evoked by the mildest of women writers who dared to make even the slightest rebellions against gender norms: to use our drive for authenticity in order to shape feminine archetypes into fiction, to bring elements of our inner world into consciousness and give them shape in the social form of the novel, is an act of defiance with perilous consequences.[26]

Si bien la existencia femenina y las relaciones hombre-mujer según como aparecen representadas en las obras de Bombal corresponden a los patrones tradicionales, las actitudes de las protagonistas distan mucho de una aceptación de los roles que se les han asignado. El siguiente pasaje de *La amortajada*, citado una y otra vez por los críticos para mostrar que la vida de la mujer gira alrededor del hombre y el matrimonio, encierra también un cuestionamiento y una profunda insatisfacción con este estado de cosas:

> ¿Por qué, por qué la naturaleza de la mujer ha de ser tal que tenga que ser siempre un hombre el eje de su vida? Los hombres, ellos, logran poner su pasión en otras cosas. Pero el destino de las mujeres es remover una pena de amor en una casa ordenada, ante una tapicería inconclusa.[27]

En estas obras de Bombal se puede observar una evolución en cuanto al grado de independencia de las protagonistas, que va desde la más sumisa, la narradora de *La última niebla*, hasta la que alcanza mayor autonomía, Brígida de "El árbol". Pero, además de indicios como el divorcio de Brígida y su abandono del marido, se dan también otras manifestaciones significativas en la conducta de las protagonistas que expresan rebeldía, las cuales, tomadas en conjunto, revelan un grado bastante crítico de insatisfacción frente a las convenciones sociales. Recordemos que *La última niebla* comienza con la evocación de la casa de campo a la que llegan la narradora y su marido Daniel después de su boda. Al contrario de la imagen tradicional de la casa como un refugio protector, en esta novela la casa es presentada como inadecuada, rasgo que se repite continuamente en la obra de las mujeres escritoras; se trata de una "vieja casa de campo" (37) no preparada para los vendavales recientes. La casa, que alude aquí a la tradición familiar y patriarcal, es un elemento inhóspito.[28] Más adelante, en el episodio de la muchacha muerta, la casa es comparada a una tumba (43), y la narradora insiste en el miedo que le causan la inmovilidad y el silencio,[29] dos conceptos que relaciona con la muerte, y que al final de la novela es lo único que le queda: "alrededor de nosotros la niebla presta a las cosas un carácter de inmovilidad definitiva" (103).

También en *La amortajada* la casa familiar es un signo negativo para Ana María:

> La nueva casa; aquella casa incómoda y suntuosa donde habían muerto los padres de Antonio y donde él mismo había nacido. Su nueva casa, recuerda haberla odiado desde el instante en que franqueó la puerta de entrada. . . . Recuerda que erraba de cuarto en cuarto buscando en vano un rincón a su gusto. Se perdía en los corre-

dores. En las escaleras espléndidamente alfombradas, su pie chocaba contra la varilla de bronce de cada escalón. No lograba orientarse, no lograba adaptarse. (89-90)

En "El árbol" la casa es el refugio protector y a la vez enclaustrador. Es sintomático que la evocación de Brígida no tenga lugar en la casa sino en un lugar público, la sala de conciertos.

Frente a la inmovilidad asociada con la casa, el movimiento, la aventura en el campo, en el exterior, es causa de alegría para la narradora de *La última niebla*: "Es sólo caminando que puedo imprimir un ritmo a mis sueños, abrirlos, hacerlos describir una curva perfecta. Cuando estoy quieta, todos ellos se quiebran las alas sin poderlas abrir" (67). En *La amortajada*, Ana María sólo se siente completamente libre cuando descansa en la tumba: "En la oscuridad de la cripta tuvo la impresión de que podía al fin moverse" (142). La inmovilidad y rigidez aparecen también asociadas con el matrimonio. En *La última niebla*, por ejemplo, el marido obliga a la narradora a llevar los cabellos atados, a ella que antes los llevó sueltos "casi hasta tocar el hombro" (45), y advierte que éstos "han perdido" el matiz rojizo, la extravagancia, y se han oscurecido, por lo cual teme que con el tiempo vayan a perder completamente "su brillo y su violencia" (46). Es decir, el matrimonio la constriñe, la somete, la transforma en un ser pasivo;[30] de ahí que las relaciones felices tengan lugar fuera del matrimonio, ya que constituyen una transgresión de la norma. En *La amortajada* el matrimonio le es impuesto a Ana María por su padre cuando todavía piensa en Ricardo, su primer amor, y es por esto que no puede amar a Antonio, su marido, y no por un masoquismo que la hace desear a los hombres después de que la han rechazado, como afirma Linda Gould Levine.[31]

Pero no sólo los matrimonios de las protagonistas son un fracaso, sino también los de los personajes secundarios. En *La última niebla*, Regina, la mujer de Felipe, tiene un amante; y en *La amortajada* la hermana de Ana María, Alicia, no es feliz con su marido; Inés, la mujer de Fernando se suicida, y Alberto, hijo de Ana María, tiene secuestrada a su mujer María Griselda en una hacienda del sur. A esta lista cabe agregar la enumeración que hace la amortajada cuando la llevan al cementario y recuerda a otras mujeres muertas:

Hay pobres mujeres, enterradas, perdidas en cementerios inmensos como ciudades . . . Y en los lechos de ciertos ríos de aguas negras las hay suicidas que las corrientes incesantemente golpean. Y hay niñas, recién sepultas, a quienes deudos inquietos por encontrar, a su vez, espacio libre, en una cripta estrecha y sombría, reducen y reducen deseosos casi hasta de borrarlas del mundo de los huesos. Y hay también jóvenes adúlteras que imprudentes citas atraen a barrios apartados y que un anónimo hace sorprender y recostar de un balazo sobre el pecho del amante, y cuyos cuerpos, profanados por las autopsias, se abandonan, días y días, a la infamia de la morgue. (126)

La única relación armoniosa y feliz es la de Ana María y Ricardo, su amor de juventud, pero ésta acaba abruptamente cuando Ricardo deja de verla sin darle una explicación. Es significativo que cuando Ana María va por el bosque a caballo con Ricardo, sus "trenzas aletearon deshechas, se [le] . . . enroscaron al cuello" (29). Esta relación espontánea y libre, en la que a Ana María se le desatan los cabellos aprisionados en las trenzas, símbolo de su entrega física a su amante durante tres vacaciones, constituye un desafío a las convenciones sociales en vigencia. Después de ser abandonada por Ricardo Ana María descubre que está embarazada; en su dolor por la ausencia de éste, desea morir e intenta suicidarse, pero sólo le dispara a un árbol, al igual que Regina y la narradora de *La última niebla*, cuyos intentos de suicidio fracasan. El suicidio, el refugiarse en la fantasía, y las actitudes escapistas no son soluciones casuales a los conflictos de las mujeres. En este sentido la explicación que da Bombal en su declaración a *Time* debe tomarse *cum grano salis*.[32]

Phyllis Chesler, en *Women and Madness*, señala que son las mujeres las que con mayor frecuencia intentan suicidarse (el 69 por ciento de los intentos de suicidio en los Estados Unidos corresponden a mujeres), pero que el 70 por ciento de los suicidios los cometen los hombres. Chesler explica que el intento de suicidio es una manera de llamar la atención de los otros sobre el yo debido a la natural necesidad del ser humano de sentirse apreciado y necesario.[33] Este sentimiento de rechazo y de indiferencia que experimentan las mujeres lo encontramos una y otra vez en las obras de Bombal. La indiferencia de Daniel hacia su mujer se advierte ya desde el comienzo de la novela, pues éste no les había avisado a los criados de su matrimonio. Durante la visita de Regina, su marido Felipe, y su amante, se observa también la indiferencia de los maridos hacia sus respectivas mujeres. "Regina está tocando de memoria. A su juego, confuso e incierto, presta unidad y relieve una especie de pasión desatada, casi impúdica. Detrás de ella, su marido y el mío fuman sin escucharla" (46). Un ejemplo de la actitud de Daniel hacia la narradora se puede observar en aquel episodio en que Daniel le pregunta a su mujer que por qué se han casado, para luego agregar que ha tenido suerte al haberse casado con él, pues así se ha salvado de ser una solterona como su hermanas, dando por descontado que estas llevan una vida inútil y sin sentido fuera del matrimonio.

En *La amortajada*, Ana María evoca una escena de la vida familiar en la cual toda la familia es llamada a participar en un partido de bochas, incluídos los niños y el padre Carlos, pero no ella, la madre, lo cual la hace exclamar: "¡Y yo! . . . ¿Quinta rueda de la carreta?" (136). En "El árbol" Brígida se queja a Luis porque considera que en los pocos momentos que pasa con ella su atención no esta allí sino en otro lugar. Por las mañanas, al despertar, él ya se ha marchado: "se había levantado sigiloso y sin darle los buenos días, por temor al collar de pájaros que se obstinaba en retenerlo fuertemente por los hombros. 'Cinco minutos, cinco minutos nada más. Tu estudio no va a desaparecer porque te quedes cinco minutos más conmigo, Luis' " (113). Por las noches, cansado, "nunca la escuchaba del todo. Le sonreía eso sí, le sonreía con una sonrisa que ella sabía maquinal. La colmaba de caricias de las que él estaba ausente" (115). Además, recuerda Brígida, se avergonzaba de ella, de su juventud, ignorancia y timidez.

Chesler señala que se considera cuerda a una mujer que se ajusta a las normas de conducta de su sexo,[34] y que se llama locura, tanto en los hombres como en las mujeres, a la actitud de rechazar en forma parcial o total los modos de comportamiento característicos de su sexo.[35] El sentimiento de alienación que lleva al escapismo a través del refugio en la fantasía, tan frecuente en estas obras, puede considerarse no sólo como un escape sino como una estrategia mediante la cual el individuo se refugia en el inconsciente con el propósito de lograr una transformación personal; y, aunque muchas de las protagonistas en la ficción de las mujeres escritoras se enfrentan a callejones sin salida, estos se deben a la carencia de poder de que adolecen las mujeres, y son utilizados de tal manera por las autoras que se transforman en sugerencias para futuros cambios.[36]

Otra obsesión que encontramos en Bombal, especialmente en *La última niebla*, y que podría interpretarse como una simple frivolidad femenina,[37] es la relación de la mujer con su propio cuerpo. Para la mujer, la sexualidad y el cuerpo son factores más importantes en su concepción de sí misma que para los hombres, ya que a ésta se la ha acostumbrado no sólo a verse a sí misma a través de su apariencia física, sino también a establecer una estrecha relación entre lo externo y su interioridad.[38] Al comienzo de la novela, en una de las primeras evocaciones de la narradora, ésta recuerda los comentarios de Daniel sobre su cuerpo. Este, con "mirada hostil con la que de costumbre acoge a todo extranjero" (38) le dice "no necesito ni siquiera desnudarte. De ti conozco hasta la cicatriz de tu operación de apendicitis" (39). Aunque conoce sólo lo externo esto parece bastarle. La narradora, sin embargo, distingue entre el cuerpo de Daniel y su mirada, en la cual advierte algo nuevo, un cambio, después de la muerte de su primera mujer. Al despertar al día siguiente de su llegada a la casa de campo, la narradora se encuentra con un "surco vacío" (41) a su lado, y sus esfuezos se volcarán entonces en encontrar un eco. Este deseo de ser querido, admirado, reconocido como alguien necesario, se expresa a través del gesto de querer despertar un eco con sus pisadas sobre las hojas de otoño, pero éstas "no crujen porque están húmedas y como en descomposición" (43). Es después de esta escena que nos encontramos con esa vehemente afirmación del propio yo y la apreciación de su cuerpo: "¡Yo existo, yo existo —digo en voz alta— y soy bella y feliz! Sí. ¡Feliz! La felicidad no es más que tener un cuerpo joven y esbelto y ágil" (43).[39] Mientras el marido, indiferente, la ignora, su amante imaginario la "contempla" y en él encuentra el "eco sonoro" (59) que antes no había hallado. En su fantasía, el amante la trata como a una persona, como a un igual: le desata los cabellos y tiene con él una relación sexual placentera, en cambio su marido duerme a su lado "como un hermano" (63).

Junto a una conducta en apariencia tradicional, que se manifesta en la necesidad de tener a su lado un hombre fuerte, de casarse, siguiendo los dictados de una sociedad que desprecia a las solteras por inútiles[40] (recordemos que aunque el amor es el eje de sus vidas, ninguna de la protagonistas se casa por amor), hallamos reiterados indicios de insatisfacción, entre los que se destaca la asfixia. La narradora se ahoga la noche en que sale y encuentra a su amante, y otra vez cuando lo busca en la ciudad. En *La amortajada*, además de las actitudes no convencionales ya mencionadas, se observan aspectos que muestran la personalidad decidida e independiente de Ana María, en contraste con la de su hermana Alicia que sufre resignada "la brutalidad de su marido" (49). Uno de ellos es su decisión de divorciarse de Antonio. Este paso se frustra debido a la jugada que le hace su propio abogado, el cual no respeta la confianza que Ana María había puesto en él, a pesar de que la conocía desde la niñez. Al tratar de persuadirla de que el divorcio no le conviene, le aconseja que "esto no debe hacerse . . . piense que hay medidas que una señora no puede tomar sin rebajarse" (106), y al haberle comunicado de antemano al marido de la cita que había convenido con su clienta, la traiciona, pues éste aparece en el momento adecuado en la oficina del abogado. Este episodio revela el funcionamiento de la maquinaria social que perpetúa el status quo y dificulta la libertad de decisión de la mujer.

Otro aspecto en el que se manifiesta la personalidad independiente de Ana María, y que no ha sido destacado por la crítica, es su actitud frente a la religión. La rebeldía de Ana María contrasta con la acitud obediente de su hermana Alicia, tan diferente de ella. Mientras Alicia rezaba el rosario cuando estaban internas en el colegio, ella acechaba a los recién casados de la quinta vecina. A Ana María nunca le gustó mirar el crucifijo ni la conmovieron los retiros y las prédicas. Recuerda que esta actitud frente a la religión no pasó desapercibida, pues las monjas llamaron a su padre una vez, cuando dijo que no le "importaría en absoluto no ir al cielo porque [le] parecía un lugar bastante aburrido" (130), y "a todos afligió la indiferencia con que hice mi primera comunión" (51). Al final de su vida, cuando está a punto de morir, el padre Carlos la exhorta a que se confiese y cumpla con la religión, ante lo cual, aunque no se niega terminantemente, recurre a toda suerte de excusas para evitar confesarse.

La fusión con la naturaleza, en la que encuentra la paz y la libertad al final de la novela, representa el reconocimiento de una alternativa a la religión oficial e institucional que ha rechazado durante su vida. Ana María se siente más cercana a la religión de Zoila, su nana, con lo cual valora una tradición diferente, que podría confundirse con lo puramente intuitivo, ancestral, femenino. Hay otras tradiciones religiosas, y en particular las orientales, con las que coincide la concepción de Ana María en su búsqueda de una fusión total con la tierra, las mareas, las raíces y los otros seres. Por lo tanto sería erróneo afirmar, en mi opinión, que en su muerte Ana María se funde con la naturaleza en un gesto típicamente femenino, dándole a ello la connotación negativa de un gesto pasivo, intuitivo, resignado.[41]

Aunque la rebeldía de las protagonistas de *La última niebla* y *La amortajada*, y el acto de liberación de Brígida en "El árbol", no las lleve a tomar conciencia de la posición de la mujer en la sociedad ni las conduzca a la acción, las obras de Bombal producen un desasosiego en el lector, que se ve confrontado a la insatisfacción y frustración de estos personajes que le entregan el punto de vista femenino desde una pespectiva interior. Annis Pratt sugiere que el poder regenerador en la ficción de las mujeres escritoras reside en la relación dialéctica entre novela y lector:

The woman's novel asks questions, poses riddles, cries out for restitution, but remains in itself merely rhetorical, an artifact or idea rather than an action. . . . The synthesis . . . does not occur within the individual novel or even in the field as a whole but in the mind of the reader, who, having participated in the narrative reenactment, must put its message into effect in her own life.[42]

Estas obras no sólo constituyen un testimonio de la realidad de la mujer y su situación de atrapamiento en unas convenciones de las que difícilmente podía escapar, sino que ellas marcan el comienzo de una importante tradición al incorporar en la literatura hispanoamericana no sólo la voz interior, sino la voz de la mujer.

STATE UNIVERSITY OF NEW YORK AT BINGHAMTON

Notas

* Quiero agradecer a la Research Foundation of the State University of New York at Binghamton por una beca de verano que me otorgó en 1983 y que me permitió escribir este trabajo.
[1] *Revista/Review Interamericana*, 4, No. 2 (1974), p. 161.
[2] "María Luisa Bombal's Poetic Novels of Female Estrangement," *Revista de Estudios Hispánicos*, 14, No. 1 (1980), p. 152.
[3] (Barcelona: Hijos de José Bosch, 1976), p. 44.
[4] (Madrid: Nova Scholar, 1980), p. 40. Las citas subsiguientes irán señaladas en el texto.
[5] Guerra-Cunningham expresa estas mismas ideas en su estudio "'El árbol': liberación y marginalidad", *Nueva Revista del Pacífico*, 15-16, pp. 23-24. Esta discrepancia la observa también Lorna V. Williams en "'The Shrouded Woman': Marriage and its Constraints in the Fiction of María Luisa Bombal", *Latin American Literary Review*, 10, No. 20 (Spring-Summer, 1982), 21-30. A partir de un análisis textual Williams señala que se advierte una ambigüedad en la posición de Bombal respecto de la mujer (21), ya que mientras defiende los valores tradicionales en una entrevista, en sus obras de ficción se sugiere que el matrimonio es incompatible con la realización personal de las protagonistas (29).
[6] Véase Guerra-Cunningham, *La narrativa de María Luisa Bombal*, p. 20.
[7] En períodos posteriores no sólo podemos notar un cambio en Bombal, sino que las versiones al inglés de sus primeras obras presentan otros problemas que van más allá de los propósitos de este trabajo. Véase Guerra-Cunningham, *La narrativa de María Luisa Bombal*, p. 135, quien afirma que a partir de 1939, con la publicación de "Islas nuevas", se produce un cambio significativo en la narrativa de la escritora.
[8] Sara Castro-Klarén, en una nota sobre el valor de la entrevista como instrumento

crítico señala que ésta genera un nuevo tipo de texto, "Interviewing and Literary Criticism," *Ideologies and Literatures*, 1, No. 3 (1977), pp. 69-72.

[9] 10a. edición (Buenos Aires: Editorial Andina, 1978), p. 37. Este volumen incluye "El árbol", por lo cual las citas de ambas obras se refieren a esta edición y, en adelante, irán incluídas en el texto.

[10] Véase Jean Baker Miller, *Toward a New Psychology of Women* (Boston: Beacon Press, 1977), especialmente el capítulo 6, pp. 60-73. Baker Miller afirma que las mujeres "have different organizing principles around which their psyches are structured. One of these principles is that they exist to serve other people's needs. . . . Women are taught that their main goal in life is to serve others—first men, and later, children" (61).

[11] Virginia Woolf en *A Room of One's Own* (New York & London: Harcourt, Brace & World, Inc., 1929); Tillie Olsen, *Silences* (New York: Delacorte Press, 1978), 2a. ed.; Hélène Cixous, "The Laugh of the Medusa," *Signs*, 1, No. 4 (1976), pp. 875-893.

[12] Véase el epígrafe de Lipking que encabeza este trabajo.

[13] "Interview with Simone de Beauvoir", con Alice Jardine, *Signs*, 5, No. 2, (1979), p. 230. Marcia Welles ha destacado la complejidad en la caracterización de los personajes femeninos en la ficción de las escritoras latinoamericanas, los cuales no se identifican con los tipos clásicos de madre, esposa, virgen o prostituta: "The Changing Face of Woman in Latin American Fiction", *Women in Hispanic Literature. Icons and Fallen Idols*, Beth Miller, ed. (Berkeley & Los Angeles: University of California Press, 1983), p. 280.

[14] Véase Carolyn Heilbrun, *Reinventing Womanhood* (New York: Norton & Co., 1979), p. 71.

[15] Según Hernán Vidal, en *La última niebla* encontramos algunos aspectos subversivos, tales como el hecho de que "la comunión amorosa sólo puede darse fuera de la norma" (79) y la utilización del ensueño como medio para encontrar el amor fuera del matrimonio. Además, señala que la idea de la narradora de que es un error solucionar su dilema a través del ensueño, indica que se da en ella "una potencialidad de acción transformadora de sí misma y de sus relaciones humanas" (80), *María Luisa Bombal: La feminidad enajenada*.

[16] Véase *A Room of One's Own*, p. 79.

[17] "The Laugh of the Medusa," p. 875. Phyllis Chesler describe del siguiente modo el silencio de la línea materna: "Why didn't our mothers and grandmothers and great-grandmothers tell us what battle it was we lost, or never fought, so that we would understand how total was our defeat, and that religion and madness and frigidity were how we mourned it? Why were our mothers so silent about rage and incest and prostitution and their own lack of pleasure? Why, when they had so many words, did they not name our heroines for us, tell us about feminists and suffragettes and Amazons and great-mother?", *Women and Madness* (Garden City, N.Y.: Doubleday, 1972), p. 235.

[18] (Bloomington: Indiana University Press, 1981), p. 167. La visión del amor y los temas coinciden también con el tratamiento que les han dado las escritoras inglesas, francesas y norteamericanas; véase Lucía Guerra-Cunningham, "Pasividad, ensoñación y existencia enajeanda", *Nueva Atenea*, 438 (1978), p. 150, n. 7.

[19] Véase Judith Kegan Gardiner, "On Female Identity and Writing by Women", *Critical Inquiry. Writing and Sexual Difference*, 8, No. 2 (1981), pp. 347 y 360.

[20] (Madrid: Alianza Editorial, 1972), p. 182, traducción de Carmen Martín Gaite del original inglés publicado en 1970.

21 "The Censored Sex. Woman as Author and Character in Franco's Spain", *Women in Hispanic Literature*, p. 315.

22 (New York: Bantam Books, 1977), p. 167.

23 La posición crítica que adopta Guerra-Cunningham parece acercarse a lo que la crítica feminista norteamericana ha llamado "prescriptive criticism". Cheri Register define así las metas de este tipo de crítica: "To earn feminist approval, literature must perform one or more of the following functions: (1) serve as a forum for women; (2) help to achieve cultural androgyny; (3) provide role-models; (4) promote sisterhood; and (5) augment consciousness-raising" "American Feminist Literary Criticism: A Bibliographical Introduction", *Feminist Literary Criticism. Explorations in Theory*, Josephine Donovan, ed. (Lexington, Kentucky: The University Press of Kentucky, 1975), pp. 18-19.

Annis Pratt comenta que después de haber leído más de trescientas novelas escritas por mujeres descubrió, con sorpresa, que aun en las obras de las autoras más conservadoras se manifestaba "una aguda tensión entre lo que cualquier ser humano normal puede desear y lo que la mujer debe llegar a ser" (6). Añade que, ya sea que las escritoras estén conscientes o no de su feminismo, lo que caracteriza a estas obras es la tensión entre la sumisión y la rebeldía, hasta el punto que es difícil creer que se trata de un fenómeno casual. *Archetypal Patterns in Women's Fiction*, pp. 5-6.

24 Nancy K. Miller señala que la relación que existe entre el género novelesco y la realidad social ha determinado en gran parte los temas de las novelas y la manera como se presenta a la mujer en ellas. "Because the novel, more than any other form of art, is forced by the contract of the genre to negotiate with social realities in order to remain legible, its plots are largely overdetermined by the commonplaces of the culture. Until the culture invents new plots for women, we will continue to read the heroine's text. Or we could stop reading novels." *The Heroine's Text* (New York: Columbia University Press, 1980), pp. 157-158.

25 Annis Pratt escribe que "many women writers are themselves subservient to gender norms that they have internalized as their own values. Nonetheless, sometimes deliberately, but often unconsciously, they have developed tactics of diversion, modes of communicating feminist messages through media jammed with static. As a result, much of women's fiction constitutes a 'vibration' available only to the consciousness of those men and women already at odds with the strictures of gender." *Archetypal Patterns in Women's Fiction*, pp. 177-178.

26 Ibid., p. 11.

27 (Buenos Aires: Editorial Andina, 1978), undécima edición, p. 103. Esta actitud frente al matrimonio es un fenómeno general en la ficción de las escritoras, véase *Archetypal Patterns in Women's Fiction*, p. 41.

28 Esta distinción la observa también Lucía Guerra-Cunningham, *El mundo narrativo de María Luisa Bombal*, pp. 39 y 63.

29 Lucía Guerra-Cunningham comenta esta oposición entre el silencio, como símbolo de la muerte, y los sonidos, como representantes de la vida en *El mundo narrativo de María Luisa Bombal*, pp. 61-63.

30 Es importante recordar aquí que según la ley chilena en vigencia la mujer casada perdía algunos de los derechos que tenía de soltera. "La mujer al casarse adquiere la situación jurídica de incapacidad relativa", Isabel Zegers y Valeria Maino, "La mujer en el siglo XX", *Tres ensayos sobre la mujer chilena*, Lucía Santa Cruz, Teresa Pereira, Isabel Zegers y Valeria Maino (Santiago: Editorial Universitaria, 1978), p. 257.

31 "María Luisa Bombal from a Feminist Perspective", p. 148.

[32] 14 de abril, 1947, p. 42. Bombal hace la siguiente declaración: "Chileans are always committing suicide, men for lack of money, women for want of love. In fact, suicide is not considered a very tragic death. It is much worse to be killed in an automobile accident. Suicide is like dying of appendicitis".

[33] *Women and Madness*, pp. 18 y 48-49.

[34] Ibid., pp. 68-69.

[35] Ibid., p. 56.

[36] Véase Annis Pratt, *Archetypal Patterns in Women's Fiction*, p. 177.

[37] Así la explica Linda Gould Levine en "María Luisa Bombal from a Feminist Perspective," p. 149.

[38] Véase Judith Kegan Gardiner, "On Female Identity and Writing by Women", p. 360.

[39] Ian Adams interpreta este episodio del siguiente modo: "Her frantic affirmation of existence is made in the face of a strong feeling of nonexistence. The linking of a body and happiness must be seen as an unfulfilled desire since she has in reality disassociated herself from her body. What she is really saying is that if she could feel vitally related to her body she would be happy" *Three Authors of Alienation* (Austin: University of Texas Press, 1975), p. 21.

[40] Véase Jorge Gissi Bustos, "Mitología sobre la mujer," *La mujer en América Latina*, Tomo I (México: SepSetentas, No. 211, 1975), pp. 85-107.

[41] Carol McMillan sostiene que es un error aceptar la división tajante entre razón e intuición, entre el conocimiento racional (masculino) y el intuitivo (femenino), ya que esto supone que sólo ciertas áreas de la actividad humana son las únicas que requieren la utilización de la capacidad humana de razonar. Según McMillan, las habilidades intuitivas no son innatas sino que se adquieren, y tanto las actividades de la esfera privada como de la pública pueden ser ejecutadas únicamente por seres humanos. De este modo, aquellas actividades consideradas típicamente femeninas, como las tareas domésticas, la procreación y la educación de los hijos, en las que se combinan pensamiento y acción de una manera sólo peculiar al ser humano, también participan de la naturaleza racional. *Women, Reason and Nature* (Princeton: Princeton University Press, 1982), pp. 39-56.

[42] *Archetypal Patterns in Women's Fiction*, p. 177.

HOUSE OF MIST: HOUSE OF MIRRORS*

Suzanne Jill Levine

> "the mirrors, shining like miniature la-
> goons, resembled those small pools of
> clear water . . ."[1]
>
> What is the source of our first suffering?
> It lies in the fact that we hesitated to
> speak . . . It was born in the moments
> when we accumulated silent things with-
> in us. The brook will nonetheless teach
> you to speak, in spite of sorrows and
> memories, it will teach you euphoria
> through euphuism, energy through the
> poem. It will repeat incessantly some
> beautiful, round word which rolls over
> rocks.[2]

The mirror, as metaphor, has been a kind of critical *leit-motiv*
throughout the history of Western art. While Pierre Mabille examines
the Surrealist looking-glass in his *Le miroir du merveilleux* (1940),
M.H. Abrams glosses neo-classical, romantic, and modern theories of
poetry in *The Mirror and the Lamp* (1953), and these are only two of
the many inquisitions on the metaphoric mirror. Mabille's study, of
great interest to writers and scholars of Latin American fantastic literature and magical realism, offers a two-way view of the mirror as both
object, i.e. a "marvel," an inverted world where all categories of rational logic have been subverted, and as a vehicle of seeing, of "admiring": through the mirror, as through art, one may perceive the
world as "backwards" or "upside down."[3]

In the context of the Latin American novel, Gabriel García Márquez's *One Hundred Years of Solitude* is perhaps one of the best
known works in which the mirror looms as a self-conscious symbol of
literature, particularly of marvellous or fantastic fiction.[4] García
Márquez seems to echo Mabille's statement that "the real goal of the
marvellous journey is the total exploration of universal reality"[5] by
claiming that the "ideal" novel not only questions socio-political real-

ities but penetrates reality to the point of turning it "upside down" so as to show what it is like "on the other side."[6] (For the reader of Lewis Carroll's *Through the Looking-Glass*, this image is perhaps déjà vu.) The "manuscript" of García Márquez's gypsy magician, Melquíades, is the "spoken mirror" of the "history" of the Buendía family *and* of the novel *One Hundred Years of Solitude*. In this novel, not only the mirror but synonymous imagery such as ice and glass signal the multiple act of reading: in mirrors, one *sees oneself*; however, one *sees* the shiny object, ice, and one *sees through* glass.[7]

Following the concept of the reader as writer in Borges, one could take these three metaphors as not only different ways of reading, but also of writing.[8] While the writer reflects himself in his text, the reader sees himself reflected. The writer (or reader) sees the fiction, the world, as an invention, an opacity, an object. The writer (or reader) sees through the text (the world) to possible meanings, interpretations, translations—the mirror, in this case, becoming a transparency.

In short, Art is the mirror of the poet's consciousness, the reflection of reality, the mirror in which not only the writer but the reader is reflected. The very word *reflection*, like speculation (speculum), synonymous with thought and contemplation, cannot help but reflect back upon the ever-present looking-glass.

The mirror, as metaphor and as referent, has come to be a feminine emblem, established by mythology—the Narcissus and Acteon myths—as well as by everyday stereotypes. The feminine view of the mirror is largely a negative perspective. Woman as Image, as the Other contemplated or projected by the male Self, has been analyzed and criticized by feminist thinkers from Simone de Beauvoir to Julia Kristeva; the "yearning toward that sane and serious self concealed on the other side of the mirror" has been a focus in *The Madwoman in the Attic*, a recent study on nineteenth century women writers.[9] Woman must step out of, go beyond the Mirror. One need only recall the archetypal female Muses to understand the conjunction of Art and Woman under the symbol of the poet's mirror, an old idea renewed by the Romantics and the Surrealists, the Belle Dame Sans Merci becoming Nadja, the artist's real and metaphoric mistress.

The view of the feminine mirror in Beauvoir's *The Second Sex* has been summarized by Patricia Spacks in the following passage of her book on *The Female Imagination* (1975; her study intelligently circumvents this pretentiously definitive title):

Like Virginia Woolf . . . Simone de Beauvoir is interested in the mir-

ror, metaphor and reality, as a key to the feminine condition. Women concern themselves with their own images; men require the en-
larged self-image provided by their own reflection in a woman. The
difference is that between an active and passive orientation. "In woman particularly, the image is identified with the ego . . . Woman,
knowing and making herself object, believes she really sees *herself* in
the glass. A passive and given fact, the reflection is, like herself, a
thing." For a man, the situation is more complicated. "Woman has
often been compared to water because, among other things, she is
the mirror in which the male, Narcissus-like, contemplates himself:
he bends over her in good or bad faith. But in any case what he really
asks of her is to be, outside of him, all that which he cannot grasp in-
side himself, because the towardness of the existent is only nothing-
ness and because he must project himself into an object in order to
reach himself."[10]

According to this view, Woman is a passive if not obscure object of
desire; she is a reflection, an image dialectically opposed to man as
contemplator, an actor upon reality. In this opposition, she is also the
joyous maternal water in which the Oedipal son is born, as well as the
murky pond of self-reflection in which the perennial Narcissus
drowns. She has come to *conceive* of herself as Image because she sees
herself as man sees her; she is Self alienated from itself in a repressive
hierarchy.

Woman's dilemma in differentiating between Self and Image in
Latin America has been eloquently expressed by Mexican novelist Elena Garro, whose mythical saga and forgotten masterpiece *Recollections of Things to Come* (1963) offers a preview of *One Hundred
Years of Solitude* (1967) not only in its conception of circular time, incest, and magical reality, but also in its use of the mirror. At one
point, the mirror is reflected as the only vehicle to self-knowledge for
the character of a woman recently widowed after years of a conventionally oppressed marriage. She remembers the loss of her personali-
ty in marriage which she interprets as the loss of her image:

> The widow had no memory of how she looked in that dark period of
> her life. "How strange, I don't know what I looked like when I was a
> married woman," she confided to her friends.
> "Child, don't look at yourself in the mirror anymore," the
> grown-ups ordered when she was small, but she was unable to resist:
> her own image was her way of recognizing the world . . . When she
> married, Justino monopolized the words and the mirrors and she en-

dured some silent and obliterated years in which she moved about like a blind woman, not understanding what was happening around her. The only memory she had was that she had no memory. She was not the one who had gone through that time of fear and silence.[11]

The phrase "what I looked like" really means "who I was"; this passage brings together alienation from Self with alienation from language. Not only one's image but one's words belong to another, in this case, man.

It is important to point out, however, that to consider the phantom-like "mirror" existence as being uniquely feminine reduces a larger problem. As Lacan has suggested in his psychoanalytical treatises on the Imaginary and on the Mirror Phase, the Self—the ego—exists solely as an Image which the subject first conceives through a primal encounter with the mirror, i.e., with his/her physical reflection. Prior to this pre-Oedipal stage, the subject is a bundle of sensations incapable of differentiating his/her Self from other selves and, indeed, unaware of his physical-psychic reality as a whole. The first self-view provides the subject with a felicitously whole image through which one can anticipate, "imagine" or prophecy the Self.[12]

If the Image *is*, or in a way displaces, the Self, then the Beauvoirian concept of Woman as Image is only a variation of Man as Image (and Beauvoir does mention that she was acquainted with Lacan's theory of the specular nature of the ego).[13] Of course, to say that the condition of woman is a variation of man's is to return to the problematics of woman's existence under the shadow of man. If man is a Platonic shadow in a cave, he also has the illusion of action, of contemplation. For woman, in a traditional system, "The silence is a total . . . They are prisoners of the mirror," as Monique Wittig has written.[14]

For man (man and humanity being synonymous in colloquial usage), immersion in the mirror leads to self-consciousness, solitude, narcissistic death, but it also implies the search for the Other, the attempt to reach out of oneself, an anticipation, imagining of the unknown and the possible. It implies the materialization of the imaginary in artistic and/or technological inventions which are, if not *the* reality, realities.

These positive aspects of the mirror experience are, apparently, not available to women unless our system of values and language structures change. To break the "silence" by speaking helps, but speech itself must be altered.

The fragmenting of language as a way of destroying its so-called "patriarchal" structure has been discussed by Monique Wittig in *Le corps lesbien*. She uses the metaphor of the fragmentation of the body, and of the myth of woman as a (w)hole, as a subversion of masculine control over the body of woman.[15] Obviously, at the level of fragmentation of the author's discouse, Gertrude Stein could be considered one of Witting's forerunners.

On the other hand, Rachel Blau du Plessis describes "patriarchal" language as divisive, as splitting nominal reality into dualistic components, and argues that feminine discourse should try to assert its pluralism, its "fluidity," upon that metaphoric "rigidity." Her theory of "autonomy," like Wittig's, also stems from "anatomy"; the female body is, after all, "multi-porous," "multi-orgasmic," and in this sense "anti-hierarchal"; pluralism, flexibility, fluidity would appear to be Psyche's virtues here.[16]

This intuition about "fluidity" as essential to feminine language bears very much upon the stories and novellas of the Chilean writer María Luisa Bombal, whose texts overflow with rain, mist, ponds and puddles. Her novella *La última niebla* (1935), a fantastic house of mirrors which she herself translated, or rather re-wrote in English, as *The House of Mist* (1947), offers both a variation and a synthesis of the feminine and the fantastic worlds of the mirror. In this mist-saturated text, while confirming the archetype of woman as the narcissistic murky waters, Bombal seems to expose, to parody the Narcissus myth through the obsessive repetition of her water imagery.

Water, like any symbol, has pluralistic connotations; while the ocean suggests the womb of mother nature, water falling (in a river, stream, rain) could take on a "masculine tonality."[17] As Octavio Paz writes in "*water always writes in plural*," the cloud, an image of indetermination, undecided [like mist, we should add] between water and air, admirably expresses the ambivalent nature of signs and symbols.[18] While the repressed woman of Bombal's novella may confirm womanhood's imprisonment in the mirror, a pluralistic reading of this fluid text(ure) may reveal the (re)creation of woman not only as an object see*n*, but as subject and see*r*, of woman as Poet, that is, as Maker.

The principal drama of *La última niebla* involves a middle-class woman's frustration in a loveless marriage, in her conventionally limited role as the wife of a wealthy landowner, and as the lady of a country manor in provincial Chile. In this drama, the reader may find obvious parallels with *Thérèse Desqueyroux*, a novel by François Mauriac, who was one of Bombal's literary models. The sordidly re-

pressive life of the provincial middle class in France, its effect on Thérèse, and even the dreary, misty atmosphere of the French countryside
seem to find echoes in Bombal's vision of Chile. Essentially, the parallels between the harsh and realistic moralist Mauriac and Bombal end
here, since the Chilean novelist seeks to explore, like her contempor-
aries and colleagues Borges and Bioy Casares, the fantastic in everyday reality. Indeed, Bioy Casares' *The Invention of Morel* (1940), in
which the narrator of a diary is in love with a woman who turns out to
be a three-dimensional image existing in another "dimension," could
be considered a male version of Bombal's earlier work.

Like Henry James' *Turn of the Screw* or Julien Green's *Le Voya-
geur sur la Terre, La última niebla* becomes a drama of perception: the
nameless female protagonist, through a first-person narration that
often contradicts itself, narrates a series of events in which she either
imagines or actually experiences encounters with a lover. Similar to
the model of the "perception-consciousness" system of fantastic narrative discourse as defined by Todorov,[19] Bombal's representations of
possibly supernatural events are always accompanied by vehicles of vision, such as mirrors, windows, or water as a mirror or as the fogged,
metaphoric window of mist, which serve, paradoxically, to deform vision or at least to deform the "pragmatic copies" of reality ordinarily
provided by sight and by perception.[20] The first time she meets the
lover—in the dark, in the mist, and in the city (where freedom is more
possible than in the country)—what she first sees in the light of a
streetlamp is a shadow on the wet pavement, a shadow which, signific-
antly, she first thinks is her own but then "sees" is the shadow of another person, joined to her own (p. 48).

The next "encounter" occurs when she is bathing in a pond. Indeed, there are several key scenes in which she bathes in a dark pond in
the forest; key because they represent an archetypal feminine immersion in the water of her sensuality and in the narcissistic contemplation
of her body as an object, in which aquatic plants caress her like a
lover. It is interesting that while she appears to equate those caresses
with a man's, as has been noted, these flowing plants, like a woman's
tresses,[21] like the soft, dark water, are more like female than male
arms. To return to mythology: aquatic plants are naiadic, named after
the Naiads, Narcissus's water-nymph sisters, into whose caressing, in-
cestuous, life-giving but fatal embrace he falls.

Immersed in this mythological pond, the protagonist, an erotic
huntress, sees in the mist (of course) a closed carriage approach. When
the horses pause at the other side of her pond to drink, she perceives,

through the carriage window, the face of her lover, apparently looking and even smiling at her. The pond becomes not only the place of seeing oneself, but of seeing another. He disappears again, and she is left to wonder if the incident really occurred or if she was daydreaming, imagining things. Ultimately, the uncanny incidents of the novella are resolved in a psychological explanation—she *was* imagining things—and in the end she remains with her husband, in the immobile mist of her stagnation or of her alienation, as several critics have suggested.[22]

Again, Bombal's novella seems to follow the paradigm of the fantastic narrative as set up by Todorov. Not only does *La última niebla* fit into the thematic of the Self, i.e., of the subject as a dubious perceiver of reality, but also the thematics of the Other, which focus on sexuality as a transgression of the normal boundaries of experience, as in the case of adultery, incest, sado-masochism, necrophilia. Not only does Bombal's tale postulate a possible adultery, and a woman in a state of exacerbated sensuality, but also a preoccupation with death and suicide. The protagonist recognizes herself as the object reflected in mirrors, or caressed by waters, and also as the Rebecca-like reflection of her husband's first wife, who had drowned in the waters of the pond. (This Opheliac death, implied in the original, is made explicit in her English version.) And indeed, the protagonist's erotic fantasies or experiences only begin to occur after she identifies herself with, reflects herself in, another woman, her passionate and adulterous sister-in-law, Reina (called Regina in the English version), who attempts to commit suicide. The nameless protagonist feels and acts like a shadow of this *queen* of hopeless passion.

When the themes of the Self and the Other come together, a literary transgression often occurs; this seems to be the case in Bombal. If the perceived lover is imaginary, there cannot be a "real" adultery, and vice-versa. At one point, when the protagonist speaks of her dream lover as if he were real, her husband Daniel scornfully dismisses her as being mad (p. 67). The two dimensions, the real and the supernatural, clash with each other, but never really "fuse" in Bombal's version of the fantastic. At the end of a fantastic narration (as Todorov has observed), either a rational explanation is given, as in *La última niebla*, or there is an infinite vacillation which is never grounded, as in *The Turn of the Screw* or in Borges' "Tlön, Uqbar, Orbis Tertius," in which objects from an apparently imaginary planet are introduced into "real" life, or in Bioy's *Invention of Morel*, where the final "sci-fi" explanation only heightens the ambiguity of the experience.

To define Bombal's novella, however, according to Todorov's theory,[23] or any other, is ultimately to reduce its dynamic existence as an original poetic discourse. Certainly, within the context of the dialectics of Self/Other as discussed by Beauvoir, certain feminist inversions in Bombal's text can be signalled. In *La última niebla*, Self is a the woman who, while objectifying herself as a sensuous body, is also a subject who projects the male lover as an obscure *object* of desire. Although she emphasizes the fact that it is his contemplation of her which makes her vibrate, it is her consciousness, her reverie, which gives him any existence whatsoever. The aquatic flora which envelop her are as much an active aspect of her female sensuality as they are metaphoric of a man's embrace.

The mist and the water imagery which dominate not only this novella but all of Bombal's narrative works have been defined as symbolic of alienation; her critics emphasize the mist, the "cloud" hanging over the protagonist, as emblematic of her inability, shall we say, to awaken from a dream world and grasp onto reality. Amado Alonso, while admiring the rigor of her poetic structure, in his 1941 preface to the second edition of *La última niebla* speaks of her world as being too hermetic, solipsistic—that is, limited in its scope. In his poetic essay on water and reverie, Gaston Bachelard offers us a less judgmental approach which could be applied usefully to Bombal's misty dream. For this critic, "poetry expresses not the haphazard wanderings of the solipsistic psyche but the constant re-creation of nature and experience through human speech."[24] Water, or mist, which appears to "immaterialize" everything, as Bombal's narrator herself says (p. 78), in a poetic text and through the imaginative processes of reverie really *materializes* the imagination; or, as Bachelard writes, "matter [in this case water, one of the four elements] is the unconscious of form."[25] Like García Márquez's "spoken mirror," Bombal's apparently transparent, "immaterializing" and "definitive" mist which deforms vision becomes an opaque fantastic object which inserts itself into reality. Bombal's sensuous female waters could also be seen as those dynamic waters of the unknown and the possible and, as such, represent a reaching out of oneself.[26]

The mist becomes not only a metaphor of the specular nature of human existence, but of literature. Bombal reflects this specular nature at every level of her text: the characters are almost phantoms, mirror-images of one another. In this sense, the three female characters—narrator, dead wife, and Regina—are really one, as the three male characters (Daniel, his brother Felipe, and the imaginary lover) are really echoes of one another. Scenes constantly repeat or reverse each other; the protagonist's sporadic letter writing to her imaginary lover reflects the larger narrative, full of passions and contradictions. Water, the universe's narcissistic mirror in which it reflects itself, becomes more than a reflecting surface in Bachelard's view; the poet's lake also sees, also dreams.[27] Certainly in Bombal, water becomes an active parameter of the text; the poet's presence is concretized in a pond which dreams, sees, even touches.

UNIVERSITY OF WASHINGTON

Notes

*Researched under a fellowship from the Wellesley Mellon Center of Research on Women, Fall 1979.

[1] María Luisa Bombal, *New Islands and Other Stories,* tr. Richard & Lucia Cunningham (New York: Farrar, Straus & Giroux, 1982), p. 30. Apart from this quotation, all other page citations are from the following edition of the original work: *La última niebla,* 2nd ed. Santiago, Chile: Editorial Nascimento, 1941). The above-cited translation is a relatively "faithful" translation (in comparison with Bombal's commercialized English rendition of her own work, *House of Mist,* 1947). Farrar, Straus & Giroux has even respected the original format, i.e., *La última niebla* originally came out in volume form with other stories by Bombal. I intend to dedicate a discussion to these English versions of *La última niebla* and how they fail to/succeed in transmitting the author's original intentions and in recreating the poetic texture of *La última niebla.*

[2] Gaston Bachelard, *Water and Dreams* (Dallas: The Pegasus Foundation, 1983), p. 195.

[3] Tzvetan Todorov, *The Fantastic: A Structural Approach to a Literary Genre* (Ithaca: Cornell University Press, 1975), pp. 121-122.

[4] The "spoken mirror" has been discussed by Suzanne Jill Levine in *El espejo hablado* (Caracas: Monte Avila Editores, 1975).

[5] Todorov, p. 5.

[6] Josefina Ludmer, *Cien años de soledad: una interpretación* (Buenos Aires: Editorial Tiempo Contemporáneo, 1972), p. 117.

[7] Ludmer, p. 97.

[8] E. Rodríguez Monegal, "Borges: The Reader as Writer," *Triquarterly,* 25 (Fall 1972), pp. 102-143.

[9] Sandra Gilbert & Susan Gubar, *The Madwoman in the Attic* (New Haven: Yale University Press, 1979), pp. 15-16.

[10] Patricia Spacks, *The Female Imagination* (New York: Avon Books, 1976), pp. 23-24.

[11] Elena Garro, *Recollections of Things to Come* (Austin: University of Texas Press, 1969), pp. 23-24.

[12] Jacques Lacan, "Imaginary," "Mirror Stage," *French Freud: Structural Studies in Psychoanalysis* (*Yale French Studies*, no. 48, 1972), pp. 191-194.

[13] Simone de Beauvoir, *The Second Sex* (New York: Vintage Books, 1974), p. 303.

[14] Monique Wittig, *Les Guérillères* (Paris: Minuit, 1969), p. 40.

[15] See Lyon Higgins, "Nouvelle Nouvelle Autobiographie: Monique Wittig's *Le Corps lesbien*," *Sub-Stance*, No. 14, 1976, pp. 160-165.

[16] See Rachel Blau de Plessis, "Washing Blood," *Feminist Studies*, Vol. 4, no. 2 (June 1978), and "For the Etruscans: Sexual Difference and Artistic Production—The Debate over a Female Aesthetic," in *The Future of Difference*, ed. Hester Eisenstein & Alice Jardine (Boston: G.K. Hall & Co., 1980).

[17] Octavio Paz, "*water always writes in plural*," *Diacritics* (Winter 1978), p. 48.

[18] Ibid.

[19] Todorov, pp. 121-122.

[20] Gilbert Durand, *Les Structures Antropologiques de l'Imaginaire* (Grenoble: Presses Universitaires Françaises, 1960), p. 20. Durand's reference here to Bachelard led me to utilize the ideas in *L'eau et les rêves*.

[21] Linda Gould Levine equates the plant's caress with a man's in "María Luisa Bombal from a Feminist Perspective," *Inter-American Review*, Vol. IV, no. 2 (Summer, 1974), 150-152.

On the subject of tresses, Bombal in this novella and in a prose poem "Trenzas" reveals an analogy between the naiadic plants and hair and also hair's symbolic value as woman's beauty and strength. We mustn't forget, of course, that this symbolic value of hair can also be true for men, as in the case of Samson, symbolically castrated when Delilah cuts off his hair.

[22] See Margaret Campbell, "The Vaporous World of María Luis Bombal," *Hispania*, XLIV (Sept. 1961); also Ian Adams, *Three Authors of Alienation* (Austin: University of Texas Press, 1975).

[23] E. Rodríguez Monegal, in "Borges: una teoría de la literatura fantástica," *Revista Iberoamericana*, Vol. XLII (abril-junio 1976), points out that Todorov's theory, formulated without taking into consideration Borges' works, has been superseded by Irene Bessière's "poetics of the uncertain."

[24] G. Bachelard, *On Poetic Imagination and Reverie* (N.Y.: Bobbs-Merrill, 1971), p. xxxv.

[25] Ibid., p. 70.

[26] It should be noted that this representation of female sensuality in water imagery highlights Bombal's affinity with many other women writers; for example, Kate Chopin in "The Awakening" (1899). Chopin portrays, in the context of Louisiana's languid creole atmosphere—so akin to the atmosphere of South America's tropics—the sexual awakening of a married women through her symbolic encounters with the sea whose "touch is sensuous, enfolding the body in its soft, close embrace" (*The Awakening and Other Stories*, N.Y.: Holt, Rinehart & Winston, 1970, p. 214). Like *La última niebla*, "The Awakening" focuses on a woman's rejection of a stifling marriage in favor of the illusion of a more fulfilling love. The protagonist Edna Pontellier's suicide in the same

waters which had initiated her freedom again seems to confirm that double-edged image of water as life/freedom but also as death.

"The Awakening" is often viewed in conjunction with Charlotte Perkins Gilman's "The Yellow Wallpaper" (1896), another pioneering North American feminist fiction that exposes a woman's repression in marriage and her destruction in this case through a descent into madness. Here, too, one finds curious affinities with Bombal's novella. If in *La última niebla* a woman's madness or imaginings are imprinted in the mist, in Gilman's story a woman objectifies her delirium on the surface of yellow wallpaper: in its clausotrophobic patterns she perceives her own spiritual and physical imprisonment. At one point, Gilman even offers a simile relevant to Bombal's poetic system when comparing the woman escaping from the wallpaper (in the tormented mind of the protagonist) to a "cloud shadow in a high wind" (*The Yellow Wallpaper*, Old Westbury: The Feminist Press, 1973, p. 31).

27 Bachelard, p. 77.

EL DISCURSO DE *LA AMORTAJADA*: CONVENCION BURGUESA VS. CONCIENCIA CUESTIONADORA

Naomi Lindstrom

I

El problema que se examina aquí es la caracterización crítica de la "conciencia" tal como este concepto se encuentra plasmado en *La amortajada* (1938) de María Luisa Bombal.

La manifestación textual de la conciencia ofrece para el examen crítico dos aspectos fundamentales, estrechamente vinculados entre sí. El uno lo constituye el conjunto de procedimientos y técnicas que sirven para comunicar al lector lo que pasa por la mente de los personajes, sus percepciones y las reacciones que suscitan éstas, sus reflexiones y recuerdos. En el caso de Bombal, se debe incluir entre las posibilidades de estos procedimientos la muestra de una falta de conciencia, de lo poco que perciben y reflexionan los personajes, sumidos en el estado de ensueño que tanto llamó la atención a Amado Alonso.[1]

Entre los recursos que contribuyen a esta revelación de la interioridad se deben incluir los de los cuales siempre se han servido los narradores para tal propósito: el monólogo interior, la representación del habla de los personajes, el resumen por parte del narrador de lo que pasa en el interior de los personajes, y las muchas variantes que pueden existir (por ejemplo, utilizar estos recuersos de una manera más o menos "directa"). En este trabajo incluimos, además de estos procedimientos que se podrían categorizar como técnicas narrativas, también la unidad global de discurso constituída por la novela en sí. Es decir, se deben considerar tales problemas como hasta qué punto el lenguaje que refleja o comenta pensamientos, etc. de los personajes es un discurso evasivo, enigmático u "oculto" y hasta qué punto es un discurso que trabaja para revelar y aclarar.

Coordinada con este aspecto estructural del texto es la mostración de una conciencia crítica, una capacidad de percibir los defectos de la sociedad y cuestionar sus estructuras. Al revisar la críticar anterior sobre *La amortajada*, tanto como sobre las otras obras de la misma au-

tora, se hace patente una preocupación por la manera en que el lector
va cobrando conciencia de los graves problemas que aquejan la vida
social de la alta burguesía chilena, el estrato enfocado por Bombal.
Sería excesivo intentar caracterizar la obra de Bombal como "de denuncia", pero no hay que perder de vista el fuerte elemento de mostración de una sociedad limitada, represiva y monótona. Y, además de la
estructuración excesivamente rígida que perjudica la vida de todos los
miembros de esta burguesía, el lector va percatándose de la situación
excepcionalmente restringida de las mujeres. Son típicas las aseveraciones que hace M. Ian Adams al respecto:

> . . . there are exterior social dimensions that, although they never
> come into the foreground, provide a hidden influence that tends to
> push all Bombal's women into themselves, giving them a feeling, fre-
> quently not expressed, of lack of control over their lives. The posi-
> tion of women in the society described in her novels is the most out-
> standing of these forces, in that it makes marriage the central issue of
> their lives. On the emotional level, the most important one within
> Bombal's works, this position gives men the power of choice as op-
> posed to women's relative helplessness, turning men into an external
> alienating force. This is one of the meanings of the complaint in *La
> amortajada*: "Why, why is the nature of woman such that a man al-
> ways has to be the center of her life?"[2]

El análisis de la enajenación de la prototípica heroína de Bombal,
que se atribuye en gran parte al aplastante convencionalismo y estre-
chez del medio social, también se ha realizado, con ciertas variantes,
en otros estudios sobre la obra de la autora. *María Luisa Bombal, o la
feminidad enajenada* (1976), de Hernán Vidal, con su aplicación al
problema de elementos derivados de la teoría marxista, y *La narrativa
de María Luisa Bombal: una visión de la existencia femenina* (1981) de
Lucía Guerra-Cunningham,[3] ofrecen otros exámenes del fenómeno.
La razón por la cual se ha citado precisamente a Adams es por lo que
sugiere su comentario de la problemática que nos interesa aquí, la percepción de los personajes y su capacidad o incapacidad de articularla.
Adams hace notar la circunstancia de que, en la mayoría de los casos,
las mujeres de Bombal no logran expresar una falta de control sobre
sus propias vidas, aunque sí tienen una sensación de ella. En el mismo
pasaje, Adams llama la atención sobre una frase citada directamente
de la protagonista de *La amortajada* (aunque la oración no va dirigida
a un interlocutor, sino que es formulada por la heroína en sus reflexiones interiores póstumas).

Estas dos circunstancias —la de que las heroínas muchas veces cobran una muy vaga y difusa conciencia de los efectos de la estructura social, y la de que muy contadas veces logran articular juicios críticos al respecto— sugieren que en la obra de Bombal se muestran los procesos que pueden bloquear o dificultar la enunciación de un latente cuestionamiento del status quo. En el examen de estos procesos de supresión, y su contrapartida, los procesos que permiten aflorar al nivel consciente la crítica social, se tendrá que respetar una premisa. Esta es de que el único indicio seguro de que un personaje se ha formado un concepto de una problemática es la formación verbal del problema por parte del personaje. Con eso se incluyen las fórmulas verbales que el narrador ofrece y atribuye a los procesos interiores del personaje (e.g., "se daba cuenta de que . . ."). Aunque en la vida real sería posible postular la existencia de formas de "tomar conciencia" que prescinden de la verbalización, en el texto literario, donde cualquier revelación viene transmitida por el discurso, se depende de los signos de conciencia que brinda el lenguaje. Y, como ya ha señalado Mercedes Valdivieso, el elemento de crítica social que hay en las obras de Bombal se encuentra intricadamente involucrado en la estructuración del discurso.[4]

II

Para emprender el examen de unos pasajes ejemplares, se puede considerar una vinculación humana que pareciera ofrecer, en potencia, una salida de la vida irreflexiva de la mujer burguesa. El interés que genera esta relación, paradójicamente, es su revelación de las fuentes profundas del autoengaño y del engaño mutuo que practican los que integran este mundo social. Se trata del curioso enlace entre Ana María, la protagonista recién muerta al comenzar la novela, y Fernando, su enamorado y, oficialmente, "amigo familiar". Esta interdependencia, que se revela en una serie de saltos temporales hacia atrás, también demuestra una característica estructural muy significativa en relación a la cuestión de la conciencia falsa. La intervención del narrador omnisciente, que habla en tercera persona, es fuerte hasta el punto de constituir un fenómeno poco común en la elaboración del texto.

No se describe aquí un adulterio en el sentido estricto, pues se reitera el hecho del rechazo sexual de Fernando por parte de Ana María: "la puerta que te había vedado",[5] la delicia que es para Fernando el poder penetrar en la alcoba de Ana María y visitarla allí, estando ella moribunda (p. 75). Tampoco se trata de "un verdadero amor", como lo confiesa el mismo Fernando (p. 62) en uno de sus momentos de mayor franqueza. Ana María no se permite mostrar cariño para con Fernando, aunque sí sigue comportándose de tal manera que no se rompa el enlace. La relación entre los dos se reduce, esencialmente, en largos coloquios en donde el discurso se rige, como se verá, según un sistema de reglas idiosincrático.

Al entrar en esta relación con Fernando, Ana María se parece a la clásica adúltera en el sentido de que intenta suplir la falta de una intercomunicación satisfactoria en su matrimonio y rompe con el pacto de lealtad que por convención observa la pareja. Le divulga a su enamorado las frustraciones y humillaciones que sufre en la intimidad (o la no intimidad) de su matrimonio. La divulgación también constituye —otra vez, sólo en potencia— una ruptura con las expectativas para el papel que debe desempeñar de señora casta y recatada en su vida. En otras ocasiones, la amortajada no se desvía significativamente del comportamiento que corresponde a la esposa y madre ejemplar, y no admite la posibilidad de graves defectos estructurales en este papel.

Por medio de su confesionalismo, le sería posible empezar un cuestionamiento de su status. En el fondo, se siente defraudada por razones verdaderas y esencialmente de origen social: tiene muy poco con qué ocuparse en la vida, su marido la relega a la posición de un adorno para la casa y la vida social y no se interesa por las actividades que pudiera emprender su esposa en su ausencia. Sin embargo, al relatar las desgracias de su vida íntima, se desentiende de la fuente de sus males, de lo que tienen en común las vidas de muchas mujeres de su ambiente, y se concentra en lo meramente personal, trivializando así su problema. Sus confidencias son comentadas por el narrador, que los juzga intrascendentes y se refiere despectivamente a "sus cargos y sus quejas" (p. 55), "el veneno [que] le trepaba por la garganta" (p. 56), etc. En efecto, es al describir el vínculo de confesión mantenido con Fernando que el narrador se muestra más dispuesto a juzgar y condenar a sus personajes. Es tanto su desapego y su distanciamiento que a veces su participación se asemeja a la del típico narrador omnisciente de la novela tradicional decimonónica, y se muestra dispuesto a analizar la actuación de los personajes dada la circunstancia de su propia incapacidad de autoanálisis y autocomprensión. Proporciona datos e interpretaciones que desconocen los mismos caracteres, o que éstos no quieren conocer. Por ejemplo, al hablar del hombre, discurre sobre "la secreta envidia que él abrigaba contra su marido. Porque fingía menospreciarlo y lo envidiaba: le envidiaba precisamente los defectos que le merecía su reprobación'' (p. 56). De ella opina: ''Oscuramente presentía que Fernando se alimentaba de su rabia o de su tristeza'' (p. 55), observación con que hace resaltar el carácter informe, vago y poco enunciado de las percepciones de la protagonista.

Esta intervención por parte del narrador omnisciente, con su fuerte carga de interpretación y análisis, se destaca aún más por el contraste que ofrece con sus procedimientos más típicos. A lo largo de la novela, el narrador parece buscar en todo momento la ocasión para ceder la palabra a la heroína u otro personaje, al transferir a la página en forma íntegra y no mediada sus soliloquios interiores. Si no recurre a estas transcripciones, en donde su participación es virtualmente nula, utiliza otro recurso, como el llamado estilo indirecto libre, para comunicar lo que pasaba por sus mentes sin ofrecer sus propias ideas al respecto.

¿Por qué ha de ser tan intensa la intromisión del narrador? Una primera respuesta ya se perfila en lo anteriormente dicho. El narrador se disocia de sus personajes, rehusa identificarse con ellos, porque rechaza su conducta. Desde su posición así distanciada, con desapego señala la tiranía que ejerce ella y la subyugación en que mantiene a Fernando: ''Hablaba y él escuchaba'' (p. 56), ''Ella había ordenado . . . Fernando obedeció en silencio'' (p. 68).

Por otra parte, los comentarios agudos del narrador, que reflejan de una manera fidedigna la situación referida, presentan un contraste con las palabras y los pensamientos de Ana María y Fernando.

En efecto, el primer encuentro entre los dos que se presenta después de su muerte ya indica que su relación —relación basada en el discurso compartido— depende de una serie de supresiones y silencios. La amortajada, que recibe una sensación de lo que pasa a su alrededor aun estando muerta, nota que al acercarse a ella Fernando está preso de una agitación que le ''hace temblar los labios como si le estuviera hablando'' (p. 54). Su reacción, transmitida por el narrador sin otra intervención que el desplazamiento de las formas verbales de primera a tercera persona, es: ''¡Que se vaya! No quiere oírlo''. Los pasajes que siguen contienen, entre otras cosas, la respuesta a este enigma, aquí planteado, de ''lo que no se dice'' entre los dos partícipes en esto caso de pseudoadulterio.

De esta expresión de la amortajada, que expone su terror ante una posible ruptura del convenio que rige sus diálogos con Fernando, la narración continúa con un pasaje en boca de Fernando. La situación discursiva es anómala y se presta a dos posibilidades: o habla Fernando, en palabras que atina a emitir en su fuero interno; o Ana María se figura lo que le diría Fernando si pudiera hablarle ("como si le estuviera hablando" mantiene cierta ambigüedad al respecto). Pero las dos posibilidades tienden a lo mismo: que Fernando ahora puede articular algunas percepciones que durante la vida de Ana María mantuvo calladas. Fernando revela que, en efecto, el diálogo que sostuvo con Ana María lo controló ella "para esquivarme o para herirme, para quitarme día a día la vida y la alegría" (p. 54), que fue ella quien siempre lo llamó e hizo todas las decisiones con respecto a la forma que tomaría el diálogo, estableciéndose así una relación de tirana y esclavo al nivel del discurso.

Las acusaciones de Fernando, aunque poco específicas, resultan ser bastante certeras cuando las confirma y amplía el fidedigno narrador omnisciente. La regla fundamental que rige los coloquios de los cuasi-amantes es ésta: que Ana María puede exponer sus quejas e insatisfacciones, pero Fernando queda relegado a un papel de simple receptor. Se insinúa que esta situación se ha estructurado para que Ana María, siempre en su papel de la burguesa casta y pudorosa, pueda mantener un sentido de superioridad y dominio sobre su enamorado. La confirmación viene con la ruptura —que ocurre una sola vez— de la regla fundamental: "Pero no supo que podía odiarlo hasta esa noche en que él se confió a su vez" (p. 57). La reacción de Ana María se narra dos veces seguidas, primero en un resumen escueto y distanciado que provee el narrador, después en las palabras que parecen surgir a la mente de Ana María en su arrebato de cólera: "[El] dijo, y ella enrojeció como si le hubiera descargado a traición una bofetada en pleno rostro. ¿Con qué derecho la consideraba su igual?" (p. 58).

Aquí, la yuxtaposición de la evaluación que hace el narrador de la situación con los juicios histéricos de Ana María es notable. La protagonista sigue con su diatriba, que termina con un rechazo de cualquier posibilidad de igualdad en el discurso, y por eso igualdad espiritual, entre ella y Fernando: "¡Ah, no ! ¡Eso no! ¡Eso jamás, jamás!" (p. 58). Aunque es incapaz de articular con precisión sus ansiedades al respecto, parece estar convencida de que un "contrato discursivo" más igualitario, en que Fernando gozara de las mismas posibilidades de expresión que ejerce ella, llevaría de manera inevitable a la pérdida de su status privilegiado como esposa intocable. Así se recalca la falsa conciencia que Ana María ha generado alrededor de su situación. Lo que pareciera al lector —e, implícitamente, al narrador— deseo de dominar y humillar, se transforma en su propia conciencia a una necesidad de defender su virtud.

El contraste sigue, y continúa iluminando la falsedad del concepto que tienen los dos de su vínculo. Por ejemplo, Fernando en sus propias palabras afirma varias veces que ha sido su ilimitado amor por Ana María lo que permitió que sufriera tal subyugación: "Por ti, sólo por ti Ana María, he conocido el amor que se humilla, resiste a la ofensa y perdona la ofensa. ¡Por ti, sólo por ti!" (p. 60). Estas frases efusivas están cargadas de una retórica sentimental que necesita desconstruirse, y que el narrador se encarga de cuestionar, dejando en ridículo al apasionado Fernando. El narrador, sólo dos páginas antes, ha comentado con toda crudeza la inagotable paciencia de Fernando, sobre la que lanza la siguiente conjetura: "Fernando sonreía indulgente a sus acogidas de pronto glaciales; soportaba, imperturbable, las vejaciones, adivinando quizás que luchaba en vano contra el extraño sentimiento que la empujaba hacia él, adivinando que recaería sobre su pecho, ebria de nuevas confidencias" (p. 58). Insiste en el carácter interesado de la conducta de Fernando, que sólo enmascara su imagen de sí mismo como enamorado enloquecido por un amor que no se resiste ni se cuestiona.

Muy parecido es el caso de la heroína. Se figura bajo el aspecto de una aristócrata espiritual, altanera, palpablemente superior a su seguidor, a quien se refiere despectivamente como a un "pobre". Afirma la indiferencia que durante mucho tiempo logró mantener hacia él, y su poco cuidado por el bienestar o malestar que le pudieran ocasionar sus acciones. Cuando ya no es posible mantener el juego de la indiferencia, se declara presa involuntaria de una intimidad que no buscó, sino que le fue impuesta por las maniobras del hombre: "Oh, Fernando, me habías envuelto en tus redes" (p. 75). Describe ocasiones en que supuestamente intentó poner fin a la intimidad, o apartándose de Fernando o procurando extirpar de sus diálogos el elemento de confesionalismo que es su razón de ser.

El narrador, en cambio, enfoca los factores que Ana María suprime de su conciencia. Insiste en su deseo de manipular a Fernando y de hacerlo reaccionar de diversas maneras, con lo cual comprueba su dominio sobre él. También las palabras del narrador recalcan la circunstancia de que el marido de Ana María no la consideraba de mayor interés y desconocía las actividades de su mujer por indiferencia. Para agregar un elemento más a este cuadro de elementos negativos y suprimidos en la conciencia de la heroína, el narrador nota que ni lo hijos de Ana María la consideraban una interlocutora adecuada y que las quejas que dirigía a Fernando eran las que no podía descargar en otra situación, pues las personas que no vivían subyugadas por ellas rehusaban interesarse por sus problemas.

En suma, los personajes intentan plantear la situación como una versión moderna de la "cárcel de amor" de la tradición cortesana, o si no, evocan otro mito cultural como el de la mujer que no tiene voluntad ni fuerza para resistir las maniobras de los hombres. El narrador niega el valor de estas aseveraciones al mostrar la situación en donde aparecen.

III

Sin embargo, y como bien señaló Amado Alonso, la capacidad de los personajes de Bombal para la ofuscación de su propia situación es limitada.[6] A pesar de su intento de sumirse en una conciencia anulada, falseada y vaga, de vez en cuando cobran una súbita comprensión aguda de la infelicidad en que viven. Se supondría, entonces, que la irrupción de esta involuntaria percepción se expresaría en el texto por medio de pensamientos nítidamente formulados por los personajes.

En la antes referida relación entre Ana María y Fernando, se vislumbran anticipos y comienzos de esta articulación. Por ejemplo, momentáneamente atraviesa por la mente agitada de Fernando el recuerdo de un incidente en que ni él ni ella actuaron con mucho respeto el uno para el otro. Ana María le mintió al decirle que su marido le envidiaba, y él, por no querer mostrarse tonto o crédulo, rechaza esta aseveración como mentira. Además, no acepta el intento de ella de pedirle su perdón, con lo cual se encuentra temporalmente en una posición de superioridad en la relación. Recuerda haberse regocijado con esta pequeña victoria, y se caracteriza retrospectivamente de "envidioso, mezquino, egoísta" (p. 60) —caracterización que igualmente podría extenderse a la conducta de ambos a lo largo de la relación. El momento de autorrevelación es, sin embargo, anulado posteriormente al recurrir Fernando a la alta retórica amatoria que tantas veces ha sido su manera de nublarse la conciencia: "Sin embargo, mucho me ha de ser perdonado, porque mi amor te perdonó mucho" (p. 60).

Confusa, también, es la expresión de los dolores de Fernando (pp. 77-78), en donde expone una variedad de sentimientos en un arrebato de infelicidad. La mayor franqueza que se permite aquí es la revelación del alivio que siente al saber que ya no continuará el elaborado juego de dominio y subyugación que era su relación con Ana María. A pesar de su incapacidad para deshacerse del todo de su lenguaje pseudocortesano, Fernando logra exponer hasta cierto punto el núcleo de la relación, con su recíproco manipuleo y deseo de ocasionar daño a la autoestimación del otro. Termina con unas aseveraciones que lo apartan de lo "cortés" y parecieran señalar el inicio de un proceso de cuestionamiento crítico: "me sabías egoísta, ¿verdad? Pero no sabías hasta dónde era capaz de llegar mi egoísmo. Tal vez deseé tu muerte, Ana María" (p. 78).

También la amortajada, al reflexionar sobre sus conductas, se da cuenta de ciertos autoengaños. Por ejemplo, al rememorar sus primeros encuentros con Fernando, percibe que durante mucho tiempo intentó mantener una imagen de sí misma como alguien desvinculado de lo que sucedía. Durante el mismo período, elabora un plan cuyo propósito es desprestigiar a Fernando, "negándote la limosna de las buenas noches" (p. 74). En sus reflexiones póstumas, forma una conciencia más nítida de lo que sucedía en aquel entonces. Confiesa que ya estaba en una interdependencia con Fernando, cuya existencia seguía desconociendo por orgullo, y que estaba engañándose al creer que su pequeño truco de salir sin despedirse de él tendría un efecto profundamente esclavizador sobre el hombre. Sin embargo, esta comprensión es limitada por su incapacidad de generalizarla, de ver que este período sirvió para establecer las bases de su mutua sujeción.

Como se ve, estos ejemplos de autorrevelación y autocomprensión son mínimos en comparación con el masivo proceso de falsa conciencia que hay alrededor de la relación. Por eso conviene examinar otro aspecto de la vida de la amortajada, vida que se reexamina en todos sus momentos claves. Simone de Beauvoir puede ayudar en este respecto con sus observaciones sobre el desarrollo de la falsa o apagada conciencia de la mujer en la sociedad burguesa.

En su estudio pionero, *Le Deuxième Sexe* (1949), Beauvoir examina gran número de textos en donde se transmiten las palabras de mujeres que comentan su propia situación relativa a la sociedad y su sentido de identidad o falta de ella. Beauvoir cita diarios de mujeres, intercambios de correspondencia, escritos que son o fingen ser autobiográficos, aseveraciones emitidas por personajes literarios, etc. Según el análisis de Beauvoir, la capacidad de observar críticamente y de reaccionar de una manera individual es más fuerte en la niña impúber y en la adolescente. No se le han impuesto las restricciones que limitan la visión de la mujer adulta (Beauvoir ve una pérdida de autonomía que ocurre al entrar en el matrimonio, la religión, la vida de maestra u otra estructura considerada digna de una mujer ya crecida). Por eso, sus reflexiones sobre sí mismas, los otros y la sociedad en que viven no acusan las deformaciones que impondrá el papel de mujer ya responsable, limitada y restringida. Sobre todo es el caso de la adolescente, que se ve a punto de perder su autonomía y vislumbra la suerte que le tocará, la adolescente provista de una sensibilidad aguda capaz de reconocer a esa sociedad que ha de apagar y delimitar la conciencia.

De acuerdo con los juicios arriba expuestos, Beauvoir busca en los escritos de las mujeres más jóvenes expresiones que en muchas ocasiones han de ir a contrapelo de lo que se espera como apropiado o digno. Lo encuentra en la conducta de la chiquilla que todavía trabaja a base de sus propias percepciones y que hace muchas aseveraciones que pueden resultar chocantes o sorprendentes por su poca correspondencia con lo que debiera decirse en tal o cual circunstancia.

Estas generalizaciones que hace Beauvoir se aplican bien al caso de la amortajada. Un aspecto de ella que no se ve en su relación con Fernando es su carácter y disposición como niña. Efectivamente, es un vínculo que se establece después de casada ella, es decir, en términos de Beauvoir, después de la casi obligatoria convencionalización de su visión. En cambio, las visitas de otros individuos que asisten a su velorio despiertan en la amortajada fuertes recuerdos de sus años juveniles.

Para dar un ejemplo breve de este fenómeno, se puede citar el pasaje en donde la amortajada, velada por su padre, recuerda un diálogo que sostuvieron los dos en algún momento de su niñez. El padre tiene la costumbre de interrogar a su hija sobre la ya difunta madre de ella, pero sus preguntas distan mucho de constituir un intento de adquirir nueva información. En efecto, con sus preguntas tendenciosas quiere programar a su hija para que presente una imagen de la madre perfecta, idealizada en el recuerdo. Sus propios deseos de "inmortalizar" a su difunta esposa a través de una memoria controlada se transparentan en tales preguntas como "¿Era linda, verdad? ¿Tú la querías?"

Ante este control, bastante estereotípico, de sus expresiones, la niña tiende a ceder y suplir las frases requeridas. El narrador, que resume los pensamientos de la amortajada al hablar por ella, confirma que actuaba "para darle gusto" (p. 42), y se dan varios ejemplos de respuestas cuya esencia es una capitulación al control ejercido por el padre.

Es la ruptura con las reglas de este "contrato de discurso" lo que revela la oculta no conformidad de la hija con lo que sucede en estos diálogos. En una ocasión, el padre se desvía de su procedimiento típico de plantear preguntas que ya tienen en sí la respuesta deseada. Dirige a su hija una pregunta anómala por ser "abierta", capaz de admitir respuestas de muchas índoles distintas: "¿Y por qué la querías?" (p. 42).

La respuesta de la niña se ofrece, según el narrador, "cándidamente" (p. 43), que en este caso señala su poco conocimiento de las convenciones que estructuran las palabras dichas en honor a una madre muerta. Su respuesta refleja, no lo social, sino su experiencia como niña muy joven fascinada con la figura de la madre: "Porque llevaba siempre un velito atado alrededor del sombrero y tenía tan rico olor" (p. 43).

Como se puede prever, al tener en cuenta el deseo manifiesto del padre de determinar la imagen de la madre que proyecta la hija, esta respuesta es calificada de inapropiada, y el padre rechaza además de la repuesta a su misma emisora, al decirle "Eres una tonta" y dejarla sola en el cuarto.

Quizá el elemento más complejo en todo el incidente es la comprensión que demuestra la hija rechazada de lo sucedido. La sofisticación de su percepción del intercambio se basa en su abilidad de ver la situación sin aferrarse a un modelo ya existente de "discurso apropiado" o "pensamiento apropiado". Sospecha que el rechazo de su respuesta tenía sus orígenes en la ruptura de un implícito tabú expresivo que dificultaba la manifestación de sentimientos comunes entre muchas personas: "Pero desde ese momento, toda la vida ella sospechó que su padre también había querido a su mujer por la misma razón, por la cual ella, la tonta, la había querido" (p. 43). Pareciera aquí capaz de penetrar la retórica sentimental cuya finalidad es la de reducir las relaciones interhumanas, con sus curiosidades y características idiosincráticas, a ciertos modelos rígidos y fijos; y que este trabajo de reducción de la conciencia se hace por medio del control del discurso que se emplea para referir estas relaciones.

Como consecuencia de esta expresión excesivamente "cándida", la niña también aprende cuáles son algunos de los castigos con que la sociedad impone sus reglas expresivas. Por no manifestar su dolor según el esquema establecido, se aisla de los demás (sobre todo del padre) y tiene que vivir su duelo por la madre sin poder compartirlo. Ya amortajada, parece estar más dispuesta aún a darse cuenta de esta socialización obligatoria de su discurso. En sus recuerdos, transmitidos por el narrador como si informara sobre lo que pasaba por su memoria póstuma, se ve como "rebelde" (pp. 43-44) en su manera de sufrir y de expresar su sufrimiento, y, además, se siente más "resignada" (p. 44) a raíz de esta experiencia. La resignación aquí aludida es consecuencia de haber aprendido las pocas posibilidades que existen en una sociedad rígidamente burguesa de expresar los sentimientos sin tener en cuenta los convencionalismos asociados con este tipo de emociones. Sería razonable especular que su posterior apego a un discurso que falsea los sentimientos (sus referencias a la relación con Fernando) refleja el proceso de aprendizaje que empieza con el repudio de su temprano discuso "cándido".

Otro terreno en que las percepciones y la expresión de Ana María entran en conflicto con lo oficialmente aprobado es el de la religiosidad. Este tema surge a partir de la presencia de Alicia, hermana de la amortajada. Alicia, ya madura, se presenta como el modelo de un comportamiento digno para las ocasiones solemnes: "grave y solícita, junto a lechos de enfermos" (p. 44). Al encarnar la imagen de la "perfección" femenina —piadosa, dispuesta a sacrificarse, dócil— Alicia despierta en su hermana recuerdos de varias escenas de su niñez en que la siempre buena Alicia sirvió de contrafigura a la rebelde Ana María.

Como mujeres, las dos aceptan las convenciones, por lo menos hasta el punto de no quedar marginadas como personas marcadas por el signo del inconformismo. Pero de niña, como se vio en el diálogo con su padre, Ana María no sabe ajustarse siempre a las expectativas sociales. A pesar de estar interna en un convento de monjas, Ana María no se esfuerza por manifestar un sentimiento religioso que no siente, dando muestras incuestionables de un profundo aburrimiento ante la religión oficializada: "A todos afligió la indiferencia con que hice mi primera comunión" (p. 46).

La amortajada narra estas experiencias tempranas con sus propias palabras. Habla de una manera directa; relata incidentes que no siempre presentan un imagen halagadora de su propia conducta (p. ej., mientras su hermana rezaba el rosario, "Prefería acechar a los recién casados de la quinta vecina", p. 45). La participación del narrador omnisciente es reducida a un mínimo. Solo el pasaje que inicia esta serie de recuerdos se da en tercera persona, y aun en estos dos breves párrafos (p. 44) el narrador se limita estrictamente a resumir lo que ocurría en la conciencia de Ana María. Es un contraste notable con las posteriores escenas cuasi-amorosas con Fernando, en donde el pensamiento de la amortajada es difícil de especificar, debido a su falta de claridad y las muchas supresiones que bloquean su comprensión de la situación. La vividez y nitidez de estas pequeñas rebeldías infantiles demuestran una conciencia todavía no bloqueada, a diferencia de la de la mujer madura cuya comprensión es retardada por las convenciones y la retórica sentimental (p. ej., "Oscuramente presentía . . .", p. 55).

Por su carácter de revelación directa y no mediada por las convenciones que rigen la expresión de la "niña buena", estas escenas infantiles contienen algunas percepciones agudas que han llamado mucho la atención de los críticos. Un ejemplo es la materia que aquí se presenta sobre el sentimiento religioso anárquico y antioficialista de lo joven Ana María. Al rechazar la religión codificada, desarrolla su sistema religioso más bien de acuerdo a una comprensión arquetípica del mundo. A este respecto, conviene ver el análisis que hace Lucía Guerra-Cunningham de la novela, en el que examina los elementos que corresponden a una visión del mundo asociable con el pensamiento telúrico, mítico, y la vuelta a las raíces que caracteriza cualquier neo-primitivismo religioso. Como señala el análisis de Guerra-Cunningham, estas nociones arquetípicas, formadas durante la niñez rebelde, nunca las abandona la amortajada aun al entrar en la aparente pasividad enajenada que es su vida madura.[7]

Al comentar la existencia de pasajes de autorrevelación en donde la amortajada demuestra poseer una conciencia clara de lo que le sucede, no se puede dejar de mencionar sus palabras con respecto al matrimonio y, más generalmente, a las relaciones entre los dos sexos. Como ya indica el estudio de Guerra-Cunningham, la amortajada posee, aunque a veces no lo expresa directamente por la "censura" que imponen las estructuras burguesas, un sentido de la sexualidad femenina que es obviamente primitivo. Huelga decir que la correspondencia entre esta comprensión de lo que es y lo que quiere la mujer corresponde muy poco con el ideal social de la novia, y, después, la esposa perfecta. De allí los conflictos que en muchas ocasiones no llegan a expresarse, sino que quedan en forma no articulada o se desplazan al campo simbólico. Uno de los ejemplos más notables ocurre el día en que se casa Ana María. Como indicarían las ideas expuestas por Beauvoir, la mujer joven que entra en el estado de matrimonio lo hace presa de conflictos graves y sólo logra ajustarse a su nuevo estado sacrificando una porción de la comprensión y penetración del mundo que antes poseía. Así es el caso de Ana María, que en su fuero interno manifiesta un malestar profundo, que muchas veces se desplaza hacia lo trivial (p. ej., el olor a azahares le repugna).

Después de sufrir una serie de pequeños detalles que le señalan las limitaciones y las convenciones restrictivas que formarán una parte integral de su vida de casada, la recién casada tiene que escuchar a su marido, que le proporciona una versión estereotipada y trivializada de su encuentro. En la narración del marido, Ana María es pasiva y dócil casi hasta el punto de la inmovilidad ("no hacía sino tejer en la veranda de cristales . . . ," p. 80). Ana María siente el impulso de rebelarse ante esta versión insípida cuya tendencia es de reducirla a una muñeca querible, pero, otra vez muy de acuerdo con la tesis general de Beau-

voir, aprende a trabajar con un nuevo sistema de supresiones y auto-
censuras:

> El ramo de azahares prendido a su manguito, su malsano aroma
> que la adormecía, le quitaba fuerzas para reaccionar violentamente y
> gritarle: "Te equivocas. Era engañosa mi indolencia. Si solamente
> hubieras tirado del hilo de mi lana . . ." (p. 82)

y a continuación recuerda un amor anterior que constituyó una ruptura completa con la imagen idealizada y apática que quiere imponer el
marido.

Como las cuestiones de la sensualidad y la sexualidad femenina
han sido tratadas por Guerra-Cunningham y Vidal, queda menos que
decir sobre estos aspectos del libro; pero se puede mencionar brevemente que aquí parecen obrar dos procesos fundamentales de represión, siendo el uno el refugio en una rétorica o de índole sentimental o
de otra clase de convencionalismo; y el otro, el desplazamiento de los
pensamientos anárquicos que se transforman en símbolos arquetípi-
cos. Los dos procesos se dan con una mayor frecuencia y urgencia al
acomodarse Ana María al papel de la mujer casada y madura, lo cual
presenta un contraste continuo con su habla infantil (y por extensión
con sus recuerdos vividos de la niñez), típicamente "cándida", en la
palabra escogida por el narrador.

En resumen, se puede decir que la crítica anterior ha acertado en su
identificación de las áreas problemáticas en la narrativa de Bombal:
sobre todo, el conflicto entre la mujer que experimenta el mundo de
una manera esencial y poco "civilizada" y las expectativas sociales
que la obligan a abandonar, o fingir abandonar, este marco experiencial; y, estrechamente ligado con este tema, el de la terrible restricción
que siente la casta burguesa de buenos modales, que casi no encuentra
cauce para expresarse. Estas observaciones básicas encuentran su co-
rrelato discursivo en la progresiva disminución de los poderes que demuestra Ana María para percibir y articular su situación. Sin embargo, la novela insiste en que sigue viva, aunque en potencia, la capacidad cuestionadora y, como se ejemplifica al referirse a ciertas escenas
del pasado, Ana María adulta conserva la posibilidad de formular comentarios agudos y críticos sobre lo que ha vivido y la sociedad que la
ha restringido.

UNIVERSITY OF TEXAS, AUSTIN

Notas

[1] Véase la sección titulada "niebla, sueño y ensueño", en el ensayo "Aparición de una novelista" con que Amado Alonso prologó *La última niebla* de María Luisa Bombal (hoy accesible en la edición de la Editorial Andina de Buenos Aires, 1971, pp. 23-28). Según este análisis, a la heroína de Bombal, "El ensueño le da un mundo conscientemente provisional tejido de recuerdos y esperanzas", un "refugio" en donde pasa su vida "dócilmente" (p. 26). Alonso nota que el ensueño, construido com barrera contra una realidad penosa de contemplar, no es completamente eficaz: "En ocasiones, la defensa de la ensoñación se le seca y la angustia como la 'sequedad de alma' a los místicos" obliga a la heroína a considerar el vacío de su existencia.

[2] M. Ian Adams, *Three Authors of Alienation* (Austin: University of Texas Press/ Institute of Latin American Studies, 1975), p. 16; véase también Phyllis Rodríguez-Peralta, "María Luisa Bombal's Novels of Female Estrangement", *Revista de Estudios Hispánicos*, 14, 1 (1980), 139-155.

[3] Hernán Vidal, *María Luisa Bombal o la feminidad enajenada* (Barcelona: Aubí, 1976); Lucía Guerra-Cunningham, *La narrativa de María Luisa Bombal: una visión de la existencia femenina* (Madrid: Playor/Nova Scholar, 1979).

[4] Mercedes Valdivieso, "Social Denunciation in the Language of *El árbol [The Tree]* by María Luisa Bombal", trans. Ellen Wilkerson, *Latin American Literary Review*, 4, 9 (1976), 70-76.

[5] María Luisa Bombal, *La amortajada*, edición citada en la primera nota, p. 75. Las citas en el texto se referirán a esta edición con la paginación correspondiente.

[6] Amado Alonso, ensayo citado en la primera nota, pp. 26-28.

[7] Guerra-Cunningham, "*La amortajada*: el retorno a las raíces primordiales de lo femenino", pp. 75-105 de su libro citado en la nota 3.

"LAS ISLAS NUEVAS": O EL ALA QUE SOCAVA ARQUETIPOS

Gabriela Mora

La visión de la mujer en la obra de María Luisa Bombal descansa sobre un mismo fundamento: el arraigo al arquetipo femenino tradicional pareado con una experiencia vivencial desgraciada. La existencia de esta base común origina una recurrencia de personajes y de situaciones similares. Como se sabe, su narrativa presenta siempre mujeres aisladas en casonas inhóspitas, muy desdichadas sean casadas o no, con o sin hijos, que compensan su desgracia a través de sueños (*La última niebla*), la muerte (*La amortajada*), objetos simbólicos ("El árbol"), o una actividad artística como la música ("La islas nuevas"). Todas estas mujeres conciben el amor como centro de su existencia y manifiestan poderosos deseos sexuales reprimidos, revelados en sueños nocturnos o en ensueños de vigilia. En todas las obras, la naturaleza desatada en fuertes vientos, lluvia y neblina, contribuye al aislamiento de las heroínas y al exacerbamiento de sus anhelos. La muerte está presente en todas las historias en los viudos y las viudas que las pueblan, en el deseo de suicidio de algunos personajes, o en la visión de un muerto o de la muerte misma, como estado temido o ansiado.[1]

Para reflexionar sobre esta conjunción del arquetipo femenino unido a una existencia desgraciada —conjunción que por su recurrencia deviene signo cuestionador del arquetipo mismo— nos pareció adecuado leer "Las islas nuevas" (*LIN*) por su fuerte apoyo mítico.[2]

Este relato, más alejado de la contingencia social que los demás, pero que no la omite del todo, intenta una metáfora más inclusiva de la condición de la mujer que creemos explica ese resorte básico de todos los textos de la autora: la mujer como ser incompleto, deformado y por lo tanto infeliz. El muñón de ala que crece en el hombro de su protagonista es en nuestra lectura una dramatización textual de la experiencia femenina, una apertura al cúmulo de contradicciones que marcan su experiencia y una toma de posición contraria a una supuesta *esencia* femenina.[3] Es lo que trataremos de probar en las páginas que siguen.

Como se ha observado ya (Guerra, 156), *LIN* está construido a través de un conjunto de oposiciones —también existentes en otras obras— entre las que se destacan: hombre/mujer; vida/muerte; realidad/sueño; naturaleza/civilización. Como el título lo indica, las 'islas nuevas' son un motivo central. Bombal lo trabaja en el relato como contracara simbólica de Yolanda, la protagonista, y por su importancia nos detendremos primero en él.

Las islas nuevas, que un grupo de cazadores se propone explorar, se divisan apenas a la distancia, en la primera mañana de los cuatro días en que se desarrolla la historia. La primera visión las describe "humeantes aún del esfuerzo que debieron hacer para *subir* de quien sabe qué estratificaciones *profundas*" (133).[4] A su vez, Yolanda, que duerme siempre sobre el lado izquierdo y tiene pesadillas reincidentes, al despertar siente que vence el "peso de esa cabellera *inhumana* que debe atraerla hacia quien sabe qué *tenebrosas* regiones" (158). El paralelo es evidente. La mujer *desciende* en sus pesadillas a regiones que recuerdan estados primordiales intocados por la civilización. Las islas nuevas representarían esas regiones que reproducen etapas primarias antiquísimas. Nuestros subrayados intentan marcar desde ya una lectura que ve en la relación de la mujer a lo ancestral en la obra como un elemento negativo.

El carácter pesadillesco del descenso en los sueños de Yolanda está claramente indicado desde el comienzo:

> —Yolanda, ¿soñabas?
> —Oh sí, sueños *horribles*.
> —¿Por qué duermes siempre sobre el corazón? Es malo. (132)

La insistencia de dormir sobre el lado 'del corazón', pese a las advertencias de su hermano, aparece al lector como una extraña, morbosa obstinación, ya que es fuente de angustias. El misterio de esta obstinación se va a resolver al saber del ala que crece en el hombro de la mujer, enigma que con pericia la escritora dejó para el final. Pero sigamos comprobando el carácter pesadillesco de los descensos oníricos de la mujer. En una segunda ocasión, Yolanda es despertada por Juan Manuel, el protagonista masculino del relato:

> Por fin abre los ojos, suspira *aliviada* y murmura: Gracias. —Gracias— repite. Y fijando delante de ellas unas pupilas sonámbulas explica—: ¡Oh, era *terrible*! Estaba en un lugar *atroz*. En un parque al que a menudo *bajo* en mis sueños. Un parque. Plantas gigantes. Helechos altos y abiertos como árboles. Y un silencio . . . no sé cómo ex-

plicarlo . . . , un silencio verde como el del cloroformo. Un silencio
desde el fondo del cual se aproxima un ronco zumbido que crece y se
acerca. La muerte, es la muerte. Y entonces trato de *huir*, de despertar. Porque si no despertara, si me alcanzara la muerte en ese parque,
tal vez me vería *condenada* a quedarme allí para siempre (158-159,
los subrayados son míos).

El trozo citado no deja lugar a dudas sobre el pavor de la mujer de
quedar atrapada en lo que la obra presenta como metáfora de un estado primitivo. Cloroformo, silencio y muerte representarían la condena del no-ser, que aterra a esta figura femenina. Por si quedaran dudas sobre la relación mundo primordial/inconsciente de Yolanda que
el texto va elaborando, Bombal reiteró la conexión a través de una
descripción 'científica' de una fase de la era primaria de la tierra:
"Cuán bello sería este paisaje silencioso en el cual los licopodios y
equisetos gigantes erguían sus tallos a tanta altura, y los helechos ex-
tendían en el aire húmedo sus verdes frondas" (171). Este paisaje
'visto' por el lector y Juan Manuel en la descripción de la propia Yolanda de su pesadilla, agrega una discrepancia fundamental que conviene tener en cuenta: el científico que escribió la última cita, imagina
que este paisaje debió ser bello, la mujer lo vive oníricamente como
horrible.

Continuando la trayectoria de las islas nuevas, el relato nos dice
que en el segundo día de expedición los cazadores "desembarcan or-
gullosos" en ellas, pese al viento y "al cerco de pájaros y espuma que
las defiende" (143). ¿Qué encuentran en este fenómeno buscado con
tanto empecinamiento? Una atmósfera "ponzoñosa", hierbas "visco-
sas", una tierra caliente donde todo "hierve, se agita, tiembla"
(143-144). Juan Manuel y el resto de los hombres, incapaces de mirar y
respirar en esta atmósfera hostil, huyen "descorazonados y medro-
sos", proponiendo el primer término de otro paralelo cuya segunda
línea aparecerá al final, cuando el héroe huye miedoso de la mujer.
Después de este intento fallido, las islas nuevas desaparecen como desaparece también la medusa, único vestigio que Juan Manuel había logrado guardar del fenómeno telúrico.[5]

El relato, además de las islas, hace obvia la semejanza de Yolanda
con una gaviota. La mujer se describe como "delgada, pálida, aguda,
un poco salvaje" (133). Desde la perspectiva de Juan Manuel, tiene
una mirada "oscura, brillante, con algo agresivo y huidizo" (148).
Como en la mayoría de las mujeres bombalianas, ésta se conoce más
por su vida onírica que por la de la vigilia. En esta última, Yolanda

aparece sumisa, silenciosa y pasiva.[6] Por sus sueños, sabemos que desea el amor y que tiene miedo. Otra instancia de paralelismo en el texto puede llevar a la conclusión de que Yolanda rechaza el amor por temor a perder su virginidad (Vidal, 72). El apoyo a esta interpretación lo daría la analogía entre las islas nuevas, *defendidas* por ese cerco de pájaros y la mujer 'defendida' por el muñón de ala que le impide darse al hombre (la excrecencia de carne sería una especie de doble himen protector). Esta lectura no se compadece con la actitud y las acciones de Yolanda hacia Juan Manuel que, al revés de lo que se ha mantenido, son de sometimiento y entrega.[7] Así, por ejemplo, la noche en que el hombre va al cuarto de Yolanda y ésta se despierta en sus brazos, Juan Manuel:

> Aguarda resignado el "¡Fuera!" imperioso y el ademán solemne con el cual se dice que las mujeres indican la puerta en estos casos. Y no. Siente de golpe un peso sobre el corazón. Yolanda ha echado la cabeza sobre su pecho. (160)

Si se continúa leyendo con cuidado, en la escena que sigue se verá que da parte de Yolanda sólo hay lágrimas y "un cuello sometido". Es el varón el que "desembriagado por tantos lágrimas" propone la salida del cuarto. La aquiescencia de la mujer a la propuesta de Juan Manuel, transforma la pasión de éste en despecho, "ira y desagrado" porque imagina un rechazo que mella su orgullo de conquistador.[8]

Que la mujer no desea rechazar a Juan Manuel, es claro aun en el nivel explícito de la narración. Así, al hacerse 'real' el único sueño de Yolanda (para diferenciar de sus pesadillas)[9] de tener a Juan Manuel a su lado, ella le dice:

> Toda la noche he soñado con usted, Juan Manuel, toda la noche. Juan Manuel tiende los brazos; *ella no lo rechaza.* Lo obliga sólo a enlazarla *castamente* por la cintura. (147)

El adverbio de la última línea, que sabrayamos, podría justificar una lectura que viera aquí a la mujer defendiendo su virginidad. Para nosotros es uno de los despistes del artificio narrativo que exige mantener una tónica de suspenso y de misterio hasta el final, cuando se explicará el por qué de esta acción de Yolanda. La franca declaración al comienzo de la cita no se conlleva tampoco con pudores virginales que, en general, no se encuentran en las mujeres bombalianas. Si se recuerda, en *La última niebla* y en *La amortajada* las protagonistas no se detienen en convenciones de este tipo y las trasgreden con la infidelidad o el hijo fuera del matrimonio, para satisfacer sus deseos eróticos.

Si el texto no apoya la defensa de la virginidad, ni Yolanda posee un carácter "devorador", "meduseano", que se proponga la "humillación" del hombre al que quiere alejar,[10] la explicación de su destino solitario habrá que buscarla en ese muñón que crece en su hombro derecho y en el extraño fenómeno de su eterna apariencia juvenil. Es sabido que el ala, en diversas mitologías, es símbolo de ligereza espiritual, liberación, aspiración a un estado superior. En muchas religiones, las alas indican la facultad de conocer y, específicamente en el cristianismo, simbolizan el neuma, el espíritu. Jean Chevalier resume esta simbología universal como un "élan pour trascender la condition humaine" (1969, p. 16). Los especialistas en esta materia sostienen a la vez que los pájaros, las alas, han tenido un poderoso enemigo en la serpiente (Cirlot, 1962, p. 27). En *LIN*, Yolanda se asocia también con el reptil: "muy alta, y extraordinariamente delgada", al levantarse, "crece, se desenrosca como una preciosa culebra", tiene los pies "demasiado pequeños" y al andar se desliza sin ruido (135).

Mitológicamente, la culebra o la serpiente más que un solo arquetipo, se considera un "complejo arquetípico" (Chevalier, 693). De este complejo, *LIN* pone de relieve, en los descensos pesadillescos de Yolanda, aquel que concibe al reptil como representación de la "psiquis inferior", de lo "oscuro e incomprensible" (Jung, *L'Homme . . .*, 313), relacionado a su vez con el 'principio femenino' (Cirlot, 272-273). El tejido narrativo usa también como hilo, esa otra connotación tradicional que dota al animal con el poder de fascinar y encantar: Como la mítica sirena, Yolanda atrae a Juan Manuel con las notas del piano que toca con habilidad.[11]

El relato refuerza estas líneas míticas con otras viejas creencias que apuntan en las mismas direcciones. Así, por ejemplo, la insistencia con que se cita desde el comienzo los lados derecho e izquierdo, evoca antiguas resonancias adscritas a estos puntos. Desde remotos tiempos, por lo menos en el mundo occidental, el lado derecho ha significado lo positivo, el paraíso, lo diurno, activo, *lo masculino*. El lado izquierdo, al contrario, sería lo negativo, el infierno, lo nocturno, pasivo, *lo femenino* (Chevalier, 300-302). Bombal imaginó las pesadillas que empujan a Yolanda hacia regiones primarias, como originadas desde el lado izquierdo, el femenino. A su vez, dotó a la mujer con un muñón de ala en el lado derecho, el masculino. Teniendo en cuenta lo que hemos dicho sobre el simbolismo de pájaros y serpientes, parece muy significativo que la autora haya elegido el ala para la creación de la anormalidad de este ser. El texto dice claramente que es "un *comienzo* de ala", un "muñón de de ala", "un pequeño miembro atrofiado" (164). Si a esto se añade la extraña cualidad de permanecer joven, es inevitable pensar que esta mujer representa a un ser a medio desarrollar, incompleto. Yolanda necesitaría incorporar los principios 'masculinos' para alcanzar su plena humanidad. Algunos de estos principios: predominio de la razón, de la acción, de la independencia, son exactamente los que ha ahogado el modelo cultural de lo 'femenino' predominante por tantos siglos.

El ala, entonces, es en nuestra lectura el símbolo del comienzo de una transformación y por lo tanto indicaría al futuro y no al pasado, como se ha venido sosteniendo. Adscribiendo un valor positivo a lo ancestral y uno negativo a la civilización contemporánea, Vidal (p. 54) y Guerra (p. 168) han visto en la figura de Yolanda una apelación a conservar lo primitivo —presunto componente de la esencia femenina— en peligro de extinción bajo los estragos civilizadores. Al revés de esta interpretación, creemos que ese muñón de ala encarna precisamente el deseo contrario: el anhelo de la liberación de lo instintivo y primitivo. El horror que provoca en Yolanda el *descenso* a esas etapas primarias, es expresivo indicio en esta dirección. La dicotomía culebra/gaviota que describe a la mujer refuerza el simbolismo del cuerpo pegado a lo terrestre, pero unido a un poderoso deseo de salir de él, caracterizador de lo genuinamente humano. El muñón de ala —concretización de la fuerza de ese deseo— sería una representación gráfica, didáctica casi, para mostrar a la mujer el camino de su completez. Se explicaría así por qué Yolanda se concibe *detenida* en una apariencia juvenil que, al contrario de una cualidad positiva, representaría aquí el horror de una madurez interrumpida.[12]

No sorprende, por otro lado, que Bombal haya imaginado a sus criaturas de ficción marcadas por la clásica división que otorga rasgos opuestos al hombre y a la mujer. El peso de esa tradición tan poderosa es aparente aún hoy en críticos de gran perspicacia. Hernán Vidal, por ejemplo, siguiendo la tradicional dicotomía, caracteriza a Silvestre de *LIN* como "ser masculino que ha cifrado su identidad en la capacidad de alterar el mundo con la ciencia y la tecnología" (70). En cuanto a la mujer, el estudioso mantiene que "la amorosa complementación con lo masculino marcaría la individualización de Yolanda, dejando de ser manifestación de un principio cósmico sin forma ni noción de sí misma" (73). Pero no es sólo la absorción de los rasgos 'masculinos' lo que complementaría a Yolanda. Conviniendo con la tradicional definición de lo femenino basada en su poder reproductor, Vidal sostiene que "la unión procreadora . . . trae a la mujer identidad de tal al concretar en el amor su potencialidad maternal" (71). De este modo se sustenta una identidad independiente para el hombre y se la niega a la mujer: ésta no podría llegar a *ser* sin él; él no necesitaría de ella.

La posición del crítico no es única, sin embargo. A la mención de carencia en la mujer, la respuesta de siempre ha sido asociar su plenitud con la maternidad (Guerra, 159). La misma Bombal parece vacilar al respecto. Imbuida en las creencias culturales —tan fuertemente cimentadas por la literatura— la escritora hace que sus mujeres busquen el amor y la maternidad como vías hacia la felicidad, pero no se la concede a ninguna de ellas, maternidad o no. *LIN* ejemplifica bien esta contradicción ya que por un lado parece seguir el dictum y, por otro, lo destruye. En la carta de negativa matrimonial dirigida a Silvestre, Yolanda escribe:

> Silvestre, le quiero y sufro. Pero no puedo. Olvídeme. En balde me pregunto qué podría salvarme. Un hijo tal vez, un hijo que pesara dulcemente dentro de mí siempre; ¡pero siempre! ¡No verlo jamás crecido, despegado de mí! ¡Yo apoyada siempre en esa pequeña vida, retenida siempre por esa presencia! (138).

Es obvio que esta maternidad soñada por Yolanda es aberrante; la cita parece a la medida para ilustrar a la Gran Madre en sus aspectos negativos (Neumann, 1972, pp. 26, 45, 66 y sig.). La mujer yerra al pensar su 'salvación' en la retención permanente de un hijo y reitera con su deseo de 'apoyo' eterno, su incompletez, su falta de independencia. Esta errada noción y la que centra la felicidad exclusivamente en el amor son castigadas con dureza por Bombal en sus desgraciadas mujeres, como veremos.

En *LIN* se dan, casi como una innecesaria línea secundaria, escenas que atañen a la madre de Juan Manuel y a su mujer, muerta a los treinta y tres años. ¿Por qué consideró Bombal importante insertar datos que no añaden mucho al misterio central de Yolanda y las islas nuevas? Como algunos incidentes secundarios en otras obras, creemos que se dan como una necesidad para reforzar una ideología que contradice las convenciones contemporáneas de la autora. La conjunción madre/muerte en relación a la madre de Juan Manuel se da al presentarla por primera vez en el relato, caminando "con seguridad en el cementerio" porque "desde chica la enseñaron a orientarse en él" (153). Este personaje, de triste existencia, no entiende a su hijo, piensa que el

169 nieto es su "única razón de vivir" y, como la suegra de La última niebla, aloja rencor hacia su nuera.

nieto es su "única razón de vivir" y, como la suegra de *La última niebla*, aloja rencor hacia su nuera. La soledad de esta mujer que cumple los ritos domésticos sin amor (lleva flores a una muerta que nunca quiso), es un final bien melancólico para un destino que cumplió la meta que la sociedad esperaba de ella. Por otro lado, Bombal eligió hacer morir a la esposa de Juan Manuel, que, según el marido, vivió seis años de amor en el matrimonio: Elsa, la bella rubia de plácida belleza, muere a pesar de contar con las bases tradicionales para su plenitud.

Como en *LIN*, si se revisa la obra de la autora se encontrará una tensa contradicción entre el mandato social y el resultado vivencial expresado a través de sus mujeres. Hay en su narrativa demasiadas bellas casadas o solteras que, con maridos o sin ellos, hijos o amantes, mueren o buscan la muerte.[13] Nos parece que con estos ejemplos, Bombal está rechazando la existencia de la mujer reducida a vivir *a través* de los otros y no *con* otros. Ni el amor ni la maternidad como metas exclusivas satisfacen a las mujeres bombalianas. Tampoco, como muestra *LIN*, su identificación con lo terrestre y primitivo, posible origen de esas metas.[14]

Importa señalar que así como *LIN* mina ciertos presupuestos dados como verdades eternas sobre la mujer, el relato socava también rasgos adscritos a la 'masculinidad'. Juan Manuel aparece caracterizado al comienzo con los típicos atributos tradicionales: "su mano ruda de varón" tumba "brutalmente" a la mujer, empujado por su deseo sexual (160). Al desaparecer las islas, incitado por su avidez de conocer el enigma natural, se hace "explorador minucioso", con una "decisión bien determinada" de dominar los obstáculos (150). Muy diferente es, sin embargo, frente al enigma femenino. El hombre, supuestamente racional y curioso, huye como "enloquecido" después de descubrir el cuerpo de la mujer. El texto repite su deseo de "no pensar", aunque se confiesa que "no sabe nada", "no comprende nada" (164-167). Su miedo de saber se marca muy explícitamente en el último párrafo de la obra:

> Pero Juan Manuel no se siente capaz de remontar los intrincados corredores de la naturaleza hasta aquel origen. Teme confundir las pistas, perder las huellas, caer en algún pozo oscuro y sin salida para su entendimiento. Y *abandonando una vez más* a Yolanda, cierra el libro, apaga la luz y se va. (172)

El subrayado, como se ve, refuerza nuestra aseveración de que es el hombre el que abandona a la mujer y no ella la que lo rechaza. Por esas palabras, además, es lícito suponer que si los "corredores" pueden terminar en un "origen", éste, puesto al desnudo, bien pudiera revelar fuentes que destruyeran los mitos definidores de los sexos.[15] El miedo de Juan Manuel de caer en un pozo incomprensible para su entendimiento, puede estar apuntando a maneras de ser tan diferentes a las establecidas que su mera insinuación produce terror. El temor de descubrir que lo que uno ha pensado como categóricamente 'natural' sea sólo resultado de procesos evolutivos empujados, entre otras, por fuerzas sociales y económicas, es comprensible. Ese descubrimiento desarticularía piezas en nuestra construcción mental, que prefiere mantener cómodas y nítidas divisiones. Como antídoto a ese temor hay que tener en cuenta y regocijarse por ello, de que la impronta de lo humano es precisamente la habilidad de cambio radical.[16]

Como con todo final de una narración, el de *LIN* se ha examinado con cuidado particular para apoyar en él una interpretación del relato. Hernán Vidal explica así la huída del hombre: Juan Manuel como "ser civilizado, racional y diferenciado" comprende que la fascinación por el amor a la mujer ha puesto en peligro su identidad humana" (78). Para Lucía Guerra, "el predominio de lo racional condena a Yolanda a aniquilar sus instintos" y a convertirse en "un ser solitario y estéril, incapaz de prolongar el ciclo de vida mutilando, de esta manera, la esencia misma del principio femenino" (168). Es decir, la razón 'masculina' salvaría a uno y condenaría a la otra, poniendo la decisión para ambos destinos en manos del hombre.

En nuestra lectura, la 'incapacidad' de Juan Manuel para investigar el misterio y su abandono de la mujer contradicen su calidad de "racional" y "diferenciado". El relato no sólo lo representa carente de ciertos atributos 'masculinos', sino que también rechazando los 'femeninos' que, de acuerdo a los especialistas, deben formar parte de todo ser 'completo'. En cuanto a Yolanda, prisionera de lo 'femenino', está, literalmente, transformándose, en claro repudio. En otras palabras, *LIN* rechazaría las categorías de lo 'masculino' y de lo 'femenino' tradicional, especialmente aquellos rasgos que amarran a la mujer a lo terrestre, a lo exclusivamente reproductivo. Ya hemos visto en páginas anteriores que la obra cifra la identidad femenina más allá de la maternidad.

La repulsa a estas categorías golpea así el meollo mismo de las nociones de *esencias* para cada sexo que, dadas como fundamento para erigir estructuras sociales y económicas, son fuente de dolor para ambos. Porque no hay duda de que si a un ser humano —hombre o mujer— se le niega la oportunidad de desarrollar sus posibilidades será desgraciado y hará desgraciados a los demás, como sucede con las criaturas bombalianas. A través de Yolanda, la escritora pudo encapsular algunas vivencias femeninas que a la vez que moldean una visión dislocada de los patrones tradicionales, permiten cuestionarlos. Este cuestionamiento abre posibilidades para imaginar nuevas bases para una convivencia más justa entre los sexos, con lo que se cumple una de las metas más encomiables del arte en general y del feminista, en particular.[17]

RUTGERS UNIVERSITY

Notas

[1] El padre de la figura central de "El árbol" es viudo, como lo son también el marido y su madre en *La última niebla*. En esta última, la protagonista intenta suicidarse lo mismo que Reina. *La amortajada* no sólo está narrada por una mujer muerta, sino que la muerte misma aparece imaginada a través de diversos descensos a la inmovilidad "definitiva".

[2] Lucía Guerra en *La narrativa de María Luisa Bombal: una visión de la existencia femenina* (Madrid: Nova Scholar, 1980) ve en *LIN* un cambio significativo con respecto a las obras anteriores de Bombal pues aquí se daría "mayor realce a la elaboración de la esencia femenina" a través de una elaboración mítica (135). Sin negar el apoyo mítico que es claro en la realización de *LIN*, el problema reside en la tal *esencia* y la posición de Bombal frente a las creencias tradicionales, que en nuestra lectura del relato difiere de la dada por la estudiosa. En adelante nos referiremos a esta obra de Guerra con número de página después de la cita.

En cuanto a la palabra *arquetipo* la usamos en este trabajo como la definió Northrop Frye: "A symbol, usually an image, which recurs often enough in *literature* to be recognizable as en element of one's literary experience as a whole" (*Anatomy of Criticism. Four Essays*, New York: Atheneum, 1966, p. 365). Subrayamos el vocablo literario porque queremos insistir en lo histórico y convencional de la trasmisión de mitos y arquetipos. De ningún modo aceptamos como 'verdades científicas' los postulados de algunos psicólogos, especialmente Jung, sobre arquetipos y rasgos definitorios de lo 'masculino' y de lo 'femenino'. Tendremos en cuenta, sin embargo, estos postulados cuando usemos estos términos, como herramienta expeditiva, por ser conocidas sus denotaciones y connotaciones. Estamos conscientes del peligro que existe de tomar la recurrencia de algunos mitos como 'prueba' de que de algún modo, "the archaic word is somehow purer and closer to nature" e índice de un 'origen' (Bert O. States, "The Persistence of the Archetype", *Critical Inquiry*, 7/2, 1980, p. 338). Fuera de romantizar un pasado desconocido, la noción de 'origen' cae inevitablemente en teologías incomprobables, en 'verdades' y 'esencias' últimas que obliteran al ser humano como producto histórico y social. Estudios feministas que conciben al hombre y a la mujer como a seres sociales cuyas diferencias, más que a la biología, están sujetas a variables históricas, siguen comprobando que la mayoría de los paradigmas psicológicos de los sexos han tenido como modelo la norma masculina (Judith Kegan Gardiner, "On Female Identity", *Critical Inquiry*, 8/2, 1981, p. 351). Para una crítica a Jung, véase de Naomí R. Goldenberg, "A Feminist Critique of Jung", *Signs*, 2/2, Winter, 1976, 443-449.

[3] Hernán Vidal en *María Luisa Bombal: La feminidad enajenada* (Barcelona: Col. Aubí, 1976), sostiene que la obra bombaleana logra capturar la esencia femenina cuya naturaleza sería "irracional, instintiva, sensual e imaginativa" (53), naturaleza que Guerra ve en su libro como "enraizada" en lo "maravilloso ancestral" (198). Obviamente si tal naturaleza existiera, inmutable, comprobable, 'esencial', las mujeres más cercanas a ella tendrían mayor posibilidad de satisfacción y plenitud, ya que estarían más cerca de lo auténtico de ellas. Como si se hubiera propuesto demostrar lo contrario, Bombal parece decir: mientras más 'femenina' (en el sentido tradicional) más desgraciada. Futuras referencias a este libro de Vidal llevarán sólo el número de página.

[4] María Luisa Bombal, *La última niebla* (Buenos Aires: Ed. Andina, 1971). Esta edición, la que usaremos en este trabajo, incluye "El árbol", "Las islas nuevas", y "Lo secreto".

[5] La medusa, una camelia blanca que se deshoja silenciosa en la noche y un insecto con tres pares de alas, mencionado en una geografía, son recursos que refuerzan la atmósfera de misterio que marca tanto a la zona geográfica como a la mujer. A menos que se quiera ver un carácter 'meduseano' en Yolanda, como hace Hernán Vidal en su interpretación, esa medusa no pesa tanto en el texto, excepto como ingrediente del paisaje 'ancestral'. La medusa y el insecto evocan un posible origen común de las especies, diferenciadas a través de procesos evolutivos. Si esto es así, aquí habría otra instancia textual en que se afirmaría el *cambio*, desdeñándose lo permanente.

[6] Fuera de tocar el piano y encender la pipa de su hermano, Yolanda no parece tener otra ocupación. En cuanto a su voz, las palabras que dice a un interlocutor —Juan Manuel o su hermano— son más escasas que las de sus monólogos interiores (pp. 132, 146).

[7] Hernán Vidal sostiene que Yolanda enciende "el apetito sexual de los hombres para luego rechazarlos *caprichosamente*" (69). La negativa de la mujer a casarse con Silvestre la describe el crítico como "crueldad gratuita" (70), desatendiendo la carta en que Yolanda reitera que lo ama y sufre, pero que "no le es posible" explicar lo que el relato develará al final: su deformidad.

[8] Juan Manuel tiene algunos rasgos donjuanescos: En la primera de las cuatro noches en la estancia se pregunta "¿Qué significa este afán de preocuparme y pensar en una mujer que no he visto sino una vez? ¿Será que la deseo *ya*?" (141). Su seguridad de conquistador de mujeres se precisa cuando, al escapársele Yolanda en el jardín, "sigue a una mujer desconcertado por primera vez" (147).

[9] En la interpretación de Vidal, todo el relato es un sueño de Yolanda, interpretación que no aparece apoyada por el texto. En éste hay dos instancias claras de pesadillas de la mujer, despertada sucesivamente por su hermano (132), y por Juan Manuel (158), y un sueño. En este sueño, Yolanda tiene al hombre a su lado hablándole de amor (142), deseo cumplido más tarde en el nivel 'real' de la historia (146-147). Lucía Guerra también está en desacuerdo con la interpretación de Vidal (152) y se apoya para ello en declaraciones de la Bombal, innecesarias, a nuestro juicio, pues la narración es clara al respecto.

[10] No hay en el relato ninguna actitud de Yolanda que permita atribuirle el carácter

de Medusa 'devoradora' que "busca humillar al hombre" como sostiene Vidal (75). El crítico, que además otorga a la mujer una libertad que no tiene ("Yolanda *elige* ser inalcanzable", 69; ella "aspira a la juventud eterna", 70), puede justificar estos atributos sólo leyendo la obra total como un sueño de la mujer.

[11] Recuérdese que a las sirenas se las ha representado como seres con cuerpo de ave, cabeza de mujer y cola de pescado. El ala de Yolanda, su delgado cuerpo de "culebra", además del canto de su piano se pueden asociar con el mito.

[12] Tan absurdo como definir a la mujer como puro cuerpo, sería despreciar a éste. Pero una vez aceptada la base biológica, lo que distingue al ser humano del animal es precisamente su habilidad de controlar y modificar su físico desarrollando facultades que no existen en otras especies. Respecto al ala, sorprende que Hernán Vidal le dé tan poca importancia (para nosotros motivo central de la estructura del relato). Su único cometario sobre ella, la señala como "signo de extensión de fuerzas naturales" y del "narcisismo" de Yolanda (75). Olvida el crítico que la mujer contempla el muñón "con recelo", contemplación que se explica dado el carácter inusitado del miembro extra. Por su parte, Lucía Guerra, para quien "el núcleo del cuento se plasma a través del motivo del forastero" (152, con lo que hace de Juan Manuel la figura central), ve el ala como un motivo que ha perdido "sus connotaciones positivas y trascendentales para representar un escollo en la realización de la escena femenina concebida según una visión arquetípica que ha perdido validez en el mundo moderno" (160). La idea de considerar a Yolanda como figura degradada del arquetipo Mujer/Tierra parece válida, siempre que no se caiga en las trampas 'esencialistas' que tan férreamente encasillan al sexo femenino en los estereotipos tradicionales.

[13] El mejor ejemplo de la desmitificación de la belleza como valor en la mujer, lo presenta el relato "La historia de María Griselda". Sobre este relato de Bombal véase el capítulo IX del libro de Lucía Guerra.

[14] Sobre esto, hay que recordar el documentado temor del hombre 'primitivo' ante la capacidad reproductiva de la mujer, temor que, aliado con reverencia, la asoció a la Naturaleza con todos sus poderes positivos y negativos. Por eso, aunque coincidimos con Guerra y Vidal en que la vivencia femenina retratada por Bombal tiene mucho que ver con la presente estructura burguesa capitalista, queremos insistir que la opresión de la mujer tiene antecedentes mucho más antiguos. Sí importa recalcar, sin embargo, el alcance del factor económico, base reconocida de la organización de tipo patriarcal que todavía tenemos.

[15] La mera existencia de organizaciones de tipo matriarcal pone en jaque muchos de los presuntos rasgos que caracterizarían a los sexos. Como la evidencia histórica es pobre y disímil en relación a las primeras sociedades humanas, es peligroso convertir posibles pistas en dogmáticas fuentes deterministas de fenómenos muy complejos y diversos (sobre estos peligros véase "The Use and Abuse of Anthropology: Reflections on Feminism and Cross-Cultural Understanding" de M.Z. Rosaldo en *Signs*, 5/3, Spring, 1980). En todo caso, en cuanto a 'fuentes' destruidoras de mitos, el mismo Jung hipotetiza que en religiones más antiguas que las existentes, el factor formativo de la divinidad fue la imagen femenina (*Symbols* . . . v. I, p. 56). Un dios supremo 'femenino' sin duda influiría en la organización social y económica, y por lo tanto en la de la persona de cada sexo. La interpretación de muchos y diversos elementos que influyen en la formación de la psiquis es puesta de manifiesto también por el psicólogo suizo. Por ejemplo, al discutir la prohibición del incesto (uno de los fenómenos considerados como básicos de la 'esencia' humana), Jung dice: "the so-called 'incest barrier' is an exceedingly doubtful hypothesis (admirable as it is for describing certain neurotic conditions), be-

cause it is a product of *culture* which nobody invented and which grew up naturally on the basis of complex biological necessities connected with the development of *'marriage classes'* (*Symbols* . . . v. II, p. 418, subrayado mío). La cita la damos como ilustración de que aún los promotores de explicaciones teleológicas (Jung, *Symbols* . . . v. I, p. 223), reconocen el impacto de lo social y económico en todos estos fenómenos.

[16] Transformaciones radicales como el agrandamiento del cráneo o el cambio a la posición erecta del ser humano, entre otras. Dorothy Dinnerstein rastrea algunas evidencias de estas transformaciones en su libro *The Mermaid and the Minotaur: Sexual Arrangements and Human Malaise* (New York: Harper and Row, 1976, 16-21). Esta obra sostiene que si se cambiara el 'arreglo' social que hace de la madre (u otra figura femenina) la sola y primera cuidadora del niño, se alterarían fundamentalmente muchos de los rasgos reclamados como 'definitorios' para cada sexo.

[17] Un intento de definición del término feminista se encontrará en mi "Crítica feminista: Apuntes sobre definiciones y problemas", en *Theory and Practice of Feminist Literary Criticism*, editado por G. Mora y K. Van Hooft (Ypsilanti, MI: Bilingual Press, 1982, p. 4). No importa para el caso, que Bombal haya o no comulgado con principios feministas. No siempre los escritores son conscientes de las implicaciones de sus intuiciones poéticas, como no siempre son los mejores exégetas de sus obras. Sea como sea, no hay duda de que Bombal supo elaborar mundos y criaturas de ficción que el lector, especialmente femenino, puede reconocer como cercanos a su experiencia existencial.

Referencias

Chevalier, Jean y Gheerbrant, Alain. *Dictionnaire des Symboles*. Paris: Seghers, 1969.

Cirlot, J.E. *A Dictionary of Symbols*. New York: Philosophical Library, 1962.

Jung, C.G. *L'homme à la découverte de son âme. Structure et fonctionnement de l'inconscienct*. Genève: Éditions du Mont-Blanc, 1962.

Jung, C.G. *Symbols of Transformation. An Analysis of the Prelude to a Case of Schizophrenia*. Two volumes. New York: Harper and Brothers, 1962.

Neumann, Erich. *The Great Mother. An Analysis of the Archetype*. Princeton: Princeton University Press, 1972.

DUALIDADES ESTILISTICAS EN
LA ULTIMA NIEBLA DE MARIA LUISA BOMBAL

A. Natella, Jr.

Al romper los moldes del naturalismo imperante en la novelística chilena, María Luisa Bombal ha aportado un fino lirismo y un nuevo impresionismo estilístico para evocar los anhelos de sus protagonistas angustiadas. Evitando la reproducción fotográfica del mundo circundante, la prosa de María Luisa Bombal fluye melódicamente según el vaivén psicológico de obsesiones vitales. En este mundo novelesco la prosa brota con la fluidez plástica de las imágenes sensorial y sensualmente percibidas. Aquí el verismo psicológico de la novela social naturalista ha cedido a la verdad intuida por una mujer que trastorna el orden normal de las cosas fundiendo sueño y realidad en una visión altamente personal.

Como el estilo mismo ha seguido una trayectoria de importancia ascendiente en la novela moderna, los novelistas han demostrado la tendencia a suprimir el orden lógico de los eventos para profundizar los recovecos misteriosos de la subconsciencia. El cambio resultante ha desprestigiado el argumento tradicional para favorecer una visión onírica y personal de la realidad. Esta es la presentación vital de las sensaciones que caracteriza la prosa de María Luisa Bombal en su famosa novela *La última niebla* y, por tanto, es en la elaboración artística de esa prosa donde tenemos que buscar para entender los resortes estéticos de su cosmovisión del universo.

Aunque la bibliografía sobre la obra de María Luisa Bombal ha ido creciendo en los últimos años,[1] ha eludido a la crítica un análisis detallado de la sintaxis de esta novela singular.[2] Nos parece que un estudio de todas las facetas de su prosa sobrepasa los límites de nuestra crítica; sin embargo, nos gustaría señalar varios aspectos sintácticos de esta novela que pueden servir como base para una comprensión más cabal de la visión muy personal de esta autora.

La última niebla impresiona al lector con lo que Amado Alonso ha llamado la "admirada unidad de tono".[3] El gran crítico español advierte que el éxito de la novela se deriva en gran parte del tono íntimo de las descripciones. En la visión de la protagonista sólo se aduce a la información que ella necesita para comprender su medio ambiente, no a lo que necesariamente necesita el lector para una comprensión tradicionalmente "completa" dentro del sentido realista de la descripción: "Hasta lo inanimado —naturaleza o industria humana— sólo es aducido en cuanto condiciona o determina un vivir, y es precisamente esa perspectiva de vida en que consiste la construcción poética de *La última niebla*".[4] Estas dos observaciones definen sólo parcialmente la esencia estilística de la novela. La novelista ha procurado esbozar el mundo femenino, íntimo, personalísimo, limitando así la perspectiva y la óptica literaria del lector, proveyéndole solamente lo que se ve en la visión inmediata de la protagonista. Estos elementos coadyuvan la poesía esencial de esta obra evocando así una visión esencialmente lírica y cerrada de la realidad.

Un estudio de algunos párrafos representativos de *La última niebla* sirve para mostrar la tendencia de la autora hacia la descripción de objetos y sensaciones intrínsecamente bellos y refinados. Esta adjectivación y entronización de la elegancia sensorial se encuentra a través de la novela pero se nota, tal vez con más insistencia, en el episodio del primer baño en un estanque. Aquí menudean los caprichos mentales que ejemplifican este enfoque personal con la predilección por el uso de adjetivos cromáticos tales como, "crepúsculo azulado", "gran carpa rosa" y "sus hebras de plata". También figuran los sentidos auditivos que se caracterizan por su finura y su tenuedad: "se esparcía el murmullo de la lluvia" y "un soplo de brisa". La luz también se caracteriza por su vaguedad: "La alcoba quedó sumida en un crepúsculo azulado" y "una semioscuridad resplandeciente".[5]

Sin embargo, la profundidad de estos sentimientos de apreciación estética no conduce a una contemplación puramente estática. Al contrario, el argumento de la novela plantea una historia básicamente pesimista si no trágica. Es ahí, entonces, que radica la dicotomía de la llamada poesía de la estilística de María Luisa Bombal en *La última niebla*. El refinamiento y la intensidad de sus sensaciones hacen que la protagonista exteriorice, a través del mundo circundante, la contundente palpitación de sus emociones personales. Es decir que la observación de la profundidad estética con la que la protagonista experimenta el mundo nos afecta y nos traspasa algo así como metáfora de la profundidad de sus experiencias afectivas hacia los hombres. Citamos a continuación unos párrafos de la novela para mostrar la dualidad estilística —positivo/negativa— que encierra la novela, además de la manera en la cual la apreciación de las sensaciones nimias del mundo exterior nos preparan para una comprensión más drámatica de la vida matrimonial de la protagonista:

> Un día ardiente nos tenía, a mi marido y a mí, enjaulados frente a frente, llorando casi de enervamiento y de ocio. Mi segundo encuentro con Daniel fue idéntico al primero. El mismo anhelo sordo, el mismo abrazo desesperado, el mismo desengaño. Como la vez anterior, quedé tendida, humillada y jadeante.
> Y entonces se produjo el milagro.
> Un murmullo leve, levísimo, empezó a mecerme, mientras una delicada frescura con olor a río, se infiltraba en el cuarto. Era la primera lluvia de verano.
> Me sentí menos desgraciada, sin saber por qué. Una mano rozó mi hombre . . .
> Un gran bienestar me invadió.
> Fuera crecía y se esparcía el murmullo de la lluvia, como si ésta multiplicara cada una de sus hebras de plata. Un soplo de brisa hacía palpitar las sedas de las ventanas.
> Daniel volvió a extenderse a mi lado y largas horas permanecimos silenciosos, mientras lenta, lenta se alejaba la lluvia como una bandada de pájaros húmedos.
> La alcoba quedó sumida en un crepúsculo azulado en donde los espejos, brillando como aguas apretadas, hacían pensar en un reguero de claras charcas. (pp. 77-78)

La esencial dualidad de la novela se patentiza aquí ya que la intensidad de la sensibilidad se bifurca a través de un hondo y auténtico lirismo estético y por otro lado en una tragedia afectiva que caracteriza la vida de la protagonista. Junto con "el mismo anhelo sordo, el mismo abrazo desesperado" tenemos "una delicada frescura con olor a río" y "todos los fresales del bosque diluidos en un helado jarabe".

La unión del hombre con la naturaleza acusa ciertos resabios del romanticismo literario ya que la naturaleza prefigura o refleja claramente los estados del ánimo de la protagonista. Sin embargo, son paradójicos. El párrafo comienza con "Un día ardiente". El calor obviamente causa el enervamiento y el ocio, pero también el calor, aquí como en el resto de la novela, es un símbolo del calor humano del amor. Este es un día en el cual el calor anuncia una reconciliación entre los esposos. Pero es específicamente una brisa lo que trae el cambio definitivo que se caracteriza por la "insólita ternura" del marido. Aquí también la dualidad emotiva de las imágenes y de los motivos simbólicos se patentiza. La brisa trae la frescura emocional de un encuentro positivo con el marido, pero antes, en el primer renglón de la novela, el viento (o el aire) se plasma como una fuerza primordial esencialmente negativa: "El vendaval de la noche anterior había removido las tejas de la vieja casa" (p. 37). El agua también es una fuerza matriz ambivalente en la novela. Como motivo básico e insistente contiene un valor arquetípico y simbólico casi tan importante como la niebla misma.[6] Aquí la lluvia funciona como estímulo a la realización de una plenitud afectiva. Es un valor claramente positivo en su belleza tenue y delicada: "Fuera crecía y se esparcía el murmullo de la lluvia, como si ésta multiplicara cada una de sus hebras de plata" (p. 78), pero antes formaba parte de la tempestad que principiaba la novela y que iba conforme con la desolación espiritual de la protagonista: "El vendaval de la noche anterior había removido las tejas de la vieja casa" (p. 37).

La delicadeza de las sensaciones es tal vez una clave psicológica para el entendimiento de la angustia de la esposa infeliz. Sus anhelos íntimos han sido suprimidos hasta salir a flote en un desplazamiento anímico que le permite disfrutar aun más intensamente de la naturaleza, ya que sus posibilidades emocionales no se han desembocado normalmente en el afecto humano. En esta dualidad espiritual radica, tal vez, el origen de la supresión de la vitalización de los detalles normalmente ofrecidos en una descripción tradicionalmente realista. Aquí no sabemos muy bien dónde están los personajes. Al contrario, la autora mete al lector dentro de la óptica personal de la protagonista porque ella rechaza un conocimiento completo de un medio ambiente esencialmente hostil a sus anhelos personales. En cambio, ella está consciente de los cambios más nimios y más delicados del mundo exterior cuando se trata de una naturaleza que no la puede lastimar como pueden los hombres. Así es que las sensaciones más delicadas —los toques, olores murmullos— determinan la conciencia de la esposa.

Nos parece que aquí la eficacia estilística de María Luisa Bombal se vislumbra en la técnica que permite que la percepción de la realidad circundante se limite y se relacione directamente a los valores que son subjetivamente significativos. El egocentrismo de la limitación de la visión narrativa da una profundidad conmovedora a esta comunicación de pasiones novelescas. La técnica es sencilla y eficaz precisamente porque la autora deja que su protagonista emita su reacción inmediatamente, sin la elaboración y la reflexión innecesarias.

Otra dicotomía estilística se forma alrededor de la oposición de actitudes activo-pasivas que serpentean a través de la obra. Esencialmente, el personaje central de esta historia es pasivo y actúa, más que nada, dentro de las profundidades de su propia conciencia. Sin embargo, la inmediatez del efecto que tiene el estilo en esta novela se basa en parte en la actividad directa que se exterioriza en acciones de trayectoria limitada. Un análisis de una serie de párrafos escogidos casi al azar muestra que casi todos comienzan con verbos en la primera persona: me acerco, veo, retrocedo, atravieso, desciendo, esquivo, tengo, etc. (pp. 42-43). Esta dualidad pasivo-activa se mezcla con la mencionada dicotomía de belleza sensual y estética frente a las imágenes de descomposición física y espiritual. Así es que dentro del mismo trozo mencionado arriba encontramos: "tengo miedo", "esa muerta estirada", "hay como un peligro oculto", "entre cipreses, como una tumba", frente a valores más positivos: "yo existo . . . y soy bella y feliz. Sí. Feliz" (p. 43).

No sería una exageración aseverar entonces que esta novela breve encierra la esencial dualidad del romanticismo en la asociación de imágenes y situaciones sombrías, hasta lúgubres, con una gran intensidad emocional frente a una desbordante sensualidad en el aprecio de la belleza del mundo natural.

Es sobre todo en la gran musicalidad de la prosa que la densidad temática de las imágenes llega a conmover al lector. Aquí el lirismo de las imágenes sensoriales se combina con el ritmo de la prosa para crear un efecto total.[7] Aun un estudio somero de la prosa de María Luisa Bombal saca a relucir la constante predilección por la repetición de ciertas agrupaciones adjetivales. Se destaca, sobre todo, la tendencia a colocar adjetivos en grupos bimembres o trimembres. Los ejemplos del primero son tan numerosos que es imposible citarlos todos. Basten dos ejemplos: "Un jardín húmedo y sombrío" (p. 41) y "ese silencio absoluto y total" (p. 87). Se nota la serialización en grupos de tres no sólo entre los adjetivos sino también entre los sustantivos mismos: "La aldea, el parque, los bosques" (p. 71) y en la repetición larga de formas verbales como "me acaricia, me quema, me penetra, me envuelve, me arrastra" (p. 60) que forman una serie de más de tres partes, tal como es la aseveración de la protagonista en que nos dice que la desgracia de Regina era la consecuencia de un amor, un amor hecho "de años, de cartas, de caricias, de rencores, de lágrimas, de engaños" (p. 93).

Es sabido que María Luisa Bombal estaba consciente de la importancia de la musicalidad del ritmo de su prosa y que corregía sus escritos hasta llegar a las cadencias apropiadas.[8] Así es que una lectura crítica de la novela nos muestra que un ritmo interior vigoriza su prosa con una acentuación marcada y disciplinada. Nos parece que, como recurso retórico, esta repetición se manifiesta en forma más indirecta y lenta en la organización estilística de párrafos o de escenas enteras, dándonos, así, una uniformidad temática por un lado, mientras confiere, por otro lado, una lentitud rítmica reminiscente del enlazamiento orquestral de temas que se asocian generalmente con el arte musical. Con esta lentitud nos enfrentamos con otra posible dicotomía intrínseca en la disolución de un posible decaimiento sintáctico en la ya mencionada rapidez nerviosa y activa que se objetiviza en párrafos rápidos, sencillos y directos. Nos referimos sobre todo a los párrafos formados de una sola frase y a los que continúan las ideas de un párrafo anterior mediante palabras como "y" o "entonces", que confieren la inmediatez directa de una conversación espontánea e inocente.

No cabe duda que la significación de esta musicalidad sintáctica de la autora reside en la tendencia rapsódica, casi hipnotizante, de las frases que conducen a una penetración insistente del lirismo inherente de las imágenes. Al mismo tiempo la simplificación de la percepción en frases directas y cortas llega no sólo a la formación de una sintaxis sencilla sino a la fragmentación de ideas en fracciones bisémicas. Por ejemplo, en el pasaje ya citado anteriormente, el primer párrafo queda trunco en cierto sentido ya que la idea principal de la última frase se continúa en el párrafo siguiente en una frase técnicamente incompleta:

> Como la vez anterior, quedé tendida, humillada y jadeante.
> Y entonces se produjo el milagro.

Esta dualidad entre la lentitud rapsódica y sensual y la inocente y directa aprehensión de la belleza sensorial del mundo circundante encierra uno de los grandes aciertos de la estilística de María Luisa Bombal en una novela singular que hábilmente coordina una variación de enfoques sintácticos para crear una estilística única y conmovedora.[9]

FORDHAM UNIVERSITY

Notas

[1] Entre los estudios más completos de María Luisa Bombal en los últimos años podemos citar los siguientes: Hernán Vidal, *María Luisa Bombal: La feminidad enajenada* (Barcelona: Hijos de José Bosch, 1976); Ian Adams, *Three Authors of Alienation:*

Bombal, Onetti, Carpentier (Austin: University of Texas Press, 1975); Lucía Guerra-Cunningham, *La narrativa de María Luisa Bombal: Una visión de la existencia femenina* (Madrid: Editorial Playor, 1980).

[2] Para una apreciación de algunos rasgos estilísticos de la obra de María Luisa Bombal véase nuestro estudio, "Algunas observaciones sobre el estilo de María Luisa Bombal en *La última niebla*", *Explicación de Textos Literarios*, 111-112 (1974-75), 167-171. Además, véase Martha Allen, "Dos estilos de novela: Marta Brunet y María Luisa Bombal", *Revista Iberoamericana*, 18, 35 (1952), pp. 63-91; Andrés Debicki, "Structure, Imagery and Experience in María Luisa Bombal's 'The Tree'", *Studies in Short Fiction* 8 (1971), 123-129.

[3] Amado Alonso, "Aparición de una novelista", intro. a María Luisa Bombal, *La última niebla* (Santiago: Editorial Orbe, 1969), p. 15.

[4] Ibid., pp. 19-20.

[5] María Luisa Bombal, *La última niebla* (Santiago: Editorial Orbe, 1969), pp. 77-78. Todas las referencias a esta obra se remiten a esta edición.

[6] Véase Lucía Guerra-Cunningham, *La narrativa de María Luisa Bombal*, op. cit., pp. 53-67 y Marjorie Agosín, "Entrevista con María Luisa Bombal", *The American Hispanist*, III, 21 (noviembre 1977), pp. 5-6.

[7] Lucía Guerra-Cunningham, "Entrevista a María Luisa Bombal", *Hispanic Journal*, III, 2 (Spring 1982), p. 126.

[8] Conversación con Lucía Guerra-Cunningham (Paris, junio 1983). Arturo Torres-Ríoseco ha hecho unos comentarios interesantes al respecto incluyendo la aseveración que, "El ritmo (de la prosa) imitativo adquiere desde luego una verdadera trascendencia". Arturo Torres-Ríoseco, *Ensayos sobre la literatura latinoamericana* (México: Fondo de Cultura Económica, 1958), p. 180.

[9] Para comentarios sobre la sencillez estilística de María Luisa Bombal en *La última niebla* véase Esther W. Nelson, "The Space of Longing: *La última niebla*", *The American Hispanist*, 3, 21 (November 1977), p. 9.

UN VIAJE FANTASTICO:
¿QUIEN HABLA EN *LA AMORTAJADA*?

Esther W. Nelson

La amortajada pertenece a una suerte de narrativa regida por una visión en la cual el punto de vista del hablante se interioriza, a veces a niveles subconscientes. En esta clase de novela, lo que se presenta principalmente no son el espacio geográfico y los sucesos que ocurren o que se recuerdan en estado consciente, sino sensaciones, memorias nebulosas, acontecimientos imaginados, así como imágenes oníricas de ensueño o de sueños. Y esta subjetividad, siempre que no esté registrando sucesos actuales, impone un orden sicológico a la organización de la narrativa: las imágenes van y vienen espontáneamente, sin que correspondan al orden en que ocurrieron. El lenguaje es engañosamente sencillo, rítmico, libre de distorsiones barrocas. Al borrarse las distinciones entre el mundo novelesco y cómo éste es percibido, el lector se queda perplejo, sin poder determinar qué es lo "cierto".

Lo que se cuenta en *La amortajada* es el proceso de separación de una conciencia, no sólo del cuerpo al que estaba unido, sino de sus relaciones, de sus memorias y, más que todo, de las emociones que intervienen para prevenir que se despoje fácilmente de su identidad. La voluntad de la protagonista, Ana María, se va debilitando, poco a poco, hasta que se entrega totalmente a los ritmos cósmicos que la atraen. El problema para el lector es no poder descifrar el enigma de quién es el hablante y, por consiguiente, de no saber cuáles de los sucesos son imaginados y cuáles verdaderos.

Normalmente el lector de una novela se va formando el retrato del personaje a través de varias perspectivas que de él o de ella recibe —sus propias palabras, sus acciones, lo que dicen de él o de ella los otros personajes, cómo lo tratan, a veces a través de sus pensamientos o sueños y, con frecuencia, a base de cómo lo describe esa voz no dramatizada que llamamos "narrador" o "hablante". Las múltiples "facetas" del personaje que el lector va adquiriendo lo "redondean".[1]

El narrador no dramatizado suele suplir datos desde una perspectiva distinta de la del personaje. Suele saber y presentar al oyente algo diferente o, por lo menos, algo más. En *La amortajada* llama la atención la ausencia de perspectivas que contrasten con la de la misma Ana María. Aquí hay una voz no representada que la describe con pronombres de tercera persona[2] y que la acompaña desde el principio hasta el final; sin embargo, no sabe más que lo que ella sabe —o si lo sabe, no lo comunica— y al lector tal vez se le vaya produciendo la impresión de que no es más que un mero desdoblamiento de la misma Ana María que se separa de su ser para observarse. Si al principio queda frustrada la expectativa del lector acostumbrado a recibir datos suplementarios, más tarde se irá adaptando y aun dejará de esperar que se le presenten otros puntos de vista sobre la protagonista que no sean sus propios conocimientos, actitudes y sentimientos, ya sea directa o indirectamente.

Las primeras líneas están referidas en pretérito: "Y luego que hubo anochecido, se le entreabrieron los ojos. Oh, un poco, muy poco. Era como si quisiera mirar escondida detrás de sus largas pestañas".[3] La incertidumbre de ese "era como si quisiera" no parece significar que la voz narradora sepa menos que la muerta; más bien da la impresión de que Ana María tampoco está segura de su propia voluntad.

A lo largo de la novela los informes sobre el pasado se limitan a lo que Ana María sabe y según lo recuerda e interpreta. En tiempo presente —las horas entre un anochecer y la mañana del siguiente día— se añaden los nuevos conocimientos que ella va recibiendo en el momento: lo que dicen, lo que piensan y lo que hacen algunos de los que acuden al velorio y al entierro, el ser transportada al panteón, el sentir el lento descenso a la tumba y ser enterrada e invadida por la naturaleza. Todo lo que acontece en el espacio actual de la novela llega a conocerlo el lector en el mismo instante en que lo percibe la muerta y que lo comenta el hablante, como si éste estuviera observando todo simultáneamente con ella y desde su punto de vista.

A veces se hacen eco las voces de Ana María y del hablante:

> Aquel brusco, aquel cobarde abandono tuyo, ¿respondió a una orden perentoria de tus padres o a alguna rebeldía de tu impetuoso carácter? No sé.
> Nunca lo supe. Sólo sé que la edad que siguió a ese abandono fue la más desordenada y trágica de mi vida. (25-26)

y

> El brusco, el cobarde abandono de su amante, ¿respondió a alguna orden perentoria o bien a una rebeldía de su impetuoso carácter?

Ella no lo sabe, ni quiere volver a desesperarse en descifrar el enigma que tanto la había torturado en su primera juventud. (p. 39)

La repetición produce un efecto de tiempo cíclico, indefinible, aumentando el sentido de ritmos cósmicos que llevan al lector pasivamente en un vaivén poético, que de tiempo en tiempo se corta abruptamente cuando la llegada de alguien interrumpe la dimensión sicológica de la voz que narra o la de Ana María, que son tan inseparables que se confunden y no sabemos bien quién se expresa. Por ejemplo, cuando llega Fred:

> Pobre Fernando, ¡cómo tiembla! Casi no puede tenerse en pie. ¡Va a desmayarse!
> Un muchacho comparte el temor de la amortajada. Fred, que se acerca, pone la mano sobre el hombro del enfermo y le habla en voz baja. Pero Fernando sacude la cabeza, y se niega, tal vez, a salir del cuarto. (63)

Aunque la expresión de temor "pobre Fernando . . . ¡va a desmayarse!" es del hablante, en seguida dice que un muchacho comparte el temor *de la amortajada* y cuando Fred le habla a Fernando en voz baja, el lector se queda sin saber sus palabras: ya que Ana María no las oye, tampoco el hablante parece tener conocimiento de ellas.

No obstante el empleo del pronombre "ella", la indicación al lector parece cada vez más clara que no se trata de dos entes distinguibles, sino que el hablante es una proyección de Ana María, no ya un emisor independiente sino un transmisor de los sentimientos, los pensamientos y las reacciones de la muerta.

Los pensamientos de Ana María aparecen directamente en la parte donde recuerda a Ricardo, haciendo resaltar la intensidad de sus sentimientos hacia él:

> —Te recuerdo, te recuerdo adolescente. Recuerdo tu pupila clara, tu tez de rubio curtida por el sol de la hacienda, tu cuerpo, entonces, afilado y nervioso.
> Sobre tus cinco hermanas, sobre Alicia, sobre mí, a quienes considerabas primas —no lo éramos, pero nuestros fundos lindaban y a nuestra vez llamábamos tíos a tus padres— reinabas por el terror. (13-14)

El único momento en que el hablante parece ser algo más que el portavoz de Ana María es cuando se aparta para que aparezcan directamente los pensamientos de Fernando:

> Sólo Fernando sigue con la mirada fija en ella; y sus labios temblorosos parecen casi articular su pensamiento.
> "Ana María, ¡es posible! ¡Me descansa tu muerte!
> Tu muerte ha extirpado de raíz esa inquietud que día y noche me azuzaba a mí, un hombre de cincuenta años, tras tu sonrisa, tu llamado de mujer ociosa". (77)

Sin embargo, hay que notar que no se trata de *presentar* los pensamientos de Fernando, ni mucho menos de comentarlos, como lo haría un narrador omnisciente tradicional. Sencillamente hay un cambio de enfoque: estábamos leyendo las palabras del hablante y, ahora, los pensamientos de Fernando; no hay quien los comente. Además, no se dice que Ana María ignora lo que ha pasado por la conciencia de Fernando; está claro que ella intuye todo lo que ocurre alrededor suyo.[4]

Cada uno de los personajes representa algún principio causal de ciertas emociones de la amortajada y tiene un carácter algo simbólico: Antonio es, más que nadie, quien la ha impulsado a retraerse, a construir barreras sicológicas; Anita, una hija enajenada y fría que ni acepta ni le devuelve sus sentimientos amorosos; su hermana, un ser entristecido y atormentado por un marido brutal y por su devoción a una religión repleta de culpas y castigos. Ricardo es el autor de una profunda herida sufrida por ella en tierna edad, de la cual jamás ha logrado aliviarse. Fernando es un ser que la fastidiaba y le provocaba desprecio por su actitud solícita. Según Ursula Brumm, el empleo de símbolos en la literatura está basado en una vaga idea de que la vida, de alguna manera, está determinada por principios indefinidos que operan en otros niveles que el de causa y efecto, y que tienen significados ocultos que se manifiestan en fenómenos externos.[5]

Lo que a primera vista pudiera interpretarse como ejemplo de omnisciencia por parte del hablante ocurre cuando relata el diálogo entre Ana María y el guía misterioso que conduce su cuerpo austral; más tarde está claro que el narrador no es nada omnisciente: "Alguien, algo la arrastra, la guía a través de una ciudad. . . . Ay. ¿Qué fuerza es ésta que la envuelve y la arrebata?" (53). Y si reemplazáramos los pronombres, "algo *me* arrastra, *me* guía . . . ¿Qué fuerza es ésta que *me* envuelve y *me* arrebata?", no cabría duda de que el sentido no cambiaría, que al lector no se le proveerían distintos datos, sino que parece haber sido arbitrario el punto de vista escogido por Bombal en muchos casos; por ejemplo, cuando el hablante lamenta el que se haya cambiado el decorado llevando la alfombra azul al vestíbulo: "Dios mío, las aguas no se habían cerrado aún sobre su cabeza y las cosas cambiaban ya, la vida seguía su curso a pesar de ella, de ella" (117). ¿El lamento que expresa es suyo o de Ana María?

La identificación entre el hablante y el personaje es tan total que al lector le provoca la sensación de haber penetrado en una realidad solipsista, sensación que aumenta por el hecho de que la voz que narra parece estar hablando para sí misma y no a un oyente que no esté enterado del asunto. Desde el principio, el relato se presenta como la continuación de algo de lo cual el oyente debe estar enterado: "Y luego que hubo anochecido, se le entreabrieron los ojos". Esta técnica de empezar el párrafo con "y", que será constante a lo largo de la novela, ejerce un dominio sobre el lector, obligándole a un papel sumiso, comunicándole la sensación de estar siempre apenas al alcance de lo que va transcurriendo:

> Y es así . . . Y de golpe . . . Y yo no supe cómo . . . Y como si aquella interjección . . . Y no era . . . Y entonces . . . Y aquello era tan armonioso . . . Y seguía avanzando . . . Y así fue como . . . Y era como si . . . Y comprende que . . . Y baja . . . Y hela aquí . . . Y para darle gusto . . . Y durante días . . . Y es posible . . . Y puede . . . Y va . . . Y sin embargo . . . Y Fernando accedió . . . Y la llanura . . . Y aun cuando fue un muchacho . . . Y porque veló en vida . . . Y ella, acostumbrada al eterno susurrar . . . Y no . . . Y fue así como Antonio la devolvió a su padre . . . Y así fue luego y siempre . . . Y eso acaso la salvó . . . Y entonces . . . Y un segundo . . . Y había logrado . . . Y el odio vino . . . Y ese odio la sacude . . . Y alguien, algo, la empuja . . . Y sobre todo . . . Y parecía realmente . . . Y de pronto presiente . . . Y está segura . . . Y a ella la acometen deseos . . . Y hacia allá es a donde tiende la marcha . . . Y la milagrosa escala . . . Y el Mar Rojo . . . Y la mano misteriosa inscribiendo . . . Y si Dios lo hizo así . . . Y he aquí que . . . Y alguien, algo . . . Y ya no deseaba. . . . (*passim*)

La impresión de que somos intrusos en la escena la subraya el uso de pronombres antes de haberse mencionado ningún antecedente: "Es él, él. Allí está de pie mirándola" aparece nueve páginas antes del nombre de Ricardo.

Al desempeñar su papel, el lector duplica el de Ana María, mujer sumisa que, no obstante momentos de rebeldía, se ha dejado llevar a lo largo de su vida por un destino con el cual jamás ha intentado enfrentarse, por circunstancias que no ha tratado de cambiar y, principalmente, por su tendencia innata y a veces casi mística a querer constatar su existencia fundiéndose con otros seres humanos y, más aún, con la naturaleza.

Ana María, igual que la protagonista anónima de *La última niebla*, es arquetipo de la mujer que vive sumergida en su esencia biológica y sentimental, en un ensueño misterioso, intuyendo desde su centro el mundo exterior con el cual está ligada por emociones, a diferencia de su hija, que contempla objetivamente las cosas tangibles ajenas a ella. La diferencia entre ellas se puede comprobar en el incidente de la lechuza muerte:

> Un breve detonación paró de golpe el inmenso palpitar de las cigarras, y el pájaro cayó fulminado al pie del poste. Anita corrió a recogerlo. . . . Sobre las rodillas de la niña, la lechuza mantenía abiertos los ojos, unos ojos redondos, amarillos y mojados, fijos como una amenaza. Pero, sin inmutarse, la niña sostenía la mirada. "No está bien muerta. Me ve. Ahora cierra los ojos poquito a poco . . . ¡Mamá, mamá, los párpados le salen de abajo!" (65-66)

Más tarde, cuando la niña había notado que los ojos de un peón se parecían a los de la lechuza, Ana María, aterrada, "se había vuelto hacia su hija para gritarle: '—Tira esa lechuza; tírala he dicho' " (68). A la muchacha, los restos del animal le producen interés, curiosidad; para Ana María es un ser natural, símbolo de la vida, agüero de muerte— se identifica con él a la vez que lo teme: el mundo material existe para ella en sus asociaciones emotivas.

El espacio creado en la novela es un espacio familiar cargado de sentimientos que en ciertos momentos súbita e inesperadamente se rompe y queda atrás, desplazado por vistas alucinantes de pavorosos lugares subterráneos, exóticos y maravillosos. Abundan las imágenes surrealistas, la sensación de tiempos sobrepuestos, de dimensiones paralelas, de otras realidades, como en lo siguiente:

> . . . empezó a descender, fango abajo, por entre las raíces encrespadas de los árboles. Por entre las madrigueras donde pequeños y tímidos animales respiran acurrucados. Cayendo, a ratos, en blandos pozos de helada baba del diablo.
>
> Descendía lenta, lenta, esquivando flores de hueso y extraños seres, de cuerpo viscoso, que miraban por dos estrechas hendiduras tocadas de rocío. Topando esqueletos humanos, maravillosamente blancos e intactos, cuyas rodillas se encogían, como otrora en el vientre de la madre.

> Hizo pie en el lecho de un antiguo mar y reposó allí largamente,
> entre pepitas de oro y caracolas milenarias.
> Vertientes subterráneas la arrastraron luego en su carrera bajo in-
> mensas bóvedas de bosques petrificados. (137)

Los símbolos del mundo exterior están presentes sólo para expresar emociones y fantasías de la imaginación, no hay preocupación con
las cosas como entidades aparte. Los elementos espaciales se mencionan como si el lector ya los conociera, sugeridos más bien que dibuja-
dos con perfil y sustancia. Si el espacio parece a veces dotado de aspectos mágicos, fantasmagóricos, se debe a una perspectiva que no distingue entre lo que es y cómo ella lo intuye o lo imagina, hasta tal punto
que deja de ser criterio la verosimilitud.

Los detalles, así como los personajes, sólo importan como estímu-
los de las emociones de Ana María: todo el mundo novelesco es subjetivo; no hay ninguna visión social. No es ésta una novela feminista
como se ha dicho;[6] no se ofrecen soluciones, no hay mensajes. Ni tampoco está presente la idea de que se debiera controlar o mejorar la
vida, ni aun que ésta se pueda comprender. Si el lector trata de explicar la sicología de los personajes a base de incidentes de su vida,
será interpretación suya; las voces del texto no lo hacen. La realidad
percibida o intuida se acepta tal y como es: Anita fría, Antonio duro e
incapaz de perdonar el agravio de su mujer cuando recién casados, el
padre solitario y deprimido, Ricardo ajeno y con tendencias sadistas,
de joven. El tono no es angustiado sino melancólico y, si la existencia
es enigmática, en ningún momento se presenta como absurda.

La intimidad con otros seres que Ana anhelaba se había visto frustrada toda su vida. El primer abandono fue el de su madre, que había
muerto siendo ella niña; y después sentía que su padre la rechazaba,
ensimismándose en su perpetua soledad de viudo. Sus relaciones amorosas no la satisficieron nunca. Con Ricardo no llegó a conocer el or-
gasmo: "Tú me hallabas fría porque nunca lograste que compartiera
tu frenesí, porque me colmaba el olor a oscuro clavel silvestre de tu beso" (25). Lo que le había atraído de Ricardo había sido su masculinidad apasionada y agresiva; era para ella un ser primordial con olor a
flor silvestre, a elemento natural. Ya muerta, aún conserva en su memoria la imagen visual de la última vez que lo vio: "Allá lejos, a la ex-
tremidad de una llanura de tréboles, bajo un cielo vasto, sangriento de
arrebol, casi contra el disco del sol poniente, divisé la silueta de un ji-
nete arreando una tropilla de caballos" (37). El placer sexual lo había
llegado a conocer con Antonio, aunque sin aquel deseo de fusión total

que para ella produciría la trascendencia, la reincorporación a la inocencia de la naturaleza:

> Fue como si del centro de sus entrañas naciera un hirviente y len-
> to escalofrío que junto con cada caricia empezara a subir, a crecer, a
> envolverla en anillos hasta la raíz de los cabellos, hasta empuñarla
> por la garganta, cortarle la respiración y sacudirla para arrojarla fi-
> nalmente, exhausta y desembriagada, contra el lecho revuelto.
> ¡El placer! ¡Con que era eso el placer! ¡Ese estremecimiento, ese
> inmenso aletazo y ese recaer unidos en la misma vergüenza! (83)

Ana María y Antonio siguieron siendo dos seres separados, como
Adán y Eva que, después del pecado, es decir, después de haber tomado el fruto del árbol de la ciencia, de enterarse de la diferencia entre el
Bien y el Mal —de entrar en el mundo de los opuestos— se supieron
diferentes, el uno de la otra, y sintieron vergüenza. La separación entre el tú y el yo le había causado sufrimiento; el verdadero goce para
ella siempre fue marcado por matices místicos de reincorporación a
una naturaleza primordial. Todavía niña en el colegio, Ana María
había descrito el cielo para el padre Carlos tal como ella quería que
fuera:

> —Me gustaría que fuera lo mismo que es esta tierra. Me gustaría que
> fuera como la hacienda en primavera cuando todas las matas de rosa-
> les están en flor, y el campo todo verde, y se oye el arrullo de las
> palomas a la hora de la siesta . . . Me gustaría, eso, sí, . . . que hubiera
> venaditos que no fueran asustadizos y vinieran a comer en mi mano.
> (126-27)

El sacerdote había comentado, ''¡Pero, si lo que me estás describiendo es el propio Paraíso Terrenal . . .!'' (127). En hebreo, el nombre del jardín del Génesis, Edén, significa ''deleite, un lugar de
deleite'', y la palabra Paraíso se deriva de dos palabras persas,
''pairi'' (alrededor) y ''daeza'' (muro).[7] El Edén bíblico es un jardín
de deleites rodeado por un muro, en cuyo centro hay dos árboles, descripción adecuada para el sitio anhelado por Ana María, mujer que ha
buscado la felicidad en la intimidad familiar y natural, no en la libertad y las aventuras.

La atracción casi obsesiva que ella sentía desde joven hacia la belleza natural y los ritmos cósmicos se había acentuado durante su primer embarazo: ''Y aquella languidez, aquel sopor iban creciendo, en-
volviéndome solapadamente, día a día'' (28). Y más tarde: ''Ignoraba

por qué razón el paisaje, las cosas, todo se me volvía motivo de distracción, goce plácidamente sensual: la masa oscura y ondulante de la selva inmovilizada en el horizonte . . ." (30). Y luego demuestra el hábito de desdoblarse para dialogar a solas:

> Cuando la voz de cierta inquietud me despertaba inoportuna:
> —"¡Si lo llega a saber tu padre!" —procurando tranquilizarme le respondía:
> —"Mañana, mañana buscaré esas yerbas que . . . o tal vez consulte a la mujer que vive en la barranca. . . ." (31)

La noche en que sufrió el aborto, se había sentido impulsada por la naturaleza: "'Ven, ven, ven' parecía gritarme la tormenta . . . Ven murmuraba luego, más bajo y pálido" (34-35).

Más tarde, cuando se había dado cuenta de que Ricardo la había abandonado, había pensado en suicidarse. Comentando su identificación con la naturaleza, Hernán Vidal ha señalado el motivo del árbol:

> El disparo de revólver no lo dirige Ana María contra su cabeza o su corazón, sino contra un árbol, ser natural con el que se identifica. Con este acto simbólico Ana María señala la intuición de su muerte como conciencia diferenciada. (pág. 123)

Así como siempre le había repugnado el sentido de culpabilidad y de pecado de la religión cristiana, había sentido atracción hacia el misterio, lo oculto y lo intuitivo. Su intuición la comparte su hijo Fred, que de niño hablaba "en sueños un idioma desconocido" (64). Lo sobrenatural es parte de la realidad novelesca. Sin embargo, es ambiguo el género de *La amortajada*. ¿Corresponde o no a lo maravilloso?

Según Tzvetan Todorov, cuando ocurre un suceso que no puede explicarse en conformidad con las normas del mundo que conocemos, tenemos que escoger entre dos explicaciones: o somos víctimas de alguna ilusión sensorial —de algún producto de la imaginación— y las normas siguen siendo tal y como parecen, o el suceso verdaderamente ha tenido lugar —es parte íntegra de la realidad, en cuyo caso la realidad está gobernada por leyes que desconocemos. El género de lo fantástico, dice Todorov, sólo ocupa el período que dura nuestra incertidumbre. Una vez que escogemos entre una explicación u otra, dejamos lo fantástico en favor de uno de los géneros contiguos —lo extraño o lo maravilloso.[8] Lo extraño equivale a lo aparentemente sobrenatural que se puede explicar y lo maravilloso a lo sobrenatural que se acepta (42). Además, lo fantástico implica una lectura que no sea "poética" o "alegórica", es decir, narrativas en que el lector no interprete literalmente los acontecimientos sobrenaturales (32). Finalmente, sólo cuando el narrador es personaje podemos recurrir a la explicación que se haya equivocado o que haya mentido; si el suceso sobrenatural es narrado por una voz no dramatizada, inmediatamente estamos en el género de lo maravilloso (83); el personaje puede mentir, el narrador no representado, no (85).

De acuerdo con las definiciones de Todorov, habría que aceptar como acontecimiento maravilloso el hecho de que durante el velorio y el entierro llega cinco veces una aparición. Una voz misteriosa llama a Ana María y en dos ocasiones logra que ella se separe de su cuerpo físico y la siga: la primera vez a un jardín húmedo (41-42), la segunda a través de una ciudad abandonada y por un prado donde le circundan luciérnagas hasta los hombros (52-53). Entonces debe ser aceptado como acontecimiento maravilloso porque está narrado por una voz no representada. Cuando aparece por tercera vez la aparición, la muerta se niega a acompañarla: "No".

> Fatigada, anhela sin embargo, desprenderse de aquella partícula de conciencia que la mantiene atada a la vida y dejarse llevar hacia atrás, hasta el profundo y muelle abismo que siente allá abajo. (54)

El "guía" de ultratumba vuelve más tarde y ella obedece, y lo sigue para despedirse de su nuera, María Griselda:

> —"Vamos, vamos".
> —"¿Adónde?"
> —"Más allá".
> Resignada, reclina la mejilla contra el hombro hueco de la muerte.
> Y alguien, algo, la empuja canal abajo a una región húmeda de bosques. Aquella lucecita, a lo lejos, ¿qué es? ¿Aquella tranquila lucecita? Es María Griselda, que se apresta a cenar (109-10).

De momento y sin comillas o guiones para indicar que es cita, Ana María le habla directamente: "¡Oh, María Griselda! No tengas miedo si sobre la escalinata los perros se han erguido con los pelos erizados; soy yo" (110).

La última llegada del guía ocurre en el panteón durante el entierro, cuando se proyecta el cuerpo austral de Ana María por entre las raíces de las plantas y a lugares profundos donde "[c]iertas emanaciones la atraían a un determinado centro, otras la rechazaban con violencia hacia las zonas de clima propicio a su materia" (137-38).

Hay que aceptar que la muerta "hubiera podido, en efecto, empujar la tapa del ataúd, levantarse y volver derecha y fría, por los caminos, hasta el umbral de su casa" (138), y que si no lo hace es sólo por falta de voluntad. Sin embargo, es clave que el narrador no parece hacer más que transmitir lo que Ana María siente, lo que ella piensa y lo que ella recuerda. Entonces, ¿estamos en el género de lo maravilloso, porque el narrador es una entidad independiente, no representada, que no puede mentir? ¿O en el de lo extraño, porque lo que se presenta son los procesos mentales de la protagonista y que sería perfectamente plausible que el sentirse desdoblada no fuera más que una alucinación producida al expirar las células cerebrales?

Por el momento, supongamos que estamos en ese género momentáneo de lo fantástico en el cual el lector titubea entre dos posibles aclaraciones y que, al final, todo se resolverá.

Ligado a la cuestión del género está el aspecto de inexorabilidad que confiere al movimiento de la narración el frecuente empleo de "ya". Por ejemplo: "Ya el cortejo se interna en el bosque", "Ya la envuelven . . .", "Ya la han enderezado, ya avanzan nuevamente", ". . . ya no deseaba sino quedarse crucificada a la tierra . . .". También las numerosas intuiciones de muerte que aparecen en varios incidentes claves: se sugiere que el peón que les había dirigido a ella y a Fernando con los niños hacia una escarpa durante una tempestad era un mensajero de la muerte. Además, los motivos de muerte abundan: la muerte de la madre de Ana María, la descripción del sueño como muerte, el hecho de que durante su vida Ana María había velado a muchos muertos y el de haber interpretado como una imagen de muerte el ver alborotado su reflejo cuando Antonio había echado un guijarro al estanque: "Miles de culebras fosforescentes estallaron en el estanque y el paisaje que había dentro se retorció y se rompió: 'El fin del mundo. Así ha de ser. Lo he visto' " (63).

En este incidente también resalta el egocentrismo de Ana María, mujer narcisista incapaz de captar ningún aspecto de la realidad sino relacionándolo consigo misma. Durante la visita a María Griselda, por ejemplo, dice: "María Griselda, *sólo yo* he podido quererte, porque yo y nadie más logró perdonarte tanta y tan inverosímil belleza" (79) [énfasis mío]. Y años atrás, cuando Antonio le había dado un puntapié a su chinela, con la cual había tropezado, esto la había herido profundamente:

Y en un segundo, en ese breve segundo, se produjo en ella el brusco despertar a una verdad, verdad que llevó tal vez adentro desde mucho y esquivaba mirar de frente. Comprendió que ella no era, no había sido, sino una de las múltiples pasiones de Antonio, una pasión que las circunstancias habían encadenado a su vida. (98)

A causa de tales "bruscos despertares" en breves segundos, de incidentes comunes interpretados por Ana María como momentos de *anagnorisis*, de sucesos inesperados o excesivamente intuitivos, —como la inesperada ternura de Antonio, la súbita compasión que siente hacia Fernando al verlo con Fred, el desbordado arrepentimiento de Anita, la abundancia de preguntas retóricas, y especialmente el abuso de los "jamases", la narración a veces cae en pleno melodramatismo, por parte de la voz que narra tanto como la de la protagonista; no hay ninguna diferencia de tono, de estilo, o de actitud entre ellas. Ana María es una mujer que todo lo mide con respecto a sí misma y que requiere el amor para constatar su propia existencia:

> La invade una inmensa alegría que puedan admirarla así los que ya no la recordaban sino devorada por fútiles inquietudes, marchita por algunas penas y el aire cortante de la hacienda.
> Ahora que la saben muerta, allí están rodeándola todos. (9)

Después, cuando la llevan al panteón: "Y está segura de que muchos la rodean y muchos la siguen. Y le es infinitamente dulce sentirse así transportada, con las manos sobre el pecho, como algo muy frágil, muy querido" (119). Al reconocer que lloran, que sufren una pérdida, obtiene ese sentido de existir que le hacía falta: se verifica, se confirma su existencia y puede desasirse de su identidad individual para seguir los ademanes de la voz que la llama a su muerte final para asimilarse al espíritu universal.

La trayectoria hacia su aceptación de la muerte comienza cuando empieza a perdonar y a deshacerse de aquellos altibajos emotivos que habían sido compensación por el amor que anhelaba, y termina con su fascinación con lo que está ocurriendo, una esperada extensión de la atracción que siempre había sentido por todo lo natural y, además, la primera verdadera aventura de una mujer que había pasado la vida poco menos que clausurada en haciendas.

Uno por uno, se despide de sus conocidos y los perdona, perdón que sólo consigue por medio de la compasión. A Ricardo lo perdona al enterarse de que todavía pensaba en ella; a su hija, al saber que tenía sentimientos hacia ella, aunque nunca los había mostrado; a Antonio, al verlo llorar y, en el caso de éste, porque le conmueve ver que empieza a arrugarse:

> No. Antonio no es inviolable. Esa única, imperceptible arruga no tardará en descolgársele hacia la mejilla, donde se abrirá muy pronto en dos, en cuatro; marcará, por fin, toda su cara. Lentamente empezará luego a corroer esa belleza que nada había conseguido alterar, y junto con ella irá desmoronando la arrogancia, el encanto, las posibilidades de aquel ser afortunado y cruel. (107)

Hay un momento en que se da cuenta de que lo que la retiene a la vida es el odio y que ya lo va perdiendo: "No lo odia. Pero tampoco lo ama. Y he aquí que al dejar de amarlo y odiarlo siente deshacerse el último nudo de su estructura vital. Nada le importa ya. Es como si no tuviera ya razón de ser ni ella ni su pasado" (108-09). Por un momento hace un esfuerzo para volver a vivir: "Un gran hastío la cerca, se siente tambalear hacia atrás. ¡Oh esta súbita rebeldía! Este deseo que la atormenta de incorporarse gimiendo: 'Quiero vivir. Devuélvanme mi odio!'" (109). Pero ya que sabe que hará falta a los que amaba, no logra reanimar su odio. A su padre lo compadece porque sufre a solas todas sus penas, resignado y mudo:

> Más tarde, luego de haber cerrado todas sus puertas, se extenderá sobre el lecho, volverá la cara contra la pared y recién entonces se echará a sufrir. Y sufrirá oculto, rebelde a la menor confidencia, a cualquier ademán de simpatía, como si su pena no estuviere al alcance de nadie. (44)

Si el lector llega a decidir que el hablante es una entidad no representada, el prever el futuro del padre sería un caso de omnisciencia; si resulta que es una proyección de Ana María, estas palabras sólo indican lo que ella imagina que su padre hará.

A Alberto lo perdona porque sufre de celos tan intensos que se empeña en destruir todas las fotografías que existen de su mujer: "Salvo una muerta, nadie sabe ni sabrá jamás cuánto lo han hecho sufrir esas numerosas efigies de su mujer, rayos por donde ella se evade, a pesar de su vigilancia" (52). Pero, ¿si no lo sabe más que una muerta, quién es esta voz que lo cuenta? y ¿cómo lo sabe?

A su hermana la compadece por la brutalidad de su marido y por su visión de un Dios severo. El único que no aparece es el Dios de Alicia, ese Dios en que nunca ha creído Ana María y en que tampoco cree la voz que ha venido narrando la historia:

> ¿Dónde creerás que estoy? ¿Rindiendo cuentas al Dios terrible a quien ofreces día a día la brutalidad de tu marido . . . Alicia, no. Estoy aquí, disgregándome bien apegada a la tierra. Y me pregunto si veré algún día la cara de tu Dios. (45-46)

En lo que cree Ana María es el principio vital cósmico que se asemeja a la concepción budista del Paraíso. Según Joseph Campbell, en la visión budista, lo que nos veda la entrada al jardín no son los celos o la ira de ningún dios, sino nuestro propio apego a lo que pensamos ser nuestros cuerpos perecederos. Nos negamos a renunciar a lo que consideramos los bienes y los placeres de esta vida y es este apego la circunstancia o barrera que nos excluye del jardín.[9]

Campbell compara la visión budista con la bíblica:

> In the Old and New Testaments, God and man are not one, but opposites, and the reason man was expelled from the garden was that he had disobeyed his creator. The sacrifice on the cross, accordingly, was in the nature not so much of a realization of *at-one-ment* as of penitential *atonement*. On the Buddhist side, on the other hand, man's separation from the source of his being is to be read in psychological terms, as an effect of misdirected consciousness, ignorant of its seat and source, which attributes final reality to merely phenomenal apparitions. . . . the level of instruction represented in the Bible story is that, pretty much, of a nursery tale of disobedience and its punishment, inculcating an attitude of dependency, fear, and respectful devotion, such as might be thought appropriate for a child in relation to a parent, the Buddhist teaching, in contrast, is for self-responsible adults. (28-29)

Hernán Vidal ha notado que "la disolución de la personalidad como paso previo al entendimiento desde una perspectiva cósmica significa una voluntad de abandonar la identidad humana" (118). Lo que Ana María rechaza es la posición cristiana en la que el alma conserva su carácter individual en la eternidad: su actitud se asemeja a la del panteísmo, en que todos los elementos tienen importancia: "¡Adiós, adiós piedra mía! Ignoraba que las cosas pudieran ocupar tanto lugar en nuestro efecto" (118). A medida que se disuelve su voluntad, disminuyen sus emociones en general. A lo largo de su viaje se borran los lindes que la han separado de la naturaleza y se compenetra con ella sin encontrar repugnante ninguno de sus aspectos: "La naturaleza entera aspira, se nutre aquí de agua, nada más que de agua. Y la corriente la empuja siempre lentamente, y junto con ella, enormes nudos de plantas a cuyas raíces viajan enlazadas las dulces culebras" (111). Otro ejemplo: ". . . la acometen deseos . . . de inclinarse para mirar por última vez, esa gran red plateada, nocturna huella tejida pacientemente encima por las babosas" (120). Se siente "dichosa de poder reposar . . . en la misma capilla donde su madre y varios hermanos duermen alineados; dichosa de que su cuerpo se disgregue allí . . ." (123). Las ímagenes táctiles y acústicas desplazan las visuales: "Anhela ser abandonada en el corazón de los pantanos para escuchar hasta el amanecer el canto que las ranas fabrican de agua y luna, en la garganta; y oír el crepitar aterciopelado de las mil burbujas del limo" (121).

Luego, ya no oye, sino que siente los movimientos dentro de la tierra: ". . . nacidas de su cuerpo, sentía una infinidad de raíces hundirse y esparcirse en la tierra como una pujante telaraña por la que subía temblando, hasta ella, la constante palpitación del universo" (138). Por una parte, se ha ensimismado en el solipsismo total: nada existe fuera de su consciencia. Por otra, existe el cosmos y ella dispersa en él, en una comunión espiritual:

> Y ya no deseaba sino quedarse crucificada a la tierra, sufriendo y gozando en su carne el ir y venir de lejanas, muy lejanas mareas; sintiendo crecer la hierba, emerger islas nuevas y abrirse en otro continente la flor ignorada que no vive sino un día de eclipse. Y sintiendo aún bullir y estallar soles, y derrumbarse, quién sabe dónde, montañas gigantes de arena. (138-39)

La sensación de encontrarse dentro de las entrañas de la tierra es una variante del mito del *regressus ad uterum*; su ser se une a la materia y al espíritu del universo. La conciencia no muere con el cuerpo, sino que pierde su carácter individualizado, igual que en la visión budista y a diferencia de la aceptación en el dogma cristiano de que el alma conserva su propia identidad para siempre. A Ana María la invade y la penetra y la reclama para sí la naturaleza y ella se entrega: "Ahora anhelaba la inmersión total" (139).

La ambigüedad en cuanto al género se mantiene hasta el final y aun aumenta cuando se deja saber que el narrador es una entidad aparte que sigue comentando después que Ana María pierde todo interés en comunicarse. Podemos eliminar la posibilidad de estar en el género de lo *extraño*; los acontecimientos que hemos venido leyendo no se pueden explicar como una alucinación provocada por la falta de oxígeno al cerebro de Ana María, ya que los corroboran un hablante que no es sólo un aspecto de ella, sino otra voz que conserva su identidad después de que la muerta ha perdido la suya.[10] Tampoco estamos en el género de lo maravilloso, porque al disiparse el "yo" de la amortajada, emerge el del hablante, convirtiendo a éste por primera vez en observador que emplea la primera persona del verbo y habla al oyente en tono familiar: "Lo juro. No tentó a la amortajada el menor deseo de incorporarse" (139). Como personaje, el narrador puede mentir. Entonces, no obstante la insistencia de Todorov que al terminar la narración el lector se decide por una explicación plausible o por aceptar como hecho lo sobrenatural, ¿será posible que en *La amortajada* nos quedemos en el género de lo fantástico?

Existe otra posibilidad en pro de la cual la evidencia es cuantiosa: que se trata de una interpretación poética de la muerte. Además del ritmo del lenguaje (por ejemplo, este decasílabo simétrico con hemistiquio: "Y así fue luego y siempre, siempre" [95], o el siguiente endecasílabo con ritmo de gaita gallega, "Ya el cortejo se interna en el bosque" [120]), y además de las técnicas de la poesía como la reiteración ("El día quema horas, minutos, segundos" se lee repetidamente, como refrán), las metáforas, las imágenes oníricas y surrealistas, la personificación (". . . reclina la mejilla contra el hombro hueco de la muerte" [109] y la aliteración ("Anda. Anochece. Anda." [53]), en *La amortajada* cada imagen es la expresión de una visión poética coherente que contribuye a la creación de una nueva realidad. En ningún momento refleja ni analiza una realidad preexistente; los referentes radican solamente dentro de un espacio imaginario íntimo, sin nombre, y sin apellidos los personajes. Ausentes están las técnicas del realismo así como los mensajes morales o sociales. El tono, la distancia y la relación hablante-oyente se asemejan a las características que Northrop Frye señala como las de la lírica:

> El poema lírico es, preeminentemente el enunciado que uno oye por casualidad. . . . El poeta, por así decirlo, da la espalda a sus oyentes, aunque pueda hablar para ellos y aunque ellos puedan repetir con él algunas de sus palabras. . . . La lírica [tiene una conexión particularmente íntima] con el sueño o la visión, con el individuo que está en comunión consigo mismo. . . . En la lírica tiende a predominar un ritmo que es poético pero no necesariamente métrico.[11]

Lo más adecuado, según las definiciones de los teóricos de la literatura, sería optar por la definición del género de *La amortajada* como un largo poema lírico en prosa, con forma narrativa y elementos del cuento maravilloso. Lo que no podremos hacer es responder a la pregunta, "¿Quién es el narrador de *La amortajada*?"[12]

CALIFORNIA STATE UNIVERSITY, NORTHRIDGE

Notas

[1] No empleo el término "personaje redondo" según los criterios de E.M. Forster, para quien la redondez de los personajes se debe a su propia complejidad, a diferencia de los personajes planos, los cuales tienen poca dimensión: "In their purest form [flat characters] are constructed round a single idea or quality: when there is more than one factor in them, we get the beginning of the curve towards the round" (*Aspects of the Novel* [Harcourt, Brace & World, Inc., 1927], pág. 67). Más tarde define al personaje redondo: "The test of a round character is whether it is capable of surprising in a convincing way. If it never surprises, it is flat" (78). Lo que en este ensayo quiero decir por "redondear" no tiene que ver con la complejidad del personaje, sino con la multiplicidad de perspectivas que se presentan de él, aunque todas revelen caracterizaciones semejantes. Por el contrario, pueden existir personajes complejos capaces de sorprender al lector que se presentan solamente desde un solo punto de vista; éstos serían complejos pero no redondeados, aquéllos sencillos y redondeados.

[2] Estoy de acuerdo con Gérard Genette, que se opone al uso del término "hablante *en* tercera (o primera) persona", puesto que sólo se puede narrar desde el punto de vista de un "yo": "Le narrateur . . . ne peut être dans son récit . . . qu'à la 'première personne'. . . . Le choix du romancier n'est pas entre deux formes grammaticales, mais entre deux attitudes narratives (dont les formes grammaticales ne sont qu'une conséquence mécanique): faire raconter l'histoire par l'un de ses 'personnages', ou par un narrateur étranger à cette histoire. La présence de verbes à la première personne dans un texte narratif peut donc renvoyer à deux situations très différentes, que la grammaire confond mais que l'analyse narrative doit distinguer. . . . En tant que le narrateur peut à tout instant intervenir *comme tel* dans le récit, toute narration est, par définition, virtuellement faite à la première personne. . . . La vraie question est de savoir si le narrateur a ou non l'occasion d'employer la première personne pour désigner *l'un de ses personnages*". "Discours du récit", en *Figures III* (Paris: Editions du Seuil, 1972), pág. 252.

[3] María Luisa Bombal, *La amortajada* (Buenos Aires: Editorial Andina, sin fecha), pág. 7. En adelante las páginas de las citas se encontrarán en el texto.

[4] Norman Friedman ha clasificado los tipos de narradores según el esquema siguiente: 1) el editor omnisciente que puede comentar en su propia voz y que no es personaje, 2) el omnisciente neutral, cuyas actitudes se presentan sutil o indirectamente, 3) el "yo" testigo, 4) el "yo" protagonista, 5) el narrador omnisciente selectivo múltiple, que presenta a través de la perspectiva de varios personajes, 6) el narrador omnisciente selectivo, que presenta a través de la perspectiva de sólo un personaje, 7) el modo dra-

mático, en que sólo lo que se puede observar por fuera se relata, sin entrar dentro de la conciencia de los personajes y, finalmente, 8) la técnica de la cámara, que registra el escenario y los hechos sin intervenir de ninguna manera. En *La amortajada*, si el hablante es un *alter-ego* de la protagonista, no bastan las categorías de Friedman. Si es un ente separado, pertenece a la quinta clasificación: el de narrador omnisciente selectivo multiple. Consultar el artículo de Friedman, "Point of View in Fiction: The Development of a Critical Concept", *PLMA*, 70 (1955), 1160-84, reimpreso en *The Theory of the Novel*, ed. Philip Stevick (New York: The Free Press, 1967), págs. 108-37.

[5] "Symbolism and the Novel", en *The Theory of the Novel*, op. cit., págs. 363-66.

[6] La tesis de Hernán Vidal es que las heroínas de Bombal no logran, en general, éxito en relación al objetivo ideal de complementación armónica con lo masculino. Vidal señala una tendencia que ha observado en los relatos de Bombal, "de presentar heroínas en el limbo que excluya a la mujer de la participación histórica en la realidad circundante, condenándoselas a la locura, el ensueño o a la calidad de seres siempre disponibles y nunca concretados en un compromiso específico de acción en su mundo". *María Luisa Bombal: La feminidad enajenada* (Barcelona: Colección Aubí, 1976), pág. 119.

[7] Véase la discusión de Joseph Campbell (*Myths to Live By* [New York: Bantam Books, 1972], pág. 25).

[8] *The Fantastic: A Structuralist Approach to a Literary Genre*, traducido del francés por Richard Howard (Ithaca, N.Y.: Cornell Univ. Press, 1975), pág. 41. Título original: *Introduction à la littérature fantastique* (Paris: Editions du Seuil, 1970).

[9] *Myths to Live By*, pág. 27.

[10] Genette distingue entre la voz que habla y la visión a través de la cual se observa el mundo novelesco. El enfoque del narrador puede ser interno (lo que sabe, piensa y siente el personaje) o externo (lo que se puede observar desde fuera). El enfoque interno puede ser limitado a la visión de un personaje o variable, desde la perspectiva de múltiples personajes. La teoría de Genette sobre la narrativa aparece en *Figures III* (op. cit.). Sus ideas sobre el enfoque han sido explicadas y ampliadas por Mieke Bal, en "Narration et focalistion: Pour une théorie des instances du récit", *Poétique* 29 (Febrero 1977), págs. 107-27. Bal considera que al enfocar desde la perspectiva de un personaje, se crea otro nivel de narración —una nueva ficción dentro de la ficción.

[11] *Anatomía de la crítica*, traducido del inglés por Edison Simons (Caracas, Venezuela: Monte Avila Editores, sin fecha), págs. 328-29. Título original: *Anatomy of Criticism: Four Essays* (Princeton, N.J.: Princeton Univ. Press, 1957).

[12] Susan Sniader Lanser, basándose en las ideas de Genette, ha ideado esquemas diagramados para mostrar cómo funcionan los distintos planos narrativos. El primer plano es el del narrador —el lugar desde el cual observa. El segundo plano es el del mundo que éste describe. El tercero sería el de otros textos intercalados dentro del segundo. En *La amortajada* hay tres posibles diagramas, según interpretamos la identidad del hablante. Primero, si suponemos que la voz que habla de Ana María, llamándola "ella" es un ente aparte, el esquema sería el siguiente:

En el primer plano diegético está
el hablante no representado.

En el segundo plano están las voces de
Ana María, de Fernando y del
Padre Carlos.

Segundo, si la voz no representada es el *alter ego* de Ana María, entonces todo lo que se cuenta pertenece al mismo plano diegético, y no hay narrador sino implícitamente —un narrador como el del teatro, que no habla, sino permite que hablen, directamente, las otras voces:

En el primer plano diegético están las voces de Ana María, de su *alter ego*, de Fernando y del Padre Carlos.

Tercero, si nuestra interpretación fuera que la voz no representada que narra desde el principio es el *alter ego* de Ana María y que a la última hora aparece otra voz, la de un cuentista que en el penúltimo párrafo dice, "Lo juro", entonces éste sería el diagrama:

En el primer plano estaría el cuentista.

En el segundo plano estarían las voces de Ana María, de su *alter ego*, de Fernando y del Padre Carlos.

En los tres esquemas, las memorias del pasado enfocadas desde la perspectiva de los personajes de la novela constituyen un tercer nivel ficticio.

LA TECNICA NARRATIVA
DE MARIA LUISA BOMBAL

José Promis

En los doce años que median entre 1934 y 1946, María Luisa Bombal produjo una obra narrativa cuyas reducidas proporciones se oponen a su extraordinaria coherencia artística. Hoy, cuando ha transcurrido medio siglo después de la aparición de *La última niebla* (1934) se afirma que sus relatos contribuyeron de manera decidida a la renovación de tres aspectos específicos de la literatura hispanoamericana.

En primer lugar, a partir de *La última niebla*, María Luisa Bombal estableció un nuevo modo de interpretar literariamente la realidad en abierta discrepancia con el sistema mundonovista vigente en la década de los años treinta. Refiriéndose a sí misma, María Luisa Bombal afirmó en 1977: "me atrevo a decir que no sólo rompí e incité a romper con la narrativa naturalista criollista en la literatura chilena sino también con la narrativa de igual naturaleza en algunos otros de nuestros países latinoamericanos".[1] La técnica básica para provocar dicha ruptura consistió, según la misma autora, en desechar "la mera narrativa de hechos" en pro de otra de carácter íntimo que relatara la "secreta historia de las inquietudes y motivos que los provocaran ser o les impidieran ser".[2] Esta técnica constituye, pues, su respuesta personal a la preocupación que se gestaba en la década de los años veinte por encontrar enfoques artísticos diferentes y perspectivas interiorizadas capaces de dar una expresión novedosa a los manidos temas del mundonovismo literario.[3]

Como resultado de lo anterior, las narraciones de María Luisa Bombal llevan a efecto una alteración profunda de la estructura genérica del relato que, fuera de unas contadas excepciones, sólo se generalizará en Hispanoamérica a partir de la década de los años cincuenta, es decir, tres lustros después de la publicación de *La última niebla*. En este aspecto, la estructura de sus narraciones posee un indudable carácter innovador en la medida en que el espacio, considerado en esos años como la categoría jerarquizante del resto de los elementos, es subordinado a la perspectiva individual del narrador como elemento configurante del acontecer. A esto se refirió Amado Alonso al hablar del "arte de presentación" y al "papel estructural de lo accesorio" en *La última niebla*[4] y ha permitido también definir a este texto como novela clave en la evolución del género en Chile.[5] En lo inmediato, estas modificaciones derivan de un nuevo modo de entender el concepto y la función de las formas narrativas del cuento y la novela. Para María Luisa Bombal, la función testimonial de la realidad exterior ha quedado subordinada en ambas formas a la indagación poética de las verdades profundas del individuo, de la naturaleza y del "más allá".[6]

Finalmente, la producción narrativa de María Luisa Bombal constituye también un impresionante documento ideológico. Después de un primer momento en que la crítica destacó de preferencia los aspectos formales en lo que éstos tenían de innovación y sorpresa poéticas, a partir de los años setenta comienza a ser resaltada la importancia de su narrativa como denuncia artística de la condición frustrada de la mujer hispanoamericana de su época. En este sentido, sus relatos configurarían aspectos o expresiones individuales de un discurso totalizador de inequívoca unidad ideológica denominada por Hernán Vidal como "feminidad enajenada",[7] núcleo orientador de toda su narrativa cuyas variantes han sido también analizadas en el conjunto que Lucía Guerra-Cunningham llama "una visión de la existencia femenina".[8]

La conjunción de los tres factores reseñados otorga a la narrativa de María Luisa Bombal una coherente fisonomía estético-ideológica cuyo perfil queda diseñado con solidez impresionante a partir de la publicación de su primera novela. Desde este punto de vista, podría decirse que cada uno de los textos que siguen a *La última niebla* contribuyen a delinear con mayor insistencia todas las posibilidades semánticas de la estructura definida en el texto inicial.

Así, por ejemplo, la ley estructural del proceso narrativo desarrollado por María Luisa Bombal desde 1934 hasta 1946 puede ser interpretada como el conflicto entre las fuerzas naturales y artificiales de la existencia, encarnadas en los principios cosmogónicos de lo eterno femenino (naturaleza) y lo histórico masculino (orden social). A su vez, cada relato ofrece una ligera variante estructural. En *La última niebla* el principio femenino es derrotado; *La amortajada* presenta la muerte como única posibilidad de salvación, lo cual, sin duda, es otra forma de vencimiento; en "Las islas nuevas" el principio femenino está condenado a la soledad; en "El árbol" su triunfo sobre el principio masculino posee una validez errónea; en *La historia de María Griselda*, finalmente, se reactualiza en forma aún más dramática la variante ofrecida en "Las islas nuevas". Cada texto, por lo tanto, confirma la denuncia implícita en el sistema narrativo totalizador: el inevitable fracaso de lo eterno frente a lo histórico, la dominación ineludible de lo accidental sobre lo esencial.[9]

La ley estructural que hemos diseñado sumariamente genera una serie de motivos que se reiteran en las distintas narraciones. De éstos, los más significativos son la pérdida, el acoso y la búsqueda. Las protagonistas viven una situación de extrañamiento con las raíces esenciales de lo femenino. Acosadas por un orden social histórico, ajeno a las fuerzas originarias, su comportamiento obedece por lo general a una voluntad de búsqueda del paraíso perdido, es decir, a un reencuentro con la naturaleza esencial, con la fuerzas profundas de las cuales procede el principio femenino de la existencia.[10]

El nivel composicional de los relatos manifiesta asimismo la fuerza de un principio estructurante cuyas exigencias sobrepasan los límites de cada texto particular. Es decir que, así como se advierte con claridad la presencia de una sólida visión de mundo supratextual que deja su impronta en cada cuento y novela, también descubrimos una decidida preferencia por ciertos recursos composicionales que por lo mismo se hacen característicos del arte poética de María Luisa Bombal. A nuestro juicio, éstos son la *diseminación narrativa*, la *interiorización del punto de vista* y la *disposición refleja*.

1. La diseminación narrativa

De acuerdo a lo que hemos aludido antes, podríamos definir los conflictos desarrollados por María Luisa Bombal como variaciones de una misma dialéctica cosmogónica modernizada. Una de las consecuencias de este dinamismo poético es la diseminación que ocurre en los distintos estratos de la estructura literaria de una serie de elementos provenientes de textos anteriores, ya sea desempeñando una función similar o mayor a la que poseían en el texto original. Para citar sólo unos casos, los motivos del acoso, la pérdida y la búsqueda producen a su vez situaciones subordinadas que se van diseminando de un texto a otro. La relación humana nacida en la niñez que se genera en un corto diálogo de *La última niebla* reaparece convertido en una secuencia importantísima de *La amortajada*. La imagen de la cabellera femenina posee un valor indicial en *La última niebla*, remitiendo tanto a las posibilidades de enajenamiento como de realización del principio femenino, pero en *La amortajada*, las trenzas de Ana María ya no son sólo un indicio, sino que han adquirido vida propia. En "Las islas nuevas" la cabellera es ahora una fuerza que ejerce dominio sobre la mujer y, así sucesivamente, hasta que la imagen intratextual llega a convertirse ella misma en texto: "Trenzas".

El desarrollo de la imagen de la cabellera constituye un tipo característico de diseminación que consiste en convertir un determinado componente de una secuencia narrativa en un texto posterior. La imagen del árbol experimenta un proceso composicional similar al de la cabellera. En *La última niebla* se gesta el motivo del encuentro mujer y árbol (reencuentro de la naturaleza consigo misma). Por esta razón, la secuencia del suicidio de Ana María en *La amortajada* se resuelve descargando el revólver contra un árbol, es decir, asesinando a la otra parte de la unión primordial. La imagen del árbol asume ahora la función de aliado, de confidente o refugio: "¿Sabe lo que hace agradable e íntimo este cuarto?" —dice Fernando a Ana María— "El reflejo y la sombra del árbol arrimado a la ventana". Esta observación constituye el microtexto que termina diseminándose en el más famoso cuento de María Luisa Bombal, "El árbol", cuya historia gira precisamente en torno a la imagen creada en el discurso de Fernando.[11] Como últimos ejemplos pueden citarse la reducción de "Cielo, mar y tierra" a sus elementos fundamentales y la subsiguiente introducción de la secuencia del naufragio que generan el cuento "Lo secreto" y *La historia de María Griselda*, relato cuyo punto de vista y perspectiva narrativos, así como el motivo del carácter funesto de la belleza que se desarrolla en él, constituyen indudables diseminaciones del texto anterior de *La amortajada*.

2. La interiorización del punto de vista

Los cuentos y novelas de María Luisa Bombal presentan narradoras caracterizadas por la fuerte emotividad que proyectan sobre el mundo imaginario del relato. El predominio de este rasgo determina el debilitamiento de otras dimensiones de la perspectiva narrativa y confiere al lenguaje una función expresiva muy cercana a la del discurso lírico propiamente tal.[12] De este modo, en lugar de asumir el rol de intérpretes de la realidad presentada, las narradoras son más que todo voces de características tonalidades líricas cuya capacidad de información es restringida, ya sea eliminando la distancia entre la enunciación y el enunciado, ya sea convirtiéndola en conocimiento suprasensorial o subordinándola a la identificación afectiva de la narradora con sus personajes.

En este aspecto, el conocimiento de los vanguardismos europeos y la convivencia personal e intelectual de María Luisa Bombal con algunos de los primeros escritores hispanoamericanos antipositivistas, la hace partícipe de una nueva concepción literaria de la realidad cotidiana, entendida como el efecto o resultado de un proceso que se genera y a la vez encuentra su sentido en un punto metafísico, axial, colocado más allá de los poderes sensoriales del conocimiento. En "Cielo, mar y tierra", texto escrito casi matemáticamente en la mitad de su período de producción literaria, la narradora se define a sí misma como una conciencia poética omnisciente capaz de conocer los niveles de la realidad ocultos a la mirada no poética. Y entre las cosas que observa y revela, afirma que existe

> una lejana selva del sur en cuyo suelo de limo se abre un agujero estrecho y tan profundo que si te echas de bruces sobre la tierra y pones el ojo divisarás allá abajo, igual que al extremo de un largavista, algo así como un polvo de oro que gira vertiginosamente.[13]

Es, en general, la voluntad de ubicar el punto de vista narrativo en este espacio axial una característica definida de la técnica de María Luisa Bombal y, consecuentemente, esto produce también la imagen de la existencia humana como un proceso que encuentra su definición y sentido — auténtico o inauténtico— a partir de una circunstancia central iluminadora (el sueño en *La última niebla*, la muerte de los vivos en *La amortajada*, las pesadillas de Yolanda en "Las islas nuevas", la destrucción del árbol en "El árbol", etc.).

La elección de este punto de vista se manifiesta con particular claridad en *La amortajada*, cuya narradora es, según las palabras de María Luisa Bombal, "una mujer que contempla a otra mujer y siente compasión por lo que le ocurrió en vida y sólo comprende en la muerte".[14] La especial naturaleza de la información que se pretende comunicar en el texto exije que la narradora asuma un punto de vista adecuado para captar a la vez el pasado y el presente históricos de Ana María junto con el futuro sobrenatural que le espera. Por lo tanto, el acto enunciativo se identifica temporal y espacialmente con el momento en que el ser humano se desplaza de la muerte de los vivos a la muerte de los muertos. De esta manera, su ángulo de enfoque justifica la inmediatez entre la narradora y Ana María y la omnisciencia total manifestada en su discurso, así como la absoluta libertad que posee para desplazarse desde su punto de hablada al de los distintos personajes de la historia.

Es, sin embargo, en la primera novela de María Luisa Bombal donde el uso de esta técnica obtiene su más sobresaliente expresión artística. Como se sabe, en *La última niebla* es la protagonista quien narra su propia historia asumiendo lo que Cedomil Goić denomina una convención rigurosamente sostenida que consiste en prohibirse "decir todo aquello de que su conciencia no ha podido tener inmediato conocimiento o percepción".[15] El efecto de este recurso durante el proceso de la lectura es la inmediatez: el lector pareciera que contempla una historia que se desarrolla por primera vez ante sus ojos, olvidando que las experiencias de la protagonista terminaron antes de que la mujer, convertida en narradora, las escribiera en el papel.

La distancia temporal que media entre el momento de la historia y el de la enunciación es sistemáticamente anulada con el objeto de convertir el relato en un discurso exorcista, es decir, en un texto que permita revivir a la narradora un momento que ella considera axial en su existencia, un acontecimiento que en el pasado le permitió evadirse de su vida de frustración, marginalidad y derrota.[16] Pero, al mismo tiempo que relata su historia después de su fracasado intento de suicidio, ha aprendido también que los sueños nunca se convierten en realidad y que su vida futura no será otra cosa que una permanente rutina, una "inmovilidad definitiva". Esta sensación de profundo, doloroso y radical desengaño se oculta silenciosamente detrás del proceso enunciativo de la narradora y es, en último término, el factor que colorea emocionalmente el enlace narrativo del enunciado y la enunciación.

3. La disposición refleja

El resultado artístico más sobresaliente de la conjunción estructural que lleva a cabo la narradora de *La última niebla* se manifiesta a nivel de la organización de las secuencias de la historia. En el momento del acto enunciativo, su conciencia se proyecta sobre el episodio del sueño convirtiéndolo en el eje de su vida pasada; es decir, en el centro en relación al cual se organizan todos los demás momentos de su vida, pero no sólo los posteriores sino también los anteriores al sueño. De esta manera desaparece la cronología lineal en el discurso y es reemplazada por una *disposición refleja* que otorga a cada hecho narrado, dentro y fuera de la secuencia del sueño, su propia imagen inversa en otro momento del relato.

(a) La disposición refleja en la secuencia del sueño.
Denominamos secuencia del sueño el período de la historia narrativa durante el cual la protagonista vivió en función de la experiencia soñada durante su primer viaje a la ciudad y que aparece enmarcada entre la secuencia que se inicia con el episodio de la noche de bodas y

la que se introduce con el episodio del segundo viaje a la ciudad. Como puede verse, su misma condición de nivel narrativo enmarcado casi exactamente en el centro del discurso total del relato sugiere ya por su misma ubicación la importancia que este episodio tiene para la narradora. A la vez, los acontecimientos que se relatan en el interior de esta secuencia son encerrados entre dos situaciones narrativas diferentes, pero que en la conciencia de la narradora se presentan como dos variantes de una misma y única realidad: "el jardín se ha esfumado en humo como hace años en la bruma".[17] La forma como se disponen los motivos de esta secuencia adquiere, como resultado de lo anterior, una clarísima organización refleja:

1.   Sofocamiento nocturno de la protagonista que se soluciona con un (seudo) abandono del lecho conyugal y consiguiente distanciamiento fenoménico de Daniel.

2.   Deambular sin rumbo por una ciudad sumida en la niebla y encuentro con el amante, motivo que crea una realidad interior en la conciencia de la mujer a la cual su esposo no pertenece: "Daniel, no te compadezco, no te odio, deseo solamente que no sepas nunca nada de cuanto me ha ocurrido esta noche . . ." (p. 61).

3.   Secuencia de motivos que constituyen *la espera*, el momento central de la existencia ensoñada.

2'.   Así como el encuentro (soñado) del amante (imaginario) constituye el umbral de la espera, la protagonista abandona ese centro debido a un segundo encuentro (real) con un hombre real. Y del mismo modo, así como la experiencia soñada produce la desaparición de la imagen del esposo del mundo interior de la mujer, ahora el reencuentro con el esposo determina a su vez el alejamiento del amante: "Hace ya un tiempo que no distingo las facciones de mi amigo, que lo siento alejado" (p. 76).

1'.   Finalmente, y en exacta relación de sentido inverso al primer episodio de la secuencia del sueño, segundo sofocamiento nocturno de la protagonista, que se soluciona con una (no) salida del lecho conyugal y consiguiente desaparición definitiva del amante: "¿No te habló? —pregunta Daniel a su esposa— Ya ves, era un fantasma . . ." (p. 82).

(b)   La disposición refleja en las secuencias enmarcantes.

Como decíamos anteriormente, la secuencia del sueño aparece enmarcada por dos secuencias que cubren períodos cronológicamente sucesivos. En la primera se desarrollan los acontecimientos que tienen lugar desde la noche de bodas hasta la *llegada* de los esposos a la ciudad. La segunda se inicia con la *partida* a la ciudad (segundo viaje) y termina con el fracasado intento de suicidio. En este nivel enmarcante, cada núcleo narrativo de la primera secuencia posee su correspondiente imagen inversa en la segunda:

1. Episodio de la noche de bodas: ingreso de los esposos al espacio de la ficción. Indiferencia de la protagonista por el dolor de su marido, actitud que obedece ante todo a la comodidad y al egoísmo.

2. Episodio de la joven muerta. Primer enfrentamiento a la destrucción del cuerpo.

3. Autoafirmación solitaria de la protagonista de su derecho a la existencia, entendida como el goce de la juventud y la belleza.

4. Episodio de los sueños que la protagonista no puede recordar, pero que intuye son la causa de una "turbia inquietud" que flota en ella.

5. Descubrimiento de la condición adúltera de Regina que permite a la protagonista tomar conciencia de su enajenación voluntariamente asumida.

6. Solución al episodio anterior: el baño en el estanque. Para la protagonista asume la forma de una entrega sexual sublimada.

7. Episodio de los cazadores. El amante de Regina deposita en sus rodillas el cadáver de una torcaza "aún caliente y que destila sangre" (p. 51).

8. Finalmente, llegada del matrimonio a la ciudad y súbito ingreso en el mundo del sueño.

Esta última situación introduce en el discurso la secuencia del sueño. Su desenlace constituye el punto de partida de la segunda secuencia enmarcante:

8'. Progresivo abandono del mundo ensoñado y partida de los esposos a la ciudad.

7'. Episodio de Regina moribunda. Su cuerpo agonizante pero palpitante de pasión interior reemplaza en la conciencia de la narradora a la de la torcaza "aún caliente y que destila sangre".

6'. La condición actual de Regina se opone en la conciencia de la mujer a su propio estado interior. Frente a la entrega sexual sublimada que la protagonista viviera en el pasado como una manifestación solitaria de su impotencia, "tras el gesto de Regina hay un sentimiento intenso, toda una vida de pasión" (p. 93).

5'. La admiración hacia Regina provoca ahora la confesión de lo que la protagonista se había negado a aceptar hasta ese momento: "Por primera vez me digo que soy desdichada, que he sido siempre, horrible y totalmente desdichada" (p. 93).

4'. Búsqueda de la realidad del sueño. Años atrás la protagonista tenía sueños que no podía recordar; ahora, busca un sueño que recuerda perfectamente pero que no puede reencontrar.

3'. La definitiva comprobación de la falsedad de su experiencia amorosa la empuja a la autodestrucción. En el episodio correspondiente de la primera secuencia, había afirmado con violencia su derecho a existir.

2'. La visión imaginaria de sí misma como el cadáver de "una mujer casi vieja", imagen "repugnante" e "inútil" (p. 102) es el motivo inverso del episodio de la joven muerta (real) ocurrido años atrás.

1'. Desaparición de los protagonistas del espacio de la ficción. Ahora, eso sí, la imagen es inversa: Daniel finge "absoluta indiferencia" ante el dolor de la mujer.

La última niebla ofrece, pues, una extraordinaria homología artística entre la visión de la experiencia humana proyectada por la narradora en el nivel del estrato de las representaciones y la disposición que otorga a su discurso. En este sentido, Cedomil Goić ha advertido certeramente la presencia de un "cierto principio de reflexividad (que) nos remite a términos iniciales de la narración desde el momento final", principio que junto a otras categorías textuales produce un "apretado diseño de trenza circular que configura la hermeticidad estructural de *La última niebla*".[18]

De acuerdo a lo que hemos querido demostrar en los párrafos anteriores no cabe duda de que el acto narrativo otorga en el discurso un sentido de circularidad a los acontecimientos cronológicamente lineales de la historia. Sin embargo, agregaríamos que la nota más significativa de dicha disposición no es tanto su naturaleza circular como su carácter reflejo. Gracias a esto último, el discurso se convierte a sí mismo en una forma de denuncia implícita, en un testimonio artístico de la situación precaria de la existencia femenina, a quien fuerzas exteriores han condenado a la inmovilidad, colocándola al margen de la historia y, con ello, negándole toda expectativa de cambio o de progreso.

Situada en este contexto, la única alternativa posible para la mujer es soñar, es decir, crearse un mundo paralelo como refugio de su existencia marginada. Amado Alonso dijo en la frase más famosa que se ha dedicado a esta novela que "todo lo que pasa . . . pasa dentro de la cabeza y del corazón de una mujer que sueña y ensueña".[19] Habría que añadir que ese sueño y sus funestas consecuencias no quedan encerrados, sin embargo, en los límites del enunciado del texto. Por el contrario, resucitan con impresionante pasión y cercanía en el acto enunciativo de la narradora y se trasmiten al lector como doloroso testimonio de una historia de frustración y derrota.

UNIVERSITY OF ARIZONA

Notas

[1] Marjorie Agosín, "Entrevista con María Luisa Bombal", *The American Hispanist,* III (21), Nov. 1977.

[2] Ibid.

[3] José Promis, *La novela chilena actual*, Cap. II: "La crisis de la novela naturalista", (Buenos Aires: Fernando García Cambeiro, 1977).

[4] Amado Alonso, "Aparición de una novelista", en MLB, *La última niebla* (Santiago: Nascimento, 1941).

[5] Cedomil Goić, *La novela chilena*, Cap. VII: "*La última niebla*". 4a. ed. (Santiago: Editorial Universitaria, 1976).

[6] Marjorie Agosín, entrevista citada.

[7] Hernán Vidal, *María Luisa Bombal: la feminidad enajenada* (Gerona: Hijos de José Bosch, 1979).

[8] Lucía Guerra-Cunningham, *La narrativa de María Luisa Bombal: una visión de la existencia femenina* (Madrid: Editorial Playor, 1980).

[9] Atendiendo a las declaraciones de la propia autora, se obtiene la impresión, sin embargo, que María Luisa Bombal tenía una conciencia más lúcida sobre las innovaciones estético-formales de su obra, que de los aspectos de denuncia feminista encerrados en ella.

[10] "Creo que somos y seguiremos siendo la eterna mujer. La idealista, sensible, sacrificada, ávida ante todo de dar y recibir amor" (MLB a Marjorie Agosín, entrevista citada).

[11] María Luisa Bombal ha aludido a la experiencia biográfica que sirve de génesis al cuento. Aquí nos referimos, naturalmente, a un aspecto que se desarrolla dentro del fenómeno literario.

[12] "Yo en el fondo soy poeta, mi caso es el de un poeta que escribe en prosa" (MLB a Lucía Guerra-Cunningham, en "Entrevista a María Luisa Bombal", *Hispanic Journal,* III (2), 1982.

[13] Texto recogido en Hernán Vidal, obra citada, p. 27.

[14] Lucía Guerra-Cunningham, entrevista citada.

[15] Cedomil Goić, ob. cit., p. 146.

[16] Es interesante hacer mención aquí que este concepto de la escritura existía ya en la conciencia de la protagonista. Para ella, escribir era una forma de recordar y revivir, una forma de encierro consigo misma cuya sagrada privacidad conservaba rompiendo después lo que escribía por la noches.

[17] *La última niebla*, p. 80. Cito por la 5a. ed., Orbe, 1970.

[18] Cedomil Goić, ob. cit., pp. 160-161.

[19] Amado Alonso, "Aparición", p. 12.

LA AMORTAJADA:
EXPERIENCIA Y CONOCIMIENTO

Laura Riesco

Desde las primeras líneas de *La amortajada*,[1] ciertos rasgos distintivos que caracterizarán el resto de la obra aparecen ya perfilados. Estos rasgos que se analizarán como aspectos reiterados a través de la novela, nos servirán para abordar la modalidad particular, tanto en el nivel de la estructura como en el de la imagen y anécdota, con la que María Luisa Bombal investiga el problema del conocimiento.[2] Al romper con los moldes literarios de su época, la escritora chilena formula en su producción, una serie de preguntas que ponen en tela de juicio los valores racionalistas y pragmáticos del método cognoscitivo occidental, y se allega más bien a una posición fenomenológica, que llevada al extremo de la experiencia, resulta también en una actitud mística. Durante la transición, el paso aquel de "la muerte de los vivos" a la totalizante "muerte de los muertos", la protagonista de *La amortajada*, seguirá investigando las posibilidades de encontrar la verdad y la comprensión del mundo desde el punto de vista privilegiado que le ofrece el estar y no estar en el mundo, el ser y no ser al mismo tiempo. El ir y venir de un presente inmediato, como si estuviera viva, al recuerdo del pasado, que no llega a alterar, porque está muerta, es en ambos casos el movimiento experiencial mediante el que esta búsqueda se llevará a cabo. Así, la obra misma transparenta en sus líneas ese movimiento/búsqueda de ver la realidad y estar en el mundo de una manera diferente a la que subsistió en gran parte de la literatura anterior, contemporánea y aún posterior a la obra de María Luisa Bombal.

En *La amortajada*, partiendo de ciertos elementos en sus primeras páginas, iremos desenvolviendo las características más notables en esa experiencia: ciertas características estructurales, que hacen a su vez relevar el momento inmediato en un rechazo de lazos causales; la importancia de los sentidos, especialmente el de los ojos, al tomar conciencia del alrededor, de sí y del otro; la expresión, que tiende de línea a línea, a borrar todo intento formalizador y categórico, para disolverse en realidades que escapan una determinación fija o autoritaria, y al

contrario, que se dan en un mundo brumoso del cual se está oscuramente consciente.

"Y luego que hubo anochecido . . ." (7). Así empieza la obra, con
la conjunción coordinada *y*, conjunción que precisamente predominó
en las narraciones medievales y en los cuentos de hadas. En *La amortajada*, su repetición, tanto para comenzar párrafos como oraciones,
será indiscutible y profusa. Se empleará en múltiples ocasiones para
introducir algo nuevo que se agrega, dejando un espacio detrás, creando momentos, puntos, que se niegan a entregar un relato en el cual se
afirme el hilván causal en el desarrollo de lo narrado. En la Edad Media, la noción de una historia linear no cabía en el transcurso de las
aventuras de un héroe que no lo sabía todo de antemano, que estaba
sujeto a otro texto, al texto de Dios, sujeto único y el único en saber y
conocer. En el cuento de hadas, medio literario que la Bombal favore-
ció,[3] el héroe se ve igualmente atacado o bien ayudado, de una a otra
acción, por fuerzas imprevistas e inexplicables. En ambos casos, el
protagonista no intenta comprender de un modo racional los acontecimientos en los que se halla, y de un punto salta al otro, y a otro, frag-
mentando, tangenciando, haciendo sobresalir, insistimos, el punto, el
momento, en lugar de la línea.

Si bien la conjunción coordinada *y*, al comienzo de muchas oraciones, y desde un principio, marca un ritmo de sucesivas introducciones
en la percepción que tiene la muerta del presente, de lo que la rodea, y
también de sus reflexiones sobre el pasado, el *momento*, se da dentro
de su experiencia como una función instrumental del conocimiento.
En medio del ir y venir de sus sensaciones y recuerdos, un agente, las
más veces asociado a los sentidos, hará resaltar el resorte de un encla-
recimiento breve e inmediato. En estas primeras líneas leemos: "Y *de
golpe*, se siente sin una sola arruga . . ." (8). (Los subrayados que se
emplean en esta sección son míos.) Esta reacción repentina guarda un
vínculo posible con la frase anterior "y es así como se ve . . . ," en la
cual, la amortajada, en un acto de disociación personal, se ve así misma como ante un espejo. Sin embargo, la brevedad con que se presenta, los puntos suspensivos que señalan un pensamiento inconcluso, no
garantizan necesariamente el resultado de la siguiente oración. De la
vista (se ve), pasamos "de golpe" a la sensación (se siente). Este uso
del *momento*, ligado a frases como "de golpe" o "súbitamente",
marcarán a su vez las fases decisivas en la actitud de la protagonista.

Es de esa manera en que la amortajada se confronta con sus propios y contradictorios sentimientos hacia Ricardo. "Aniñado, desar-
mado por el sueño, me pareciste *de golpe* infinitamente frágil" (16).

Ricardo, de súbito objetivizado, sin poder responder con los ojos a la otra mirada, cesa de mostrarse, de un instante al otro, como el verdugo amenazante que hasta entonces había sido y pronuncia en definitiva la atracción incontestable que ejercerá desde entonces en Ana María. Mucho más tarde, agobiada por la manifestación indiferente del esposo que poco antes había rechazado, es un momento, un segundo imprevisto, el agente que iluminará su verdadera situación. (Cabe mencionar, que como en la cita anterior, la protagonista observa al otro que por su parte no puede verla.) Habiendo regresado de una madrugada de caza, Antonio tropieza con una chinela de su mujer, y de un puntapié retira el objeto antes de echarse a descansar: "Y en *un segundo*, en ese *breve segundo*, se produjo en ella el brusco despertar a una verdad . . ." (98). Será igualmente de un modo repentino que más adelante descubrirá su propio masoquismo:

> Sufro, sufro de ti . . . , empezaba a suspirar un día, cuando *de golpe*, apretó los labios y calló avergonzada. ¿A qué seguir disimulándose a sí misma que, desde hacía tiempo, se forzaba para llorar? (105)

El rencor, no obstante, no la abandona sino de muerta. Al contemplar la cabeza de Antonio sobre su regazo, descubre una arruga, detalle que modificará, brusca y terminantemente su posición hacia él.

> Como un resorte que se quiebra, como una energía que ha perdido su objeto, ha decaído *de pronto* en ella el impulso que la erguía implacable y venenosa, dispuesta siempre a morder. He aquí que su odio se ha vuelto pasivo, casi indulgente. (107)

Por último, el sopor, la tranquilidad que la envolvía el adentrarse en otro paso más hacia la muerte, se interrumpe en el instante que recibe un beso de su hija: "Los labios de su hija, acariciando su cuerpo, la han vuelto *de golpe*, tan lúcida, como si no hubiera muerto nunca" (112).

El conocimiento de sí misma, de otros, el estado de lucidez que a veces expresa, no es por lo tanto, la consecuencia de un curso explicativo, de un razonar paulatino, desarrollado en forma creciente: es un punto, un momento, que inusitadamente la sella mediante instantes intuitivos y reveladores. Al alejarse de la postura realista, que parte de una certeza racional, *a priori* a su visión del mundo para ir aclarándolo en etapas consecutivas, lógicas y causales, María Luisa Bombal, parte de una posición abierta hacia el mundo y lo aborda a través de las experiencias personales de los personajes. Así, sus descubrimientos, fragmentados en el presente y en pasado, como se vio previamente, no son el producto de ruminaciones teóricas, ya sea de orden sicológico o aún filosóficos, sino por el contrario, surgen del ejercicio de estar en y con la realidad. Desde el principio, las imágenes visuales y sensoriales predominan sobre cualquier método introspectivo. Es un viaje que no se enclaustra en el interior del ser, sino que, si se quiere, va hacia el exterior, se repliega un rato en sí, y vuelve a salir, siempre a salir.

"Y cuando hubo anochecido, se le entreabrieron los ojos . . ." (7). Volvemos a la primera línea del libro para subrayar esta vez el sujeto y el verbo de la oración, y de allí reflexionar sobre su importancia en la novela en su relación a la experiencia del mundo. El movimiento *hacia* el exterior, se nos da en los *ojos* y se sobreentiende en el acto de mirar y también en el verbo *entreabrir*. Los episodios del pasado, como los acontecimientos del presente, se observarán casualmente bajo una modalidad de lo intermedio (entre). Es el vaivén de la conciencia al y del mundo, en el movimiento producido por las interrelaciones de esos polos, y es igualmente el vaivén de los vuelos cuando "algo, alguien" la arrastra, cuando la experiencia, siempre errante e imprevisible, va forjando un enlace cada vez más estrecho entre la conciencia de la protagonista y el mundo al que se enlaza.

El elemento visual, como órgano de ese enlace, se evidencia a partir de la primera línea citada. Las imágenes visuales abundan por lo demás en la obra desde la presentación semioscura del velorio, hasta el descenso final a la tierra, pasando por el recuerdo de los alrededores de la casa de la protagonista, el jardín, los bosques, el río; por el cambio de las estaciones con su particular colorido; la casa oscura de Antonio y sus tétricos contornos y la desagradable sorpresa del papel que las paredes de su propio cuarto le ofrecen a su retorno. Salvo los rasgos delineados de María Griselda, las descripciones del físico de los personajes son por lo general, esporádicas y fragmentarias. Es interesante comprobar que la preferencia por lo visual en la prosa, corresponde por otra parte, al peso que los ojos asumen en la novela.[4] Por ejemplo, al mirar a su hijo mayor, la amortajada se detiene ante sus párpados: "Son los párpados los que lo cambian, los que la espantan; unos párpados rugosos y secos, como si se hubieran marchitado, quemados desde adentro" (51). Y luego, en otra ocasión:

Sobre las rodillas de la niña, la lechuza mantenía abiertos los ojos, unos ojos redondos, amarillos y mojados, fijos como una amenaza. Pero sin inmutarse la niña sostenía la mirada. No está bien muerta. Me ve. Ahora cierra los ojos poquito a poco. Mamá, mamá, los párpados le salen de abajo! (67)

En el mismo episodio, refiriéndose a un hombre que en el camino "parecía esperarlos", uno de sus hijos hace un parelelo entre sus ojos y los de la lechuza (67). Por toda respuesta, y aterrada, Ana María le grita a la niña que la tire lejos de sí (68).

Instrumento de la conciencia del y hacia el mundo, los ojos en la amortajada se conservan entreabiertos. Aquellos que la observan se maravillan sin saber que "Ella los veía" de "la limpieza y transparencia de aquella franja de pupila que la muerte no había logrado empañar" (7). En el hijo, son los párpados los que sobresalen, los que pronuncian el enclaustramiento que su pasión, los celos, le hacen sufrir. El mundo se niega, el viaje es hacia adentro. El escándalo que todo ser, en su posición de sujeto, experimenta al ser mirado a su vez, se intima en la protesta de la niña. Y por último, la mirada no se limita a ser la apertura principal de la conciencia del y lo otro, sino que va más allá para afirmarse como un elemento revelador de posibles movimientos ocultos, aquellos que no se ven, pero que se intuyen.

Esto último nos lleva a otro aspecto dominante en la aventura del conocimiento en *La amortajada*. Junto con el verbo *ver*, en las primeras líneas de la novela, encontramos el verbo *sentir*: "Porque Ella veía, sentía" (7). Ya se ha mencionado que en el deseo y la búsqueda de comprensión, María Luisa Bombal rechaza los métodos sistematizados y racionales. Son el cuerpo y el sentimiento su guía primordial. Semejante a la función tajante y reveladora del *momento*, estos irán definiendo su experiencia propia en diversos acontecimientos. Es así, por ejemplo, como sus sentidos, "su corazón de carne" (37), frase que en la estructura de la oración queda separada por guiones para destacarse como órgano del cuerpo y entenderse no sólo como metáfora, le anuncia en su juventud la llegada y consecuente proximidad de su amante. Poco a poco, durante los años, serán las pasiones las que constituirán el eje de sus relaciones con el otro. Los celos, el deseo, la añoranza, en medio de su sencillez temática, van señalando el desarrollo y figura de esa mujer, cuyo movimiento se va reduciendo según el dictamen que recibe de los otros, ya sea el esposo, el confidente o los hijos.

Obediente a sus sentidos, la protagonista rehusa la religión dogmática y establecida a favor de las supersticiones que aprendiera de su ama durante su niñez y adolescencia. En las pequeñeces de la realidad circundante va recogiendo las manifestaciones de otro movimiento, ajeno tanto a la inteligencia como a los mismos designios humanos. Hechos nimios, difíciles de explicación, que son los signos de "algo, alguien, observándome escondido y entretejiendo a ratos parte de su voluntad dentro de la aventura de mi vida" (48), le confiesa la muerta a su hermana. Receptiva a lo largo de los años, a estos fenómenos,[5] será fácil comprobar que en sus viajes cósmicos, cuando ya ha dejado de ser, la fuerza que la lleva y la trae, se nombra de la misma manera: "algo, alguien".

Obediente también al acto inmediato y sensorial, los hechos dejarán de pesar como el efecto aparente de una elucidación causal, y menos aún de uno de índole pragmática. De esa manera, la idea del amor, sus diferentes etapas, su misma descripción en lo que pudiera asociarse a un orden significativo en el desarrollo de un personaje clásico, son enteramente secundarios a esa otra voluntad que no se somete sino a la autoridad de su propia e inmediata sensación. ¿Qué es, por ejemplo, lo que la lleva a entregarse a Ricardo? Sólo el hecho sencillísimo de sentirlo ciñéndole la cintura (25). ¿Qué preocupaciones sufre al saberse embarazada? Ninguna, fuera de las de su propio bienestar físico, la satisfacción de sus caprichos, la necesidad de "hundir la mirada en algo amarillo" (31). ¿Cómo responde, ante la obvia desazón del padre, a la pregunta de por qué había querido tanto a su madre? Muy pequeña aún, ella responde: "Porque llevaba siempre un velito atado alrededor del sombrero y tenía tan rico olor" (43).

Ojos, sentidos, intuición, van trazando la postura que la amortajada tiene y ha tenido frente al mundo. Descripción de formas y colores, percepción de sonidos y texturas, van entrelazándola a la aventura del exterior. De ahí, que la experiencia personal sea su llave de investigación y su posibilidad de desentrañar el misterio que escoge ver o llega a su encuentro. Es por eso difícil de aceptar que ciertas cosas o fenómenos, como la lluvia o las piedras, tengan una función significativa en relación a un simbolismo fijo y antecedente a la obra misma. Si se quiere ver significación, se tendrá que ver dentro de los límites de la novela, y en relación al instante inmediato de las experiencias descritas. El confrontamiento constante con lo exterior provoca igualmente en la protagonista una conciencia visual de su propia persona. Esta particularidad se ha comprendido como una especie de narcisismo en sus obras,[6] o se ha tomado como una ilustración de la mujer-objeto, de aquella limitada a vivir los mitos que la sociedad masculina le ha impuesto. Muy al comienzo, notamos el detalle de "sus largas pestañas" (7), y en aquel desdoblamiento inicial, la amortajada "vislumbra sus manos que han adquirido la delicadeza frívola de dos palomas so-segadas" (8), o bien, "se siente sin una sola arruga, pálida y bella co-mo nunca" (9). Sin embargo, como en el caso tan aludido del baño en el estanque en *La última niebla*,[7] el énfasis se detiene sobre todo en las superficies: los detalles no llevan otro fin que el de la experiencia mo-mentánea de sí. No califican, no determinan, y en especial, la mención de su aspecto físico, no arrostra connotaciones valorativas, ni signifi-cativas. La postura abierta, y básicamente inocente, que tiene al estar consciente de lo exterior, lo tendrá así mismo como conciencia de su propia persona.

Es en esa modalidad, por otra parte, que la protagonista de *La amortajada* se presenta lista a recibir la constante intervención del mundo. Ya por las primeras líneas del libro, María Luisa Bombal la describe no solamente con los ojos entreabiertos, sino "tendida boca arriba" (8). Su posición física desde el momento inicial de la novela, por lo tanto, será la que perdurará a través del resto de las páginas: es-tá hacia y con lo exterior. Partiendo entonces, de esa modalidad, en los diferentes momentos cuando la atención se enfoca en Ana María, la prosa, de oraciones las más veces breves, de párrafos igualmente so-brios, cambiará de ritmo para introducir —muchas veces por medio de la *y* coordinada— un elemento foráneo. De esa manera, luego de la última frase citada, la protagonista pasa sin rodeos, del regocijo que le causa el saberse hermosa, al sonido de la lluvia y el viento en los alre-dedores, y al efecto que en ella producen (10, 11). Más tarde en la no-vela, la amortajada recuerda uno de los encuentros iniciales con Ricar-do:

> Guiada por un singular deseo, acerqué a tu brazo la extremidad de mis dedos siempre helados. Tú dejaste súbitamente de beber, y asien-do mis dos manos, me obligaste a aplastarlos sobre tu pecho. Tu car-ne quemaba. Recuerdo un intervalo durante el cual percibí el zumbi-do de una abeja perdida en el techo del cuarto . . . Veo aún tus manos crispadas sobre la jarra de agua que te habías apresurado a recoger. (20-21)

Como se puede observar, el recuerdo que transmite es uno que ha sido almacenado con cierta calidad de pormenores. Fuera de las primeras palabras, que nos dan a conocer la raíz de su impulso, el resto destaca en las imágenes qué parte de los dedos acercó, su temperatura, con-trastante con la de la carne que tocaba, la crispación de las manos so-bre la jarra que éstas sostenían. En lugar de significar algo, ante todo, estos gestos están:[8] están allí descritos y produciendo en el ir y venir del pasado al presente, los medios con que se vale la amortajada de relacionarse a lo que la rodea. En esta escena, y es igual en otras, la atención no se limita a la tensión entre las dos personas que acarrean el peso del relato: lo externo, el mundo siempre allí e innegable, aquel del cual no se pierde conciencia, interviene con el zumbido de una abeja.

Los acontecimientos recordados y que continúan manteniendo en la muerte de la protagonista la parte integral de sus reacciones afectivas, demuestran una y otra vez, aun en sus horas de enajenación, la ineludible participación del mundo en ella. A rezar el rosario, vuelta hacia asuntos del alma, Ana María opta de niña por espiar a los recién casados (46). Lejos de la vista que le ofrece la calle, su cama le parece estrecha, y la sombra del crucifijo en las paredes, no logra aplacar su tentación de mirar más allá del cuarto (47). Ya de mujer, al comprobar que en una noche de tertulia, Fernando, su detestado confidente, ha abandonado su lugar de espera, la protagonista sufre un inusitado desconcierto. En las líneas que siguen hay una descripción fragmentada de su despecho, pero esta fragmentación no se da en una dialéctica entre el sentimiento por un lado y la razón, por otro. No es un movimiento que se centraliza dentro de la exclusividad del personaje. Deja más bien que lo incidental haga un corte en su proceso mental y cobre un relieve de tanta importancia como la de su propia frustación. En medio de ésta no deja de vislumbrar "un hormigueo tal de estrellas" que la fuerza a bajar inmediatamente los ojos "presa de vértigo" (75). Este vértigo, como se puede claramente comprender, es una reacción ineludible para aquel que no se niega al mundo, que al revés, se entreteje con lo que lo rodea.[9]

Son los hechos que se asumen observables por una conciencia que a su vez se pretende separada de lo observable, que allanan el terreno para la estructura linear. Vistos desde otro lado, lo caótico y múltiple, será ordenado y seleccionado. Pauta del narrador realista que se siente capacitado para ilustrar de un modo convincente los conflictos y acontecimientos de determinados personajes, la linearidad será representativa de una visión clásicamente decimonónica. El orden garantizado por la voluntad divina queda reemplazado por el de la voluntad del hombre. Este orden no sólo garantiza una estabilidad concreta, va aún más lejos, al nombrar, explicar, y definir el objeto y la experiencia del objeto, éstos pueden ser más facilmente poseídos. Con anterioridad hemos insistido en las diferentes técnicas narrativas de las que María Luisa Bombal se vale para situarse en una posición muy distinta a la de la mayor parte de los novelistas hispanoamericanos de su época. El regionalismo representativo de conflictos raciales y económicos, la pintura colorista, rezago del romanticismo nacional o la denuncia social, desaparece en la obra de la escritora chilena, quien escoge una prosa poética por la cual propone no sólo otra manera de afrontar la problemática del conocimiento, sino que, y ligado a esta problemática, se allega a uno de los aspectos que caracterizará más tarde la novelística de Hispanoamérica: la notable mezcla de lo real y lo fantástico, sugiriendo de esa manera una ficción misma.[10] Esta ruptura inicial entre lo probable y lo inverosímil resulta en otras rupturas, que vistas en relación al concepto de linearidad, tienden a subrayar, por el contrario, la noción moderna del fragmento.

La fragmentación se da en el nivel del tiempo, el ir y venir entre la reflexión sobre el estado presente de las realidades próximas, y episodios anecdóticos que se recuerdan sin un orden previsible. Se da por igual, en el uso insistente de la *y*, que sirve de introducción a cualquier elemento nuevo, con la posibilidad de surgir independientemente de aquello que lo ha precedido. Se da en la intervención, en el corte que el detalle incidental impone en el relato. Y todavía más, se da en la proposición de los varios puntos de vista narrativos. Así es como la amortajada no es el único eje alrededor del cual se desenvuelve el relato. De la tercera persona, se pasa al *yo* discursivo que se dirige al *tú*, que a su vez puede ser más de un personaje, y este sujeto narrador cambia la perspectiva de los acontecimientos al ser en una ocasión Fernando y en otra el Padre Carlos.

Este procedimiento de fragmentación en los diferentes aspectos estudiados va apuntando y elaborando la final disgregación del ser/estar de la protagonista. Hemos indicado en un principio que María Luisa Bombal aborda la realidad circundante investigándola por medio de las experiencias de sus personajes de una manera cercana a la fenomenológica. Que esta experiencia directa del mundo vaya al encuentro del misticismo, no es del todo sorprendente. "Algo, alguien" la lleva una y otra vez por el espacio ahondando los estrechos lazos que buscó la protagonista con el mundo mientras viva. A su hermana Alicia, prisionera de las enseñanzas de la Iglesia, le dice desde su lecho mortuorio: "Alicia, no. Estoy aquí, disgregándome bien, apegada a la tierra" (45-46). Antes de cortar los lazos que la habían entretejido al resto y de entrar de hecho a la total disolución de su conciencia para sufrir por fin "la muerte de los muertos" (139), los vínculos que anteriormente la habían atado al mundo mediante la experiencia, terminan por integrarla a la tierra misma:

Nacidas de su cuerpo, sentía una infinidad de raíces hundirse y esparcirse en la tierra como una pujante telaraña por la que subía temblando, hasta ella, la constante palpitación del universo.

Y ya no deseaba sino quedarse crucificada a la tierra, y sufriendo y gozando en su carne el ir y venir de lejanas, muy lejanas mareas; sintiendo crecer la hierba . . . Y sintiendo aún bullir y estallar soles, y derrumbarse, quién sabe dónde, montañas gigantes de arena. (139)

Ir y venir también durante la trayectoria de la obra, trayectoria tangenciada por el momento, el acto de mirar y sentir, la apertura hacia lo otro, la intervención constante del mundo y la fragmentación en diversos niveles. Conciencia de la experiencia de algo, para hallar la única manera de conocer y comprender. Los elementos que constituyen *La amortajada*, tanto estructurales como episódicos, forma y contenido, que se muestran como lo que siempre son —una sola cosa en la experiencia de la página escrita— van forjando durante la novela su disgregación final.

UNIVERSITY OF MAINE

Notas

[1] María Luisa Bombal, *La amortajada* (Santiago de Chile: Editorial Orbe, 1968). Todas las citas de esta novela serán de esta edición.

[2] En *La novela chilena: los mitos degradados*, Cedomil Goić, al analizar *La última niebla* de María Luisa Bombal, estudia a su vez el problema del conocimiento mientras aborda las diferentes rupturas que la escritora chilena crea al colocarse al otro lado de la novela realista (Santiago de Chile: Editorial Universitaria, 1968), pp. 144-162.

[3] Marjorie Agosín, "Entrevista con María Luisa Bombal", *The American Hispanist*, 3, No. 21 (1979), p. 5.

[4] En la misma entrevista con Marjorie Agosín, María Luisa Bombal se detiene a comentar sobre otro aspecto del cuerpo, el cabello, que cobra importancia dentro de su obra (p. 6). Julia Hermosilla, por otra parte, tiene un artículo al respecto, en: "Lectura interpretativa de las trenzas", *Estudios Filológicos*, 10 (1975), pp. 81-92.

[5] En otra entrevista, María Luisa Bombal expresó su atracción por todo aquello que fuera de índole misteriosa. "María Luisa Bombal quiso ser actriz, vivió en el sur, le gusta el misterio y escribe novelas", *Ercilla*, 17, No. 1 (1940), p. 18.

[6] En la sección titulada "María Luisa Bombal y los arequetipos femeninos", Rosario Castellanos critica los personajes femeninos de la escritora chilena, vistos como estereotipos de la mujer pasiva en América der Sur. En *Mujer que sabe latín* (México: Secretaría de Educación, 1973), pp. 144-149.

[7] El regocijo de su propio cuerpo está hermosa y sobriamente descrito en una escena muy comentada, en la cual la protagonista se contempla reflejada en el agua de un estanque. En esta obra, por igual, las descripciones del aspecto físico no arrostran significaciones de orden valorativo. María Luisa Bombal, *La última niebla* (Buenos Aires: Editorial Andina, 1979), pp. 47-48.

[8] Alain Robbe-Grillet, en su breve libro acerca de la nueva novela, propone que para los escritores del futuro, en sus posibles descripciones del mundo, los gestos y los objetos *estarán* allí antes de ser o representar algo. *Pour un nouveau roman* (París: Editions de Minuit, 1963), p. 20.

[9] Al asumir la experiencia como medio de conocimiento, Merleau-Ponty afirma que la "verdad" no es una parte intrínseca del "hombre interior", que en fin de cuentas no hay "hombre interior", que este está en el mundo, y que es precisamente dentro del mundo que puede llegar a conocerse. *Phénoménologie de la perception* (Paris: Gallimard, 1945), p. v.

[10] Con respecto a *La amortajada*, Jorge Luis Borges escribe que cuando María Luisa Bombal le propuso la idea de la obra, él pensó que el argumento sería imposible de llevar a cabo, a causa de la ténue línea que separaría lo real de lo mágico, en una época en la cual, lo verosímil y lo irreal no se mezclaban existosamente en el género novelístico. *"La amortajada"*, *Sur*, 8, No. 47 (1938), pp. 80-81.

LA EVASION DE LA REALIDAD EN
LA ULTIMA NIEBLA

Jorge Rossi

1. Exposición del conflicto

Privilegiada por el despliegue de un imaginario portentoso, *La última niebla*, aparecida ya hace casi 50 años (la primera edición data de 1935), mantiene hoy en día su vigencia narrativa. Más que por los modos de narración, es la fantasía creadora la que imprime a la novela su sello único e inconfundible. El conflicto de una protagonista que llega a un sitio determinado (la casa de la hacienda), en el cual debe enfrentarse a una situación dolorosa —la constatación del fracaso de su reciente matrimonio— se resuelve en el discurso en una huida o evasión de la realidad. En lugar de enfrentar su circunstancia personal, el personaje se fabrica un mundo imaginario que le servirá de refugio frente al universo hostil que la acosa, representado fundamentalmente por la figura del marido, Daniel, quien realizará con ella un matrimonio convencional en reemplazo de su ex-esposa muerta.

La percepción de la realidad objetiva y externa a la protagonista que ofrece el discurso está limitada por una visión de mundo subjetiva, en el que un "yo" que monologa se convierte en único narrador y por lo tanto en el solo nexo y punto de referencia con la realidad circundante, lo que, si bien confiere al discurso una proximidad vivencial, cierra y limita las posibilidades de apertura del mismo hacia otros posibles narrativos, creando un universo cerrado a una sola perspectiva ocular. (Toda la realidad social del discurso: familia de la protagonista, personal de la hacienda, aparece soslayada por una visión esquemática y estilizada.) Cercado entonces por la frontera de este "yo vivencial", única perspectiva posible del entorno circundante, el discurso avanzará ahondando esta relación unilateral del personaje narrador consigo mismo y con los seres que la rodean hasta la alienación, trastocando la realidad en sueño y ensueño, la fantasía onírica, en única fuente de vida.

Existiendo por y para el amor, el resto de la realidad sólo encuentra su medida en cuanto sirve los intereses de la protagonista. La imagen destructiva y castradora del marido se extenderá así a toda la realidad novelesca propuesta por el discurso, confundiéndose con ella. Si el marido representa el principio de muerte, la realidad que rodea a la protagonista, también lo será. Partiendo de este postulado, el discurso seleccionará rigurosamente todos aquellos elementos que sirvan a su funcionalidad. No sólo el espacio narrativo físico y social en que se mueve la protagonista (casa de la hacienda, relaciones familiares convencionales que traducen un orden burgués esclerosado, rituales domésticos), participará de esta carencia de vida, sino también la naturaleza, a la que el discurso extiende su perspectiva de universo degradado.

Viéndose atacada por la realidad, la protagonista se aferra a un universo ilusorio como única posibilidad de supervivencia. Su frustración amorosa la llevará a la creación de un amante perfecto, mítico, capaz de entregarle toda la plenitud amorosa que el marido le niega. Unica salida a su angustia, el delirio onírico le permitirá imponerse (forma de rebeldía suprema) a la realidad, superándola. Se crea entonces un imaginario que le permite fácilmente, puesto que lo acomoda a su arbitrio, surcar espacios, romper perspectivas realistas, huir hacia un mundo gratificador del que estará excluido el dolor, el transcurso del tiempo, la limitación de la realidad carnal y material. Un universo de ensueño que se confunde con un eterno presente en que el soñador llega a semejarse a Dios, ya que puede imponerse a la realidad modelándola según su necesidad: "Hay un ser que no puedo encontrar sin temblar. Lo puedo encontrar hoy, mañana o dentro de diez años. Lo puedo encontrar aquí, al final de una alameda o en la ciudad, al doblar una esquina . . . (pág. 29).

Sin embargo, este universo imaginario no estará completamente reñido con su perfil antagónico, la realidad, ya que, siendo su contrapartida, surgirá de ella. Toda la formalización de las imágenes del sueño traducen el estado de frustración de la protagonista, no habiendo una separación tajante entre ambos universos, sino más bien una complementación por oposición significativa. El amante que la protagonista sabe real en su prima Regina, ella lo reemplaza por la imagen del suyo. De esta forma, ella realiza en "sueños", lo que otros viven en la realidad. Así, de una u otra forma, el mundo de la realidad confluye en el de la fantasía. Toda la formalización del imaginario nos remite directamente a una organización del inconsciente de la protagonista, siendo éste, a mi juicio, uno de los grandes logros del discurso: traducir en imágenes oníricas una cierta forma de estructuración de la realidad. De aquí entonces que podamos afirmar que el imaginario del discurso apunta a una realidad fantasmal que traduce los conflictos de la protagonista con ella misma y con su medio. Valiéndose de este cauce bilateral —realidad-fantasía onírica— el discurso oscilará de un plano a otro en un juego imbricatorio constante del que hará una de sus claves fundamentales y constituirá, a mi modo de ver, uno de los resortes de su dramaticidad. ¿Cuál de los universos prevalecerá al cierre del discurso? ¿el de la locura dulce o el de la realidad aniquiladora? La última lexía del discurso apuntará la solución al enigma.

2. Elementos que funcionalizan el conflicto

Ya en las tres primeras secuencias de la novela podemos encontrar todos los elementos que conformarán el conflicto de la protagonista. En la sección 1, la acción se centra sobre la llegada de la pareja a la casa de la hacienda y en la falta de comunicación de los esposos. En la sección 2, la protagonista se enfrenta a una muerta que yace en un ataúd (se supone que en la misma casa) y que la hace huir buscando espacios abiertos. En la 3, al regresar a la casa, sorprende a su prima Regina con su amante, situación que refleja, por antítesis, su propia soledad afectiva. Es decir, la perspectiva degradada no sólo se extiende al marido, sino también al espacio interior (la casa) y aun al exterior (la naturaleza), situación que obligará a la protagonista a refugiarse en una actitud de repliegue interior. Surge entonces el mundo onírico que ya no la abandonará hasta el término de la novela y del cual el discurso hará su dominio privilegiado.

Ahora bien, dentro de los elementos que ayudan a la exposición del desarrollo del conflicto, la naturaleza cumplirá una función importante, destacándose las imágenes del agua, en su elemento líquido o gaseoso y de la luz, como elemento generador de vida. De una u otra forma la naturaleza metaforiza el conflicto de la protagonista, proyectándolo a una perspectiva que muchas veces roza el inconsciente del personaje.

Desde la primera lexía con que se abre el discurso, el agua invade el espacio narrativo para ya no dejarlo más. "El vendaval de la noche anterior había remojado las tejas de la vieja casa de campo. Cuando llegamos, la lluvia goteaba en todos los cuartos" (pág. 13). Es decir, ya antes de la exposición del conflicto se presenta un espacio interior horadado. El agua se filtra por el techo, soporte básico de una estructura, proyectando al interior su humedad malsana. La casa, símbolo de robustez y protección, de institucionalidad, se encuentra debilitada por un elemento tan frágil y escurridizo como lo es el agua.

Los personajes penetran en un espacio ausente de vida: "Pasamos a una segunda habitación más fría aún que la primera" (pág. 14).

En la medida que en la sección 1, el conflicto se plantea y progresa en su dramaticidad: "¿Para qué nos casamos? Por casarnos —respondo" (pág. 15), el agua también sigue su progresión metafórica, pasando de mesurada gota a avalancha: "Una nueva y violenta racha de lluvia se descarga contra los vidrios" (pág. 15). Es decir, la idea de muerte, que se plantea ya en la relación que atañe a los personajes, se proyecta al espacio físico.

La presencia de la muerta con que se inicia la sección 2 (ajena a los acontecimientos narrativos del discurso), no tiene otra función que intensificar esta idea de muerte que ha invadido el espacio a partir de la sección 1, obligando por esto mismo a huir a la protagonista, quien hará de la huida (física o mental) una de sus características fundamentales.

Al salir de la casa fúnebre buscando un espacio abierto, la protagonista se enfrenta con los árboles, a los que también se proyecta su visión angustiosa:

> Desciendo la pequeña colina sobre la cual la casa está aislada entre cipreses, como una tumba y me voy a bosque traviesa, pisando firme y fuerte, para despertar un eco. Sin embargo, todo continúa mudo y mi pie arrastra hojas caídas que no crujen porque están húmedas y como en descomposición.
>
> Esquivo siluetas de árboles, a tal punto estáticas, borrosas, que de pronto alargo la mano para convencerme de que existen realmente.
>
> Tengo miedo. (pág. 17)

Así vemos que, lo que debiera ser un espacio liberador para la protagonista, tampoco lo es, pues, la inmovilidad de la muerte se ha propagado a la naturaleza y ésta, en lugar de ayudarla, la sumerge en un silencio poblado de fantasmas, metáfora obsesiva de su propia inestabilidad emocional.

Incapaz de sobreponerse al medio, la protagonista no tendrá otra alternativa que refugiarse en el mundo de la fantasía, único trueque posible con la realidad para evitar la locura. Es decir, la protagonista escoge una forma de alienación que le permite seguir existiendo con la apariencia de normalidad en el mundo de los vivos, que para ella, estarán muertos. De aquí entonces la profunda vitalidad que se desprende de todas las secuencias que en el discurso están relacionadas con su aventura imaginaria, porque para el personaje, es la única forma de vida posible para no sucumbir: reemplazar la realidad por la imaginación.

El agua quieta. Opuestamente a la lluvia, que expresa movimiento y funcionaliza en el discurso un disturbio pasional, el agua quieta remite al reposo del origen, al refugio protector de la matriz licuescente. La inmersión de la protagonista al finalizar la sección 3 reviste un carácter ceremonial y sagrado de retorno al útero materno. El universo acuático repara la hostilidad que siente a su alrededor y la agrede. El estanque, espacio hermético que aísla y protege a la protagonista del medio circundante, se convertirá en un símbolo a través de todo el discurso. "Me voy enterrando hasta la rodilla en una espesa arena de terciopelo. Tibias corrientes me acarician y penetran . . . Me besa la nuca y sube hasta mi frente el aliento fresco del agua" (pág. 20).

La niebla. La personificación de la niebla que aparece en la sección 2 del discurso: "Y porque me ataca por vez primera, reacciono violentamente contra el asalto de la niebla" (pág. 17), se convertirá en un leimotiv que circulará a través de todo el discurso como una metáfora de la realidad externa que acosa a la protagonista. A partir de la sección 5, la figura de la niebla invadirá el discurso convirtiéndose en un personaje antagónico de la protagonista, quien, para defenderse contra ella, buscará el mundo de la luz, su antítesis, al que tendrá acceso, por única vez, durante el encuentro con su amante.

A mi juicio, la niebla cumple una doble función en el discurso: por un lado, es una metáfora de la realidad hostil que agrede al personaje; por otro, es un camino que conduce a un universo luminoso, es decir, más allá de la barrera de la niebla existe otro mundo, el imaginativo, fuente de nueva vida. Ya en la sección 3, se insinúa este camino: "Me interno en la bruma y de pronto un rayo de sol se enciende al través, prestando una dorada claridad de gruta al bosque . . ." (pág. 19). El universo fantasmagórico de la protagonista surge una vez que la niebla se ha traspasado, y si es verdad que la niebla inmoviliza la realidad como un signo de muerte, también la trastoca permitiendo, por intermedio del delirio su superación. Desde este punto de vista, la niebla es un límite o frontera que permite la entrada a otro mundo, el de la imaginación que linda el inconsciente.

La figura de la niebla es útil al discurso porque permite entregar una cierta configuración del espacio narrativo. De entre la niebla surgen otros espacios y otros acontecimientos, como por ejemplo, la figura del amante, investida siempre de un aura de irrealidad. La niebla permite acomodar la realidad exterior ofrecida por el discurso. Borra perspectivas realistas, abre el campo del inconsciente, prefigura realidades oníricas. La niebla permite contactar distintas esferas de realidad y desprenderse de ellas cuando el discurso no las necesita, volver de la profundidad del sueño a la linealidad de la realidad exterior y supuestamente objetiva.

3. Evolución del conflicto

La sección 6 es importante dentro de la progresión dramática del discurso porque narra el encuentro de la protagonista con su amante. A partir de esta secuencia, la fantasía invade el discurso, los planos de realidad se entremezclan: aun en la realidad objetiva de la protagonista, ésta comienza a vivir en un estado de "ensueño" permanente que la protege y margina de su vida cotidiana.

El encuentro con el amante supone para la protagonista la apertura de una situación de acoso. La figura luminosa del amante surge como una defensa frente al avance inexorable del principio de realidad. Y si bien este encuentro se produce en un espacio abierto (una plazoleta íntima), el acto de amor se realizará en un espacio protegido, tamizado por una suave luz de penumbra, símbolo, como anteriormente el estanque, de la matriz protectora. "Todo el calor de la casa parece haberse concentrado aquí. La noche y la neblina pueden aletear en vano contra los vidrios de la ventana; no conseguirán infiltrar en este cuarto un solo átomo de muerte" (pág. 26).

Para la protagonista, el encuentro significa un término de la errancia y de la angustia, la liberación del cerco de su soledad; para el discurso, una secuencia clímax, la de mayor significación en la exposición del conflicto, puesto que a partir de ella se organizará todo el universo interior del personaje. Curiosamente, la secuencia de mayor vitalidad y belleza del discurso (tal vez una de las más bellas descripciones del acto de amor en lengua castellana), corresponde también al momento de mayor enajenación, puesto que la evasión no sólo se confunde con la vida, sino que además, la reemplaza. Es decir, la exaltación pasional, el sentimiento amoroso, se encuentran fuera de la realidad objetiva. (Esta secuencia es la única en que el discurso siembra la duda, equívoco que va a mantener hasta casi el término de la narración, sobre la posibilidad de existencia real del encuentro.)

A partir de la sección 12 hasta la 22 (última del discurso), se iniciará el proceso inverso, es decir, la recuperación lenta y gradual del principio de realidad, simbolizada en la figura invasora del marido, cuya configuración empieza a afirmarse y a tomar cuerpo hasta la sección final en que la protagonista lo contempla a la cara como si lo viera, después de muchos años, por primera vez. Dentro de la evolución de este proceso de recuperación, es significativa para el discurso la sección 20, en que la protagonista sufre la frustración de un reencuentro que constata no haber existido nunca, desblocándose el equívoco mantenido hasta entonces y precipitando la acción narrativa hacia su término, puesto que el discurso ya no tiene ningún enigma que alimentar ni verdad que develar.

Correspondiendo a los dos planos que estructuran y equilibran la visión de mundo ofrecida por el discurso, las secuencias 6 y 20 son significativas y claves en la progresión dramática y desarrollo del conflicto, ya que lo definen y canalizan. Si en la sección 6 la protagonista es conducida por un guía iniciático (el amante), hasta el recinto sagrado (la habitación donde se aman), sin encontrar escollos que la desvíen de su trayectoria, la sección 20 le impide el acceso a la cámara secreta, dejándola, como al comienzo del discurso, sola y desvalida frente al "ahora" laberinto de la realidad, a la que no podrá ni penetrar ni sobreponerse. El discurso se clausura con el triunfo del principio de realidad que para la protagonista significa la inmersión en el mundo de la muerte: "Alrededor de nosotros la niebla presta a las cosas un carácter de inmovilidad definitiva" (pág. 55).

4. El yo actancial

Discurso con un narrador sin nombre, pero con un "yo" que afirma desesperadamente, hasta la alienación, su presencia, diríase que la novela es el intento desesperado de un personaje por encontrar su ubicación en el mundo, no de la realidad que se le ofrece, sino al que aspira, un mundo ideal, absoluto. Un "yo" que se asoma a la superficie de la realidad externa propuesta por el discurso desde un nebuloso inconsciente en que toda cronología temporal está eludida y negada, justamente porque el transcurso del tiempo, que es el que termina imponiéndose al final de la novela en la presencia del rostro marchito del marido, está demasiado presente.

> Dos manos que me parecen brutales me atraen vigorosamente hacia atrás. . . . Tambaleo y me apoyo contra el pecho del imprudente que ha creído salvarme.
> Aturdida, levanto la cabeza. Entreveo la cara roja y marchita de un extraño. Luego me aparto violentamente, porque reconozco a mi marido. Hace años que lo miraba sin verlo. ¿Es posible que yo sea la

compañera de este hombre maduro? Recuerdo, sin embargo, que éramos de la misma edad cuando nos casamos. (pág. 54)

El "nosotros" con que se cierra el discurso y que significa la incorporación de un "yo" no a un "tú", sino a una primera persona plural en que la otredad es símbolo de desintegración, marca definitivamente el estado de destrucción de la protagonista.

UNIVERSITÉ DE PARIS XIII

MARIA LUISA BOMBAL Y EL SILENCIO

Emma Sepúlveda-Pulvirenti

En los últimos años han aparecido un gran número de estudios sobre la obra de María Luisa Bombal. Un buen porcentaje de estas investigaciones han enfocado el problema de las protagonistas desde un ángulo feminista. De estos trabajos han salido excelentes conclusiones sobre el papel de la mujer en la novelística de la escritora chilena.[1]

La década de los treinta se percibe como una época en que la mujer vive enmarcada por la tradición —tradición inclinada a dividir desigualmente los derechos masculinos y femeninos. Dentro de esta década escribe sus obras María Luisa Bombal. Sus heroínas reflejan la situación en que vive la mujer en su relación con el hombre y con una sociedad en que los valores masculinos dan la tónica a seguir. Las heroínas de la Bombal se enfrentan constantemente a la moral establecida y al deseo de liberarse de las ataduras que esta moral les impone.[2] El mundo social en que les ha tocado vivir determina que sea el hombre el responsable de las decisiones que afectan el destino de la mujer. La mujer, por su parte, tiene como deber aceptar el dominio del hombre y no cuestionar por ningún motivo su capacidad de decisión. Desde aquí nace una gran dependencia y pasividad que la mujer está obligada a aceptar con resignación. Es por esta razón, entre otras, que las heroínas de Bombal viven una existencia enajenada.[3] Dentro de esta enajenación hay un elemento vital que las envuelve y las empuja a los extremos. Las mujeres en las obras de María Luisa Bombal viven en medio de un gran silencio, silencio que las aleja del mundo de los otros y, al mismo tiempo, les da la posibilidad de crear una existencia dentro de sus propios espacios.

Resultaría difícil delinear el silencio a través de la obra de la escritora chilena, porque no es un silencio, sino infinidad de silencios, que a su vez tienen infinidad de propósitos.[4] Tendríamos que empezar por decir que el espacio novelesco está determinado por el silencio, y que muchas veces, gracias al silencio, se le da vida al sonido. De manera similar, el mundo interno de las protagonistas (mundo de silencio) nos ayuda, por contraste, a entender el mundo social que las atrapa y las encierra.

El silencio que nace como producto de la incomunicación parece ser el que más se repite dentro de sus obras. Así nos encontramos con la mujer de *La última niebla*, que se debate constantemente en el quejumbroso silencio de la soledad y la incomunicación; o con Ana María en *La amortajada*, que sólo logra la comunicación después de la muerte. Quizás sea esta protagonista la que vive el más angustioso ejemplo de la incomunicación. La novela está hecha de silencios; toda la comunicación está dada entre el silencio de la protagonista y el silencio del lector. La palabra está hecha en el silencio y Ana María mueve al lector entre dos silencios; el silencio de sus pensamientos en el ataúd, al ver desfilar la gente frente a ella, y el recuerdo de algunos momentos de su vida. En el cuento "El árbol", el silencio toma forma en la comunicación que mantiene Brígida con el gomero. Aunque los resultados son diferentes, las consecuencias del silencio son bastante similares en la mayoría de las protagonistas de Bombal.

La mayoría de estas mujeres están obligadas a callar, pero mediante el callar dicen todo. Porque en algunos momentos "el acto de callar indica la presencia latente de un lenguaje que, al no convertirse en hablar, retenido o inexpresado por alguna razón, cobra para el usuario un valor y una intensidad distintos de los que tiene el lenguaje no hablado".[5]

Lo más que se oye en las novelas de María Luisa Bombal es el silencio del mundo íntimo de la mujer; silencio que nos hace comprender, y acercarnos más estrechamente a sus heroínas y a su revolucionaria novelística.

La última niebla es un buen ejemplo de la variedad de usos que se le da al silencio. Se nos presenta en primer lugar una protagonista cuyo nombre intencionalmente se calla. Con esto se nos está diciendo que esta mujer no representa a una, sino a muchas: a todas las que viven en la misma situación. De ahí pasamos al problema de la incomunicación como algo que también se ha trasmitido de generación en generación. En este caso, incomunicación entendida como sinónimo de encierro en el silencio. Nos enteramos en las primeras páginas que la esposa anterior, aunque eternamente amada por Daniel, había vivido en el mismo silencio en que se envuelve la nueva esposa. Está claramente expuesto que la mujer sin nombre, después de haberse casado, seguirá el camino de la no comunicación —camino del silencio. Al enfrentarse con el cuerpo sin vida de la primera esposa dice: ". . . me sugiere de pronto la palabra silencio. Silencio, un gran silencio de años, de siglos, un silencio aterrador que empieza a crecer en el cuarto y dentro de mi cabeza".[6]

Desde este momento se empezará a describir el silencio-incomuni-
cación en que ha entrado la protagonista, silencio que la empujará a
crear su propio mundo. Aparecen indicaciones del nacimiento de una
barrera entre la mujer y su esposo desde las primeras páginas: "come-
mos sin hablar"; "permanezco muda"; "sin balbucear una palabra".
Estos silencios se hacen más latentes por la existencia del sonido.
Mientras percibimos el silencio casi físico que invade el comedor, el
dormitorio y cada rincón de la casa, la protagonista nos dice: ". . . una
nueva racha de lluvia se descarga contra los vidrios . . ."; ". . . oigo
acercarse y alejare el incesante ladrido de los perros . . ." (p. 38). Con
estas descripciones se le da más intensidad al "sonido de la nada" —al
silencio.[7]

Al día siguiente el silencio empezará a extenderse al espacio abierto. La mujer corre por el bosque para escapar del acosante silencio de
la casa, y se encuentra con el incontrolable silencio del bosque que
ahora es una desesperante prolongación del anterior: "Una sutil neblina ha diluído el paisaje y el silencio es aún más inmenso" (p. 39). Siente en este momento una necesidad inaguantable de romper el silencio e
intenta crear un eco con el ruido: "sin embargo todo queda mudo" (p.
39). El espacio que representa la casa está invadido de silencio; el espacio de afuera ha sido también penetrado por el mismo elemento. Ahora la protagonista destaca al máximo el silencio en que ella se envuelve. Al encontrarse con Regina dice: ". . . me voy sin haber despegado
los labios" (p. 41). Y llega al extremo su alucinación con el silencio
que logra dormir con el ruido y a despertarse con el silencio: "Me fati-
go inútilmente, ayudando en pensamiento a Daniel. Junto con él abro
cajones y busco mil objetos, sin poder nunca hallarlos. Un gran silencio me despierta, por fin" (p. 43).

Esta verdadera envoltura que la acosa la hace entrar en una gran
desesperación: "Hora tras hora espero en vano la detonación lejana
que llegue a quebrar este enervante silencio" (p. 44). La mujer crea
una gran rebeldía en contra del silencio del vacío. Rebeldía que trata
de proyectar a la relación con su esposo. En la misma noche del encuentro con el amante, la mujer repasa los acontecimientos diarios de
su vida con Daniel:

> Un silencio indicará muy pronto que se ha agotado todo tema de
> conversación y Daniel ajustará ruidosamente las barras contra las
> puertas. Luego nos iremos a dormir. Y pasado mañana será lo mis-
> mo, y dentro de un año, y dentro de diez; y será lo mismo hasta que
> la vejez me arrebate todo derecho a amar y a desear . . . (p. 48)

Después de este análisis de la situación con su esposo, sale a la calle y se encuentra con un hombre; lo sigue y llegan a un lugar donde también habita el silencio. Nuevamente el sonido intensifica la existencia del silencio: ". . . nuestros pasos resuenan en cuartos vacíos . . ."; ". . . oigo pasos muy leves sobre la alfombra . . .". En medio de este silencio espacial que parece haber invadido todo, la mujer se envuelve en su propio silencio y escucha los sonidos de cariz erótico que emite el cuerpo del amante:

> Lo abrazo fuertemente y con todos mis sentidos escucho. Escucho nacer, volar y recaer su soplo; escucho el estallido que el corazón repite incansable en el centro del pecho y hace repercutir en las extrañas y extiende en ondas por todo el cuerpo, transformando cada célula en un eco sonoro. (p. 52)

Se produce en este encuentro la verdadera comunicación que ella esperaba. Hay que hacer notar que esta comunicación fue lograda en el mundo de silencio que ha creado la mujer para escapar del silencio ahogante de la incomunicación. A través de este encuentro vivirá la existencia erótica que le ayudará a mantenerse y sobrevivir en el mundo real. Lo que ha tenido en la relación con el esposo y el mundo exterior ha sido silencio de ausencia. Lo que ha logrado crear la mujer con el amante es silencio de presencia. Desde el momento en que crea la realidad del amante, vive la comunicación dentro del silencio. Le escribe al amante y rompe la carta, lo sueña y constantemente le habla con la voz de la imaginación —todo sin necesidad de emitir una sola palabra. En esta relación no hay voces; se llega al nivel donde el lenguaje callado, no emitido, cobra todo el valor de la comunicación.

La mujer no vuelve a encontrarse con el amante y la única vez que le parece verlo, no puede hablarle: "Un impulso se quebró en una especie de grito ronco, indescriptible. No podía llamarlo, no sabía su nombre" (p. 59). La comunicación se entabló en el silencio, por lo tanto no hay necesidad de palabras que nombren a las personas, los lugares o las cosas. Todo el valor está en lo no dicho.

Al no poder encontrarse con el amante nuevamente, la mujer entra en una especie de lucha entre el sonido y el silencio. Esta lucha es producto de la frustración de no sentir la comunicación que vivió en el silencio:

> A menudo, cuando todos duermen, me incorporo en el lecho y escucho. Calla súbitamente el canto de las ramas. Allá muy lejos, del co-

razón de la noche, oigo venir unos pasos. Los oigo aproximarse lentamente, los oigo apretar el musgo, remover las hojas secas, quebrar
las ramas que le entorpecen el camino. Son los pasos de mi amante.
Es la hora en que él viene a mí. Cruje la tranquera. Oigo la cabalgata
enloquecida de los perros y oigo, distintamente, el murmullo que los
aquieta.
    Reina nuevamente el silencio y no percibo nada más. (p. 62)

La mujer manipula la doble existencia del ruido y el silencio, y les
da poderes completamente diferentes a los que tradicionalmente tienen. Cuando ella necesita escuchar en el silencio hasta las ranas callan,
y al callarse, la mujer puede escuchar sonidos tan inverosímiles como
los pasos en el musgo. Va más lejos aún en su creación y vemos que el
silencio es hasta capaz de abolir el sonido.

La protagonista sin nombre pierde poco a poco la esperanza del reencuentro, y vuelve a envolverse en el silencio de la incomunicación.
Una noche después de tener relaciones con su esposo dice: "Daniel
volvió a extenderse a mi lado y largas horas permanecimos
silenciosos" (p. 66). Después sabemos que esa noche no logra dormir
y que siente junto al silencio de la incomunicación, el silencio del
espacio: "Salto del lecho, abro la ventana y el silencio es tan grande
afuera como en nuestro cuarto cerrado" (p. 67). Esa misma noche el
esposo la convence que el encuentro con el amante ha sido parte de un
sueño. Un sueño porque no se escucharon palabras ni se emitieron
voces.

Más adelante se produce el accidente de Regina, y la protagonista
tiene oportunidad de volver a la ciudad. Esto le ofrece la posibilidad
de ir en busca del amante. No lo encuentra y nos hace ver que el silencio ha ganado su existencia:

> En medio de tanto silencio mis pasos se me antojan, de pronto, un
> ruido en el mundo, un ruido cuya regularidad parece consciente y
> que debe cobrar, en otros planetas, resonancias misteriosas.
>   Me dejo caer sobre un banco para que se haga por fin, el silencio
> en el universo y dentro de mí. (p. 78)

Tenemos que hacer notar que con estas palabras se llega a una
aceptación. La mujer dejará de luchar por la comunicación y se resig-
nará a la vida del silencio, del vacío: la incomunicación. En estas
condiciones vuelve al hospital, sin haber encontrado al amante. Ha
perdido el silencio como presencia y la única alternativa que le queda
es volver a la vida con su esposo, al silencio de ausencia. Vuelve a lo

que tuvo desde que se casó con Daniel. Y por esta razón, al aceptar el regreso menciona el comienzo de la incomunicación: "Recuerdo la noche de nuestra boda . . . lo sigo para lleva a cabo una serie de menesteres . . . Lo sigo para vivir correctamente, para morir correctamente algún día" (p. 84). Y después de esto, el silencio termina por dominar el espacio abierto, no sólo la relación de la pareja: "Alrededor de nosotros la niebla presta a las cosas un carácter de inmovilidad definitiva" (p. 84). De esta manera la protagonista queda al final de la novela en la misma posición que la encontramos al comienzo.

Es necesario mencionar también como parte del silencio, el espacio que se da en el texto. No hay capítulos ni partes que dividan la novela, pero hay espacios en blanco muy bien calculados. Al principio de cada narración siempre existe la idea de que algo ha pasado antes de que se emitan las palabras que abren el párrafo. Algo similar ocurre al final de cada narración; las palabras terminan, pero de alguna manera la escena continúa. Esto sirve para profundizar la sensación de que con lo que se calla también se dice. Se da así gran dramatismo a la desesperación de la protagonista, pero más que nada, sirve como extensión del gran silencio que invade el mundo de la mujer.

Sin lugar a dudas, todos estos silencios estaban cuidadosamente calculados por María Luisa Bombal. Y no sólo se ven estas ideas a través de la mujer sin nombre de *La última niebla*, sino que aparecen también muy desarrolladas en *La amortajada*. En esta novela el espacio del silencio da la posibilidad de crear una narración extraordinaria. Pasamos constantemente del presente mudo de una muerta al pasado silencioso de los recuerdos descritos por la muerta. Hay un movimiento en el espacio del silencio; un ir y venir de ideas, visiones e interpretaciones, que se dan en el silencio del mundo interior de Ana María.

La escritora chilena dijo mucho a través de sus heroínas, no sólo con palabras sino que también con silencios. Hasta podríamos decir que en sus obras los silencios suenan tanto como las palabras —magistral acierto cuando se trató de recrear nada menos que la existencia de la mujer chilena de la década de los treinta.

UNIVERSITY OF CALIFORNIA, DAVIS

Notas

[1] Entre los que más se destacan: Lucía Guerra-Cunningham, *La narrativa de María Luisa Bombal: Una visión de la existencia femenina* (Madrid: Editorial Playor, 1980); Marjorie Agosín, *Las desterradas del paraíso: Protagonistas en la narrativa de María Luisa Bombal* (New York: Senda Nueva de Ediciones, 1984).

[2] Se puede encontrar una variedad de ejemplos en el excelente estudio de Lucía Guerra-Cunningham, *La narrativa de M.L. Bombal: Una visión de la existencia femenina.* En este libro se analiza en detalle la problemática de la mujer latina de la primera mitad del siglo XX, y se plantean conclusiones muy acertadas sobre la imagen social de la mujer a través de las obras de Bombal.

[3] Sobre este tema ver el libro de Hernán Vidal, *María Luisa Bombal: la feminidad enajenada* (Barcelona: Hijos de José Bosch, 1976). Se acerca también a la idea de mujer-ser marginado el estudio de Ian Adams, *Three Authors of Alienation: Bombal, Carpentier, Onetti* (Austin: Univ. of Texas Press, 1975).

[4] El mejor estudio que he visto hasta ahora sobre el silencio en la obra de la Bombal está en el libro de Guerra-Cunningham ya mencionado. Guerra-Cunningham destaca el silencio como parte del sistema de contrastes que se presentan en *La última niebla*. Se plantea el silencio en oposición al sonido para contrastar la muerte y la vida.

[5] Agnes Gullón, "Descifrando los silencios de ayer: *Cinco horas con Mario*", *Insula*, Núm. 396-397, p. 4. Este trabajo resulta vital en el estudio de los silencios en la novela.

[6] María Luisa Bombal, *La última niebla* (Santiago de Chile: Editorial Orbe, 1966). En adelante, todas las citas se marcarán con el número de la página entre paréntesis.

[7] Ricardo Gullón, en su libro *Una poética para Machado* (Madrid: Editorial Gredos, 1968), dedica un capítulo al estudio del silencio, y menciona la definición de Juan de Mairena sobre "el espacio de la nada".

BAJO INDICE DE NARRATIVIDAD, AMBIGÜEDAD NARRATIVA E IDEOLOGIA FEMINISTA EN "EL ARBOL" DE MARIA LUISA BOMBAL

K.M. Sibbald
Ilse Adriana Luraschi

El feminismo del período literario en el que María Luisa Bombal se integra (el de las décadas de los años veinte a cuarenta) se manifestó en la literatura de ciertos escritores mediante el uso de determinados medios de expresión literaria, entre los cuales se encuentra un bajo índice de narratividad[1] y la ambigüedad narrativa. En este trabajo nos ocuparemos brevemente de ellos, valiéndonos para el análisis del cuento "El árbol", al que consideramos un ejemplo sintetizador de todo el estilo de la escritora chilena. Igualmente, trataremos de ver, cómo la utilización de dichos medios expresivos se relaciona con una manifestación ideológica feminista, que sirve, una vez más, para demostrar la coincidencia de María Luisa Bombal con escritoras de su época, tales como Virginia Woolf y Katherine Mansfield.

Es muy difícil establecer si la escritora chilena era consciente de esa ideología feminista que se percibe en sus obras, y hasta qué punto estaba dispuesta, como muchas de sus contemporáneas, a una toma de partido sobre el problema de la desigualdad social basada en el sexismo. El hecho de que haya elegido una forma menos estridente, más indirecta, de expresar la cuestión, parecería darnos, sin embargo, una respuesta.

De una manera muy esquemática, podríamos afirmar que la ideología feminista de ese período se manifestó en una temática determinada, en el uso de ciertos arquetipos sociales burgueses y en modos de expresión preferidos. Las heroínas descritas por María Luisa Bombal son el eje mismo de sus narraciones. La descripción de dichas heroínas implica, desde ya, la de una sociedad burguesa, con su concepto romántico del amor, la mitificación del matrimonio y la condena del amor adúltero o del fracaso a toda relación aceptada por la sociedad.

Las obras de María Luisa Bombal no sólo describen esta realidad burguesa, externa a la ficción, sino que también expresan los conflictos existentes como resultado del choque entre los ideales sociales y la manifestación concreta de los mismos. Las heroínas de dicha escritora buscan incesantemente una ruptura de esa dependencia económica, emocional, intelectual y social a la que parecen condenadas: es decir, una solución de los conflictos que las afligen en tanto miembros de una clase social determinada.

Casi toda la obra de María Luisa Bombal (excepto "Lo secreto") propone un modelo de ficción basado en la introspección y la exacerbada sensibilidad de sus personajes, en especial, de los femeninos. Brígida y la narradora de *La última niebla*, por ejemplo, se caracterizan por una alienación psíquica, al borde de la esquizofrenia. Toda esa visión de sí, de los demás personajes y del mundo circundante da como resultado una ficción perspectivista que se realiza, sin embargo, sin que los narradores hagan una descripción psicológica de sus personajes. Mediante lo que Amado Alonso llamó "el papel estructural de lo accesorio", Bombal llega a ofrecernos una perspectiva sobre la sensibilidad que surge, no de la descripción, sino de lo externo y lo circunstancial, pero que simbólicamente refleja los estados más profundos del ser (por ejemplo: el árbol, las piezas de concierto, la niebla, etc.).

Este perspectivismo nos da una visión selectiva y alienante de lo narrado y logra, simultáneamente, alienarnos. Como lectores nos acercamos más, por este medio, a la significación profunda del mensaje. Pero ese acercamiento, acentuado además por elementos líricos, como el uso del oxímoron, la metáfora, la imagen, el símbolo, etc., no implica en ningún momento una comprensión intelectual del tema. Los temas de Bombal son siempre variaciones de relaciones triangulares, incompletas, formadas por personajes obsesionados, en abierto conflicto con la realidad que los oprime. Esta persistencia en manifestar el amor negado y la relación de dependencia que esto ocasiona en los personajes femeninos, imbuidos del ideal de amor romántico, indica, aunque sin afirmarlo jamás, un sentimiento profundo de futilidad.

La falta de definición, por otra parte, lograda mediante la poetización de la prosa y la ambigüedad narrativa, impide hacer una lectura negativa de la obra de María Luisa Bombal. Junto a ese sentimiento de futilidad se da, paralelamente, el de rebelión y de esperanza, que resultan del planteo mismo del conflicto vivido por esos personajes femeninos burgueses que, por ser los más oprimidos dentro de su clase, son también los más conscientes de su situación. Para terminar esta introducción, podríamos aventurarnos a afirmar que ese sentimiento de futilidad, que se deriva de la imposibilidad de acción, se vería finalmente compensado por el desarrollo de una sensibilidad y la toma de conciencia de un problema social que se extiende más allá de los límites de la sociedad burguesa.

María Luisa Bombal se caracteriza, como Rulfo, por un escasa producción y una gran preocupación por la forma literaria. Dos novelas breves, *La última niebla* (1935),[2] *La amortajada* (1938),[3] una serie de relatos poéticos y seis cuentos es todo lo que se menciona en las historias, antologías y listas bibliográficas de la literatura chilena.[4] Dentro de esta magra producción estética, *La última niebla* y "El árbol" son las dos obras claves para entender a la autora y por las cuales se la conoce, no sólo dentro de los círculos literarios chilenos y argentinos, sino también de los internacionales.

"El árbol", escrito para *Sur* en 1939, forma un capítulo casi obligatorio de todas las antologías de cuentos hispanoamericanos. Como afirmamos, es la narración más sintetizadora de los aspectos formales y del mensaje de la prosa de María Luisa Bombal: el tema del amor insatisfecho, de los ideales inalcanzados, se ve desde una perspectiva femenina a través de una alta elaboración retórica del lenguaje.

Dos aspectos nos parecen fundamentales en el análisis de este cuento. Por una parte, la reducción al mínimo del núcleo narrativo, su "bajo índice de narratividad", lo que tradicionalmente sería considerado como una narración casi sin acción. Por la otra, la aparente ambigüedad del mensaje, que se logra al nivel mismo de la narración y no sólo al nivel más superficial de su estructura.

"El árbol" es una narración en tercera persona, con escasas ocurrencias de estilo directo y abundante uso del indirecto libre. El punto de vista es casi siempre único y coincide con el de la protagonista. Norman Friedman afirma, con certeza, que en estos casos "the reader is limited to the mind of only one of the characters. Instead, therefore, of being allowed a composite of viewing angles, he is at the fixed center".[5]

La combinación de estos dos procedimientos, el estilo indirecto libre y el punto de vista unívoco, tiene por objeto mostrar, sin distracciones, los estados mentales del personaje. Dichos estados no son sino resultado de las reacciones del personaje femenino frente a los otros y frente al mundo que la rodea. En los dos momentos claves del cuento, sin embargo, la autora se vale del narrador omnisciente tradicional, que le permite salir de ese centro fijo y generalizar así una visión filosófica de la vida (142)[6] y la felicidad: es decir, le permite pasar de un nivel emocional a un nivel lógico universal:

> Puede que la verdadera felicidad esté en la convicción de que se ha perdido irremediablemente la felicidad. Entonces empezamos a movernos por la vida sin esperanzas ni miedos, capacas de gozar por fin todos los pequeños goces, que son los más perdurables. (144)

Esta ruptura evidente de un medio expresivo mediante la inserción de otro hace que el lector tome conciencia de la técnica alienante del punto de vista único. Al cambiar los códigos, se da la posibilidad de un distanciamiento que la versión subjetiva no le permitía. Además, e igualmente importante, es el hecho de que sólo el lector, y no la protagonista, tiene acceso a esa visión universal. Pero el ejemplo muestra claramente que, aunque más objetiva, la narración en tercera omnisciente no deja de tener un tono levemente irónico. De este modo, lo que podría tomarse como un elemento que negara la subjetividad de la visión de la protagonista queda, finalmente, por su valor irónico, en una afirmación también ambigua. En resumen, si la perspectiva del narrador representa la conciencia social que se opone a la conciencia de Brígida, ¿por qué exponer esa conciencia en un registro irónico? La respuesta no puede ser más que la siguiente: tanto la conciencia subjetiva como la "objetiva" son cuestionables y, por tanto, el lector tiene la obligación de no dar más importancia a la última, sino de percibir el conflicto entre ambas. El análisis de las estructuras narrativas definirá, a través del mensaje, la preferencia por una de las visiones propuestas.

A lo anterior se suma la técnica del *flashback*, que se usa decididamente para confundir aún más la lectura. Toda la narración es una visión retrospectiva de la vida de Brígida. Pero esa visión se hace de manera tal que el énfasis se coloca en las relaciones temporales y no causales.

Las estructuras narrativas de "El árbol" ofrecen tres lecturas posibles. Dado que el elemento estructural básico es la ambigüedad, los mismos constituyentes (y muchas veces los mismos ejemplos al nivel verbal) pueden tener valores diversos, según la perspectiva y según el cambio de tiempo. Cada una de las tres estructuras contiene las siguientes variables:

ACONTECIMIENTO		RESULTADO	PERSPECTIVA
Acción	*Objetivo*		
casamiento	integración	negativo/positivo	Brígida/sociedad
separación	liberación		

En la primera estructura, todo gira alrededor del proceso de adaptación de la protagonista a las normas sociales:

> *Brígida es una inadaptada social, luego se adapta (casándose) y luego, como resultado, es aún más inadaptada (separándose).*

En el texto la sociedad condena a Brígida por su inadaptación en todos los períodos de su vida (no estudia, juega con muñecas, permanece ignorante, se separa del marido). Por su parte, Brígida tiene una perspectiva ambivalente, vacilando entre la culpabilidad (por su ignorancia, timidez y extrema juventud) y el deleite en su inocencia (es agradable ser ignorante, no le importa ser tonta, "planchar", que no la pidan en matrimonio, ni separarse de Luis).

En la segunda estructura, la inadaptación tiene como contrapartida la alienación por parte de la sociedad. El núcleo narrativo mínimo es el siguiente:

> *Brígida es aislada por la sociedad, luego se casa y luego, como consecuencia (al separarse), está más alienada.*

En el nivel verbal, el rechazo de la sociedad se manifiesta en no aceptarla (es tan tonta como linda, no la piden en matrimonio, se aburren con ella) tal como es (joven y, después, separada). La perspectiva de Brígida vuelve a ser ambivalente, como en el ejemplo anterior: oscila entre un sentimiento negativo a causa de la soledad (añoranza por amistad y amor) y uno positivo en la afirmación de su aislamiento (la identificación con el árbol, los estados de ensoñación, la falsa madurez y resignación).

La tercera estructura narrativa se expresa en la siguiente forma:

> *Brígida es oprimida por la sociedad, luego toma conciencia y luego, como resultado, se libera de la opresión.*

En el texto, ésta es la única perspectiva que no tiene una ambivalencia manifiesta en la perspectiva de la protagonista, ya que Brígida en ningún momento cuestiona la separación. Para la sociedad, sin embargo, parecería existir la posibilidad de una doble interpretación, pero una lectura más detenida borra esta aparente ambigüedad. El comentario anónimo sobre la juventud (134) se puede interpretar (a) como una ironía, si la juventud es igual a una condena por su separación o (b) sin ironía, si la juventud es un índice de que la separación tiene consecuencias positivas para la protagonista. Como dijimos, la interpretación es única, ya que la juventud es falsa y termina neutralizándose con el aislamiento real; es decir que, aunque parece más joven, está sola.

Mediante la lectura de los núcleos narrativos básicos se puede ver cómo la ambigüedad es utilizada para exponer el tipo de relaciones que se establecen entre la sociedad y Brígida. En el conflicto creado por dos sistemas de valores, la protagonista tiene las siguientes posibilidades: (a) actuar en contra o en favor de la sociedad o (b) permanecer en el estado en que se encuentra. De este modo, estas alternativas serían:

1. *Acciones resultantes*
   de un acto volitivo
   adaptación (casamiento)
   liberación (separación)
   aislamiento (ningún contacto
   con la sociedad)

2. *Estados resultantes*
   del poder social
   inadaptación (separación)
   opresión (casamiento)
   alienación (rechazo)

Como es obvio, los dos primeros se neutralizan, ya que el casamiento como rito de pasaje de integración es un fracaso para la protagonista; y la solución de ese fracaso, la ruptura del matrimonio, implica una forma mayor de inadaptación. Uno es, por tanto, un acto gratuito para Brígida, y el otro, gratuito para la sociedad. Lo que queda, entonces, como alternativa no es sino una disyunción formal: Brígida se aisla o la aislan.

María Luisa Bombal ha sido acusada de ser una escritora escapista.[7] El análisis de "El árbol" revela lo contrario. Lo que todo a lo largo del cuento parece un juego de ambivalencias y contrarios, destinados a mostrar el conflicto de valores, no es sino una demostración de la opresión en que se encuentra la mujer burguesa representada por la protagonista. Cualquier acto que trate de revertir este estado opresivo termina en la alienación. La visión de mundo sobre la realidad de la burguesía es mucho más profunda y, por lo tanto, englobante, que la que proponen los abundantes ejemplos criollistas. Es ante todo, una visión que cuestiona la realidad representada. Y ese cuestionamiento manifiesta indudablemente una postura ideológica crítica, aunque sin llegar a revolucionaria, ya que no propone un cambio de estructuras.

Aristóteles afirmó que una narración podía existir sin personaje, pero no sin argumento. Bombal, como digna hija del siglo XX, parece contradecir la afirmación aristotélica y hace en "El árbol" una narración con personaje, pero casi sin argumento (o un argumento muy indefinido). Lo analógico sustituye a lo lógico y lo cronológico, conduciendo, de este modo, a lo ambiguo. Si para Aristóteles, la ambigüedad es negativa, para Bombal, como lo muestra su obra, es positiva porque permite, mediante la confusión del lector, obtener una percepción menos intelectual del mensaje. Pero dicho mensaje queda, al final, expuesto con claridad semejante a la de un manifiesto.

MCGILL UNIVERSITY
MONTREAL, CANADA

Notas

1 Gerald Prince, *A Grammar of Stories: An Introducción* (The Hague: Mouton, 1973), p. 41.

2 A la segunda edición, prologada por Amado Alonso y publicada por la Editorial Nascimiento de Santiago en 1941, se añadieron dos cuentos: "El árbol" y "Las islas nuevas".

3 Después de su primera edición en *Sur*, Buenos Aires, Bombal la reescribió en inglés y publicó, como en el caso de la anterior, en Farrar and Strauss, Nueva York.

4 César Bunster, Julio Durán Cerda, Pedro Lastra y Benjamín Rojas Piña mencionan los siguientes cuentos: "Las islas nuevas" (1939), "El árbol" (1939), "Mar, cielo y tierra" (1940), "Las trenzas" (1940), "Historia de María Griselda" (1946) en su *Antología del cuento chileno* (Santiago de Chile: Universidad de Chile, Publicaciones del Instituto de Literatura Chilena, Serie D, 1963), p. 630. Véase también los datos imprecisos sobre sus actividades como colaboradora en las revistas *Sur* y *Saber Vivir*, guionista, y sobre sus obras inéditas (*ibid.*, p. 434). Manuel G. Balbotín y Javier Rodríguez incluyen también el cuento "Lo secreto" en *El cuento femenino chileno* (Santiago de Chile: Editorial Orbe, 1965), pp. 77-84.

5 Norman Friedman define este tipo como *selective omniscience* en "Point of View in Fiction: The Development of a Critical Concept", en Robert Murray Davis (ed.), *The Novel: Modern Essays in Criticism* (Englewood Cliffs: Prentice Hall, 1969), p. 161.

6 Cf. María Luisa Bombal, "El árbol", en Seymour Menton (ed.), *El cuento hispanoamericano*, vol. 2, 2a. edición (México: Fondo de Cultura Económica, 1966). Todas las citas se hacen por esta edición.

7 En parte debido a la mala interpretación de declaraciones semejantes a la que hizo la autora misma en *Time*, XLIX (14 de abril, 1947), p. 42: "For my taste . . . the grim, documentary type of writing is overdone today. I prefer —what you call— escape." Evidentemente estaba aludiendo aquí al movimiento regionalista criollista hispanoamericano.

"ANTIGONA" Y "CREONTE" EN TEXTOS DE MARIA LUISA BOMBAL

Myrna Solotorevsky

Nuestro trabajo focalizará el intertexto constituido por cuatro obras de María Luisa Bombal: *La última niebla, La amortajada, El árbol, La historia de María Griselda.*[1]

El enfoque intertextual, tan desarrollado por la crítica contemporánea,[2] se adecua muy especialmente al corpus considerado, en cuanto a que HMG es una expansión de enunciados correspondientes a LA y en cuanto a que una estructura profunda equivalente nos parece postulable en los textos señalados, los que vendrían a corresponder a diferentes variaciones o concretizaciones de esa organización abstracta.

Intentaremos captar dicha estructura profunda mediante la consideración de dos dicotomías espaciales: una principal, correspondiente a la oposición "espacio femenino vs. espacio masculino" y otra, secundaria, subordinada a la anterior, correspondiente a la oposición "espacio cerrado vs. espacio abierto".[3]

Los cuatro textos configuran universos femeninos, plasmados a través de perspectivas femeninas.[4] Las principales visiones de mundo a que tendremos acceso son las de una muerta (LA), una desengañada (LUN), una rebelde (EA), una mujer testigo (HMG).[5]

Ciertos enunciados de LA, correspondientes a la perspectiva de Ana María, cumplen una función especular en cuanto a que revelan la legalidad que rige los mundos configurados en el corpus que analizamos:

> ¿Por qué, por qué la naturaleza de la mujer ha de ser tal que tenga que ser siempre un hombre el eje de su vida?
> Los hombres, ellos, logran poner su pasión en otras cosas. Pero el destino de las mujeres es remover una pena de amor en una casa ordenada, ante una tapicería inconclusa. (p. 100)[6]

Se advierte así que entre ambos sexos media una frontera, en el sentido en que este término es empleado por Iouri Lotman;[7] en virtud de dicha frontera el espacio textual es dividido en dos sub-espacios: femenino y masculino, los que no se recortan mutuamente y a cada uno de los cuales corresponde una estructura interna diferente. Rasgo propio de una frontera es, según Lotman, su impenetrabilidad; sólo un personaje móvil logrará traspasarla y sólo entonces ocurrirá un acontecimiento.

El momento citado nos permite una caracterización básica de la diferencia existente entre cada uno de estos sub-espacios: a la independencia del hombre, su capacidad de autocentramiento, se opone la dependencia de la mujer; su realización existencial está subordinada a otro; su deseo es propiamente "deseo del otro"o deseo del reconocimiento del otro.[8] Más adelante observaremos cómo este deseo es irrealizable y sólo acarrea vulnerabilidad y frustración al personaje femenino.

En relación a la segunda dicotomía espacial que nos ocupa, destaquemos que en la cita presentada la espacialidad material aparece bajo la forma de un espacio cerrado, vinculado a la mujer sufriente.

Otro instante de LA en que el discurso adquiere un carácter desocultante de lo femenino corresponde a las siguientes frases del padre Carlos, las que trascienden el caso particular al cual hacen referencia: "¡El Paraíso Terrenal, Ana María! Tu vida entera no fue sino la búsqueda ansiosa de ese jardín ya irremisiblemente vedado al hombre por el querubín de la espada de fuego" (p. 128).

La mujer diseñada en estos textos no limita sus apetencias; corresponde al modelo de Antígona —en la oposición Antígona-Creonte— por su tensión a lo absoluto, su aceptación del todo o la nada, su rechazo de una cotidianidad mediocre.[9] La protagonista de LUN señala: "Es muy posible desear morir porque se ama demasiado la vida" (p. 56). El aflojamiento de esta tensión corresponderá, de acuerdo a la estimativa que informa a estos textos, a la degradación de la mujer, quien traiciona su propia esencia.[10]

En EA, se enuncia desde la perspectiva de Brígida, una frase hipotética que desencubre la esencia masculina en el universo narrado; el acento está puesto en la inmersión en la cotidianidad: "Tal vez la vida consistía para los hombres en una serie de costumbres consentidas y continuas. Si alguna llegaba a quebrarse, probablemente se producía el desbarajuste, el fracaso".[11]

El fracaso masculino es así planteado como posible; el femenino, en cambio —salvo una transgresión básica— es necesario, y la diégesis de cada texto escogido será una mostración de la inaccesibilidad del paraíso, conectada a la vigencia de una ley que podríamos denominar "asimetría afectiva", según la cual no se da la reciprocidad en el sentimiento amoroso. La selección de los momentos constituyentes de la diégesis estará determinada por aquello que para la perspectiva femenina imperante resulta significativo.

En LUN la protagonista comienza su relato a partir de su matrimonio con Daniel, su primo. La relación entre ambos está obstaculizada por la "presencia" de la primera mujer de Daniel, muerta hace un año y por el exceso de familiaridad existente entre ambos ("No necesito ni siquiera desnudarte. De ti conozco hasta la cicatriz de tu operación de apendicitis".[12] Dos sentimientos comunes animan a estos personajes incomunicados: el miedo y la angustia. El texto configura y explícitamente enlaza dos momentos especulares —uno plasmado hacia el comienzo y otro correspondiente al fin— a través de los cuales se advierte la indiferencia de cada actor respecto del sentir del otro:

> Me aparto de él, tratando de persuadirme que la actitud más discreta está en fingir una absoluta ignorancia de su dolor. (p. 43)
>
> Recuerdo la noche de nuestra boda . . . A su vez, él finge, ahora, una absoluta ignorancia de mi dolor. (p. 102)

La dependencia del personaje femenino se hace ostensible a través de su estar condicionado por determinados modelos:

(a)   El modelo contemplado: la muchacha muerta que yace en el ataúd blanco —evocándonos la situación de Ana María en LA— sugiere a la protagonista la palabra "silencio", rasgo que caracteriza su condición existencial y la hace temer y reaccionar respecto de su propia muerte ("¡Yo existo, yo existo —digo en voz alta— y soy bella y feliz! Sí. ¡Feliz! La felicidad no es más que tener un cuerpo joven y esbelto y ágil", p. 45).[13]

Subrayemos que bajo este influjo, la protagonista capta el carácter mortuorio del espacio cerrado constituido por la casa ("la casa está aislada entre cipreses, como una tumba", p. 45).

(b)   El modelo impuesto: constituido por la mujer anterior de Daniel, ya señalada como obstáculo en la relación entre la protagonista y su esposo ("Mi marido me ha obligado después a recoger mis extravagantes cabellos; porque en todo debo esforzarme en imitar a su primera mujer, a su primera mujer que, según él, era una mujer perfecta", p. 47).

(c)   El modelo admirado: Regina, la mujer pasional, vital[14], quien posee un amante, objeto del deseo de la protagonista y condición necesaria para la realización de sus expectativas ("¡ella, que lo ha tenido todo! Amor, vértigo y abandono", p. 100).

La cabellera de Regina estimula a la protagonista, por contraste, a tomar conciencia de su propio desgaste: "mis cabellos han perdido ese leve tinte rojo que les comunicaba un extraño fulgor cuando sacudía la cabeza" (p. 47).

El suicidio de Regina, que suscita la envidia de la protagonista, modelizará —conjuntamente con la visión del muchacho arrollado por un automóvil— su propio intento de suicidio.

El efecto vitalizante que en la protagonista provoca el espectáculo de Regina y su amante, la obliga a abandonar el espacio cerrado de la casa y salir al jardín, que luego, en un proceso de progresiva apertura, aparece transformado en un bosque.[15] Entes naturales asumen el rol sexual masculino, incitando y satisfaciendo el deseo del personaje femenino:

> Cierro los ojos y me abandono contra un árbol. ¡Oh, echar los brazos alrededor de un cuerpo ardiente y rodar con él, enlazada, por una pendiente sin fin . . . ! (p. 49)

> Tibias corrientes me acarician y penetran. Como con brazos de seda, las plantas acuáticas me enlazan el torso con sus largas raíces. Me besa la nuca y sube hasta mi frente el aliento fresco del agua. (p. 50)

La señalada tensión a lo absoluto lleva a la protagonista a la lúcida captación y al repudio de la cotidianidad:

> Mañana volveremos al campo. Pasado mañana iré a oir misa al pueblo, con mi suegra. Luego, durante el almuerzo, Daniel nos hablará de los trabajos de la hacienda. En seguida visitaré el invernáculo, la pajarera, el huerto. Antes de cenar, dormitaré junto a la chimenea o leeré los periódicos locales. . . . Y pasado mañana será lo mismo, y dentro de un año, y dentro de diez; y será lo mismo hasta que la vejez me arrebate todo derecho a amar y a desear. (pp. 55 y s.)

Las leyes imperantes en los mundos narrados sólo pueden ser violadas mediante la irrupción de lo imaginario. Es en este ámbito que la protagonista logra vivir una experiencia amorosa satisfactoria, creando oníricamente a su amante, según el modelo que le brinda el de Regina;[16] el aspecto casi sobrenatural del rostro del amante es un indicio de su irrealidad. Sólo en este ámbito el espacio cerrado es configurado como vital ("Todo el calor de la casa parece haberse concentrado aquí. La noche y la neblina pueden aletear en vano contra los vidrios de la ventana, no conseguirán infiltrar en ese cuarto un solo átomo de muerte'', p. 58). Cuando la protagonista pretende identificar este espacio en la realidad, los aspectos materiales atractivos desaparecen: "¿Dónde la suavidad del gran lecho y la melancolía de las viejas cretonas?'' (p. 97). Pero aun en el plano imaginario persiste la desigualdad, la distinta jerarquización de ambos sexos, lo que se evidencia a través de la siguiente afirmación de la protagonista: "yo no corrí a sus brazos porque aún no me ha llamado'' (p. 74).

La relación entre la protagonista y su esposo se vivifica aparencialmente en virtud del ingreso del mundo exterior al cuarto luego de la unión sexual: "Un murmullo leve, levísimo, empezó a mecerme, mientras una delicada frescura con olor a río, se infiltraba en el cuarto. Era la primera lluvia de verano'' (p. 77). El jarabe que su esposo le ofrece, contiene diluidos "todos los fresales del bosque'' (p. 78). En la alcoba "los espejos, brillando como aguas apretadas, hacían pensar en un reguero de claras charcas'' (p. 78).

Acuciada por la duda insoluble respecto a la realidad de la relación con su amante, la protagonista intentará el refugio en lo cuotidiano: "Desechando todo ensueño, rebusqué y traté de confinarme en los más humildes placeres, elegir caballo, seguir al capataz en su ronda cotidiana, recoger setas junto con mi suegra, aprender a fumar'' (p. 86). Pero ello sólo la hace más consciente de su dependencia de lo masculino:

> Bien sé ahora, que los seres, las cosas, los días, no me son soportables sino vistos a través del estado de vida que me crea mi pasión. Mi amante es para mí más que un amor, es mi razón de ser, mi ayer, mi hoy, mi mañana''. (p. 88)

El desenlace del texto, luego del intento de suicidio frustrado —impedido por Daniel— corresponde a una renuncia a lo absoluto; el personaje femenino derrotado traiciona su esencia y asume la cotidianidad, si bien rasgos de su discurso y del temple que lo anima, revelan la lucidez del actor respecto de su propia caída:

> Lo sigo para llevar a cabo una infinidad de pequeños menesteres; para cumplir con una infinidad de frivolidades amenas; para llorar por costumbre y sonreír por deber. Lo sigo para vivir correctamente, para morir correctamente, algún día''. (p. 102)

Creonte ha vencido a Antígona y ello corresponde en este texto al triunfo de la niebla, que "presta a las cosas un carácter de inmovilidad definitiva" (p. 102).

Las relaciones entre sexos configuradas en LA, significativas para nuestro planteamiento, son las siguientes:

(a) Ana María-Ricardo: la entrega y la dependencia femenina son totales ("comprendí que desde el momento en que me echaste el brazo al talle me asaltó el temor que ahora sentía, el temor de que dejara de oprimirme tu brazo", p. 23); frente a ello se observa el distanciamiento masculino ("Tu rostro era el de siempre; taciturno permanecía ajeno a tu enérgico abrazo", p. 23), que culmina en el abandono del amante.

Llevada por su desesperación Ana María piensa en el suicidio, si bien por falta de valor no llega a cometerlo como Regina, ni siquiera a intentarlo como la protagonista de LUN.

Como corresponde al modelo femenino diseñado, Ana María vincula a su amante al mundo vegetal: "porque me colmaba el olor a oscuro clavel silvestre de tu beso" (p. 24). Cuando sus sentidos le anuncian la venida de su amante, ella, como la protagonista de LUN no asume una actitud activa sino espera a ser llamada.

La posibilidad cognoscitiva inaugurada por la muerte permite a Ana María comprender compensatoriamente que ella también había dejado huella en Ricardo, lo cual por cierto no invalida la total asimetría respecto a la repercusión que esta relación y su acabamiento han tenido en ambos personajes.

(b) Ana María-Fernando: se subvierte aquí la relación femenino-masculina y es Fernando quien ama y sufre mientras Ana María utiliza y desdeña. Fernando asume su situación de amante infortunado y la siguiente afirmación suya resuena —en este corpus— como femenina: "El amor se me ha escurrido, se me escurrirá siempre, como se escurre el agua de entre dos manos cerradas" (p. 57). Sin embargo, la dependencia femenina se mantendrá: "Para sentirme vivir, necesité desde entonces a mi lado ese constante sufrimiento tuyo" (p. 75).

Fernando corresponde al prototipo masculino en cuanto a su deseo de sumirse en la cotidianidad, respecto de lo cual Ana María era un obstáculo; la muerte de Ana María es para él así una liberación: "Sin miedo a tus sarcasmos o a mis pensamientos reposaré extendido varias horas al día, como lo requiere mi salud. Me interesará la lectura de un libro, la conversación con un amigo; estrenaré con gusto una pipa, un tabaco nuevo" (p. 78).

(c) Ana María-Antonio: el móvil que ha llevado a Ana María a contraer matrimonio con Antonio, quien entonces la amaba intensamente, es el despecho; desde esta perspectiva, el enlace está tan inadecuadamente fundado como el de la protagonista y Daniel en LUN. Pero en este caso ocurrirá una inversión en los sentimientos de los actores: Ana María llegará a amar intensamente a su esposo y, de acuerdo al señalado principio de asimetría afectiva —que esta fase de la relación metaforiza con extrema claridad— no será correspondida, siendo su amor fuente de sufrimientos:

> Fue que, a pesar de todo, durante su juventud entera no terminó de agotar los celos, el amor y la tristeza de la pasión que Antonio le había inspirado. (p. 97)
>
> Comprendió que ella no era, no había sido sino una de las múltiples pasiones de Antonio, una pasión que las circunstancias habían encadenado a su vida. La toleraba nada más; la aceptaba, tascando el freno, como la consecuencia de un gesto irremediable. (pp. 98 y s.)

El texto opone la fijación femenina a la capacidad masculina de sobreponerse a una experiencia amorosa adversa, señalando que Antonio "Sin esfuerzo se había desprendido del pasado que a ella la había hecho esclava" (p. 96).

Cuando Ana María intenta poner fin a su unión con Antonio, recurriendo a un abogado amigo, éste de posible adyuvante se transforma en oponente, al provocar un diálogo entre Ana María y su esposo, como resultado del cual Ana María continúa su existencia enajenada. La pasión no correspondida de Ana María se transformará en odio y, una vez muerto el personaje, en indiferencia.

Traicionándose persistentemente a sí misma, para lograr la aceptación afectiva de los que ama, Ana María deberá atenuar su intensidad pasional, "adaptar su propio vehemente amor al amor mediocre y limitado de los otros" (p. 102).

La casa de Antonio, la ciudad en la que dicha casa se encuentra, son espacios cerrados, hostiles a Ana María. Así como la protagonista de LUN, Ana María se ve impelida por la intensidad de sus sensaciones a dirigirse al jardín; permanece en el umbral que separa el espacio cerrado del espacio abierto ("Largo rato permanecí de pie en aquel mundo nuevo, irreconocible, en aquel mundo que parecía un mundo sumergido", p. 32). La mera contemplación del afuera permitirá la liberación de su angustia.

La muerte, configurada en este texto como una experiencia enriquecedora, corresponde en su primera etapa a un peregrinaje por el espacio abierto, en el cual Ana María desea ser sepultada. Su entierro en el espacio cerrado del panteón es contrarrestado por un descenso —ya indicialmente prefigurado mediante determinadas imágenes— que pareciera "sepultarla en las entrañas mismas de la tierra" (p. 137), en una total fusión con lo cósmico.

La protagonista de EA tampoco se ha casado por amor. Luis representó para Brígida una imagen paterna que justificaba las manifestaciones juveniles de ella.[17] Esta relación es tan insatisfactoria para Brígida como lo eran las relaciones maritales ya analizadas para las protagonistas de LUN y LA: "Nunca estás conmigo cuando estás a mi lado —protestaba en la alcoba, cuando antes de dormirse él abría ritualmente los periódicos de la tarde—" (p. 110).

Como una ilustración de persistentes asimetrías afectivas, cabe destacar que en la época incial de su matrimonio —cuando Ana María lo rehuía— Antonio se entregaba a ella en el sueño; Luis, en cambio, se aparta de Brígida para dormir y ella en la noche lo busca.

EA configura el ámbito enajenador por excelencia: el cuarto de vestir, que permite evocar el cuarto cerrado en el que Ana María juega con sus hijos, la falsa playa, en la que parecía que las horas transcurrían "más cálidas, más íntimas" (p. 117) y el cuarto soñado en el que la protagonista de LUN se une con su amante:

> Las cretonas desvaídas, el árbol que desenvolvía sombras como de agua agitada y fría por las paredes, los espejos que doblaban el follaje y se ahuecaban en un bosque infinito y verde. ¡Qué agradable era ese cuarto! Parecía un mundo sumido en un acuario. (p. 112)

Nuevamente se pone de manifiesto la ley de asimetría afectiva: el interés de Luis por Brígida surge en cuanto ésta se aparta y utiliza el arma del silencio.

El mismo efecto enajenante del jarabe —asociable a lluvia— que Daniel proporciona a su mujer luego del acto de amor, es aquí suscitado por el aguacero: al calor de la escena de LUN, se opone aquí el frío voluntario, que Brígida desea sentir para acurrucarse junto a Luis.

Bajo el influjo del gomero —posible símbolo fálico— que ejerce un efecto determinante en el carácter enajenador del cuarto, Brígida llega a pensar en asumir el modelo masculino de existencia: "Eso era la vida. Y había cierta grandeza en aceptarla así, mediocre, como algo definitivo, irremediable" (p. 119); "Puede que la verdadera felicidad está en la convicción de que se ha perdido irremediablemente la felicidad. Entonces empezamos a movernos por la vida sin esperanzas ni miedos, capaces de gozar por fin todos los pequeños goces, que son los más perdurables'' (p. 123). El texto describe patentemente la alienación del personaje: "Una podía pasarse así las horas muertas, vacía de todo pensamiento, atontada de bienestar'' (p. 121).

La ausencia del árbol —substituido por el rascacielos, símbolo fálico de desembozada negatividad— permite la irrupción de la luz en el cuarto: así como en LUN, la luz desoculta la realidad y se opone a la penumbra "bienhechora'' y enajenante. En el desenlace del relato, la protagonista desalienada afirma en un arranque de autenticidad, su esencia femenina, jugándose entera por el logro de lo absoluto. Es ésta una reivindicación de las vidas mediocres en las que se sumen las protagonistas de LUN y de LA.

En HMG Anita, por sus condiciones intelectuales superiores, podría habernos hecho concebir un tipo de mujer independiente, pero la legalidad imperante en el corpus se mantiene y la existencia de este personaje femenino dependerá también de un hombre que ya no la ama: "—No quiero ser inteligente, no quiero ser orgullosa y no quiero más marido que Rodolfo, y lo quiero así tal como es, insignificante y todo . . .''.[18]

Anita, casada con Rodolfo, vivirá la misma existencia frustrada de su madre; Ana María, a partir de su propia experiencia, capta con lucidez la suerte de su hija: "Lo odias, lo desprecias, lo adoras, y cada abrazo suyo te deja cada vez más desanimada y mucho más enamorada'' (p. 69).

Otro personaje femenino de HMG, Silvia —como Regina— comete el acto de suicidio a causa de su insatisfacción amorosa, en este caso, debido al afecto insuficiente de su esposo, Fred ("sin cerrar tan siquiera los ojos, valientemente, como lo hacen los hombres, había apretado el gatillo'', p. 64).

La indeliberada inasibilidad de María Griselda exacerba la pasión de su marido, Alberto, cumpliéndose también aquí el principio de asimetría afectiva ya señalado: "Porque apenas se apartaba del suyo, el cuerpo de María Griselda parecía desprendido y ajeno desde siempre y para siempre, de la vida física de él'' (p. 61).

También en este texto se advierte la afinidad entre la mujer y el espacio abierto, antídoto contra la opresión: Ana María siente "esa ansia irresistible de salir al aire libre y caminar, que se apodera del cuerpo en los momentos en que el alma se ahoga'' (p. 54).

El texto finaliza con un juicio de Ana María, que ésta pretende hacer extensivo a sí misma y a todos los miembros de su familia y que revela una aguda lucidez respecto a los peligros de una existencia enajenante: "Ah, mi pobre Anita, tal vez sea ésta la vida de todos nosotros.

¡Ese eludir o perder nuestra verdadera vida encubriéndola tras una infinidad de pequeñeces con aspectos de cosas vitales!'' (p. 70). Estas frases enfatizan la mediocridad del propio destino de Ana María, hermanado con el de la protagonista de LUN y dignifican la actitud final de Brígida, personaje femenino móvil, que traspasa una frontera en un intento vigoroso de desalienación.

Si bien cabe considerar —como hace Freud—[19] que masculinidad y femineidad puras son construcciones teóricas de contenido incierto, los textos analizados se esfuerzan por entregarnos la pura esencia de lo femenino, para cuya patentización se recurre también a un discurso no mimético o abstracto, que sentenciosamente opone la índole de ambos sexos.

Los personajes femeninos de nuestro corpus corresponden, según la distinción Freudiana, al tipo libidinal básico *erótico*, caracterizado del siguiente modo:

> son personas cuyo interés principal —la parte relativamente más considerable de su libido— está concentrada en la vida amorosa. Amar, pero particularmente ser amado, es para ellos lo más importante en la vida. Hállanse dominados por el temor de perder el amor, y se encuentran por eso en particular dependencia de los demás, que pueden privarlos de ese amor. . . . Desde el punto de vista social y cultural, este tipo representa las demandas instintivas elementales del *ello*, al que las demás instancias psíquicas se han rendido dócilmente.[20]

Salvo momentos de transitoria obnubilación, los personajes femeninos son configurados como entes lúcidos respecto de sus propios procesos de degradación, consistentes en la aceptación de lo cuotidiano. Un sólo actor femenino —paradójicamente aquél cuyo complejo edípico el texto señala— es capaz de un acto de subversión, en el que obedece plenamente a un impulso femenino esencial: la tensión a lo absoluto como fuente de satisfacción.

La dicotomía espacio cerrado vs. espacio abierto se ha mostrado relacionable a las vicisitudes del actor femenino. El espacio cerrado es en la "realidad" configurada un espacio enajenante, opresivo, que hace sentir a la mujer su dependencia y adquiere connotaciones mortuorias negativas; la mujer logra la expresión de su plenitud, su satisfacción, en el espacio abierto, anulándose por lo que a ello respecta la frontera entre vida y muerte.

El principio de asimetría afectiva ha probado su frecuente vigencia: cuando Antonio ama a Ana María, ésta no le corresponde e inversamente: Ana María debe restringir su capacidad de amar para recibir el amor "mediocre y limitado de los otros" (p. 102); cuando Brígida se torna indiferente, suscita el interés de Luis; la inasibilidad de María Griselda exacerba la pasión de los que la rodean.

A partir de la legalidad vigente el personaje femenino está condenado a la infelicidad. Sólo un acto de ruptura o transgresión como el que realiza Brígida podría ser preludio de la instauración de nuevas posibilidades.

UNIVERSIDAD HEBREA DE JERUSALEN

Notas

[1] En adelante, nos referiremos a dichos textos con las siguientes abreviaturas: *La última niebla*, LUN; *La amortajada*, LA; *El árbol*, EA; *La historia de María Griselda*, HMG.

[2] Remitimos al respecto, por ejemplo, a: Mikhail Bakhtine, *La poétique de Dostoievski* (Paris: Seuil, 1970); Tzvetan Todorov, *Makhaïl Bakhtine le principe dialogique* (Paris: Seuil, 1981); Julia Kristeva, *Recherches pour un sémanalyse* (Paris: Seuil, 1969).

[3] Respecto de la consideración de estructuras espaciales del texto que llegan a ser un modelo de la estructura del espacio del universo, véase Iouri Lotman, *La structure de texte artistique* (Paris: Gallimard, 1973). Este autor ha desarrollado la posibilidad de una modelización espacial de conceptos que no tienen de suyo naturaleza espacial.

[4] Diversos procedimientos contribuyen a otorgar esa perspectiva femenina: la presencia de una narradora homodiegética autodiegética en LUN; la presencia de un narrador omnisciente que otorga realce a la interioridad del personaje femenino protagónico y de discurso indirecto libre en otros textos, los monólogos interiores del personaje femenino central en LA y HMG.

[5] Si bien el título del texto destaca a María Griselda, la perspectiva diseñada corresponde a Ana María; esta última es quien nos permite el acceso al mundo de la obra; su rol es de contempladora y destinataria; sus juicios, portadores de verdad, cierran el relato. El realce de Ana María permite la continuidad entre ambos textos: LA y HMG.

A través de las denominaciones "desengañada", "rebelde", no captamos todos los comportamientos de cada uno de los correspondientes actores, pero sí aquéllos que resultan más básicos y definitivos en la aprehensión totalizadora del personaje.

[6] María Luisa Bombal, *La amortajada* (Santiago de Chile: Nascimento, 1962), p. 100. En adelante citaremos la misma edición y nos limitaremos a señalar el número de la página correspondiente junto al texto citado.

[7] Véase Iouri Lotman, op. cit.

[8] Respecto del "deseo del otro", véase Alexandre Kojève, *Introduction à la lecture de Hegel* (Paris: Gallimard, 1947)

Lucía Guerra-Cunningham, fundamentándose en una desarrollada bibliografía, ha señalado la importancia de la relación amorosa con el sexo masculino, como rasgo propio de la novela femenina. "La búsqueda del amor implica, en realidad, el intento de alcanzar una verdadera realización para la existencia de las protagonistas, es más, el amor se concibe como el único baluarte del instinto natural y el sentimiento irracional en una sociedad de corte positivista que únicamente valora la razón". "Reflexiones sobre la novela femenina", *Hispamérica*, 28 (1981), p. 37.

9 Nos referimos a la oposición planteada por Jean Anouilh en *Antigone*, la que se hace ostensible a través de las siguientes citas:

Antígona

"Vous me dégoûtez tous avec votre bonheur! Avec votre vie qu'il faut aimer coûte que coûte. On dirait des chiens qui lèchent tout ce qu'ils trouvent. Et cette petite chance pour tous les jours, si on n'est pas trop exigeant. Moi, je veux tout, tout de suite, —et que ce soit entier— ou alors je refuse! Je ne veux pas être modeste, moi, et me contenter d'un petit morceau si j'ai été bien sage. Je veux être sûre de tout aujourd'hui et que cela soit aussi beau que quand j'étais petite —ou mourir". (Paris: La Table Ronde, 1947, pp. 101 y s.)

Creonte

"La vie n'est pas ce que tu crois. C'est une eau que les jeunes gens laissent couler sans le savoir, entre leurs doigts ouverts. Ferme tes mains, ferme tes mains, vite. Retiens-la. Tu verras, cela deviendra une petite chose dure et simple qu'on grignote, assis au soleil (. . .) Tu l'apprendras toi aussi, trop tard, la vie c'est un livre qu'on aime, c'est un enfant qui joue à vos pieds, un outil qu'on tient bien dans sa main, un banc pour se reposer le soir devant sa maison. Tu vas me mépriser encore, mais de découvrir cela, tu verras, c'est la consolation dérisoire de viellir, la vie, ce n'est peut-être tout de même que le bonheur". (Ibid., p. 98).

10 En un planteamiento distinto del nuestro, Hernán Vidal ha desarrollado el tema concerniente a la enajenación del personaje femenino en la obra de María Luisa Bombal. Según este crítico, "La enajenación podría ser superada si la mujer llegara a un equilibrio con los aspectos conscientes de su psiquis que tradicionalmente han sido asociados con la masculinidad y así alcanzar identidad histórica". *María Luisa Bombal: la feminidad enajenada* (Gerona: Hijos de José Bosch, 1976), p. 51.

11 María Luisa Bombal, "El árbol" (Santiago de Chile: Nascimento, 1962), p. 113. En adelante citaremos la misma edición y nos limitaremos a señalar el número de la página correspondiente junto al texto citado.

Análoga versión de lo masculino es otorgada en otro texto de María Luisa Bombal, "Las islas nuevas", desde una perspectiva también femenina: "¡Qué absurdos los hombres! Siempre en movimiento, siempre dispuestos a interesarse por todo. Cuando se acuestan dejan dicho que los despierten al rayar el alba. Si se acercan a la chimenea permanecen de pie, listos para huir al otro extremo del cuarto, listos para huir siempre hacia cosas fútiles". (Santiago de Chile: Nascimento, 1962), p. 130.

12 María Luisa Bombal, *La última niebla* (Santiago de Chile: Nascimento, 1962), p. 41. En adelante citaremos la misma edición y nos limitaremos a señalar el número de la página correspondiente junto al texto citado.

13 Según Hernán Vidal, la muchacha muerta simboliza para la protagonista, a la antigua esposa de Daniel, ocurriendo un proceso de identificación entre la narradora y ambos personajes femeninos, simbolizante y simbolizado.

[14] En un sueño de la protagonista, sólo el rastro de Regina es capaz de resistir la acción disolvente de la niebla.

[15] Este movimiento hacia el jardín y hacia el bosque podría interpretarse como una afirmación de la propia femineidad, si se considera que el jardín es un atributo femenino por su carácter de recinto y que al bosque corresponde un simbolismo materno y femenino. Véase Juan-Eduardo Cirlot, *Diccionario de símbolos tradicionales* (Barcelona: Luis Miracle, 1958), s.v. "jardín" y "bosque". El tránsito del jardín al bosque correspondería a un desplazamiento de la conciencia a lo inconsciente.

En esta misma línea, Hernán Vidal ha destacado la afinidad de los espacios abiertos con lo femenino y de lo masculino con lo cerrado, en la producción de Bombal, op. cit.

[16] Como aquél, su amante es moreno y huele a vegetal; Lucía Guerra-Cunningham ha señalado que en la novela femenina el motivo del amante "se elabora a partir de imágenes que lo unen al espacio vital y libre de la Naturaleza. El amante real o imaginado es básicamente un cuerpo vigoroso y fuerte del cual emanan los olores ásperos de la tierra húmeda", op. cit., p. 37.

Alberto Rabago destaca como otro rasgo común entre los amantes, la mirada-deseo que forma parte de ambas relaciones amorosas. "Elementos surrealistas en *La última niebla*", *Hispania*, 64 (March 1981), pp. 31-40.

[17] Freud se refiere a la frecuencia con que la mujer —dominada por una fuerte vinculación con el padre— elige a su marido de acuerdo al modelo paterno o lo coloca en lugar del padre. "Sobre la sexualidad femenina", en *Tres ensayos sobre teoría sexual* (Madrid: Alianza Editorial, 1981).

[18] María Luisa Bombal, *La historia de María Griselda* (Valparaíso: Ediciones Universitarias de Valparaíso, 1977), p. 48. En adelante citaremos la misma edición y nos limitaremos a señalar el número de la página correspondiente junto al texto citado.

[19] Sigmund Freud, *Introducción al narcisismo y otros ensayos* (Madrid: Alianza Editorial, 1973).

[20] "Sobre los tipos libidinales", en *Tres ensayos sobre teoría sexual*, op. cit., p. 115.

REFRACCIONES

Mercedes Valdivieso

"Beatriz Aguirre contestando a la llamada de Marjorie Agosín, que invita a sostener un diálogo con personajes de María Luisa Bombal, habla desde el interior de una novela, en su calidad de personaje todavía larvario de protagonista inédita".

Me limito a transcribir un parlamento de lo que se pensó como diálogo pero que devino monólogo:

Tus ojos se entreabren. La franja transparente de tus pupilas te regresa al mundo bajo tus pestañas. Me miras y me doy cuenta que tu mirada se revierte y me aprisiona, me engancha en un espacio pupilar que me refleja. Tu mirada se convierte en la misma mirada a través de la cual yo te miro. Y hablas ahora al silencio de tu cuarto, a los oídos sordos de quienes te rodean. Pero yo recojo tus palabras y las escucho desde tu cuerpo, no desde la vestidura de tu féretro. Recojo tus palabras como recojo y reflejo tu mirada que nos mira.

Allí estás entre sábanas bordadas y perfume de espliego, tus manos recogidas sobre el pecho y tu cabello suelto. Allí están rodeándote todos. ¿Todos?

Tú esperas algo mientras hablas de la lluvia y la sientes caer como si te anegara, como si te traspasara hacia la tierra. Esperas, anticipas un rumor de cascos al galope que te traerá a alguien que aún no mencionas.

Musitas un murmullo que ya no se hace presente en el tiempo, y yo, de alguna manera, reconozco las señales de tu lenguaje, retumba en mí la intensidad y la queja, asumo signos que nos transmitieron y que repetimos sin saber todavía cómo arrancarnos de ellos. Es el mismo lenguaje que encierra las jaquecas de mi historia, el mismo lenguaje para una historia distinta.

Entretanto llenas tu espera con la presencia de tus hijos, de tus parientes y de tus amigos. Recuerdas que amabas a tu madre "porque llevaba siempre un velito atado alrededor del sombrero y tenía rico olor". Fue como respondiste a la pregunta de tu padre: "¿. . . la querías . . .? ¿Y por qué la querías?" Respuesta que éste rechazó porque lo desenmascaraba, porque le avergonzaba asumir la simplicidad de su propia pasión por ella.

No te importaba ser simple frente a quienes despreciaban la simplicidad, expresabas tus caprichos sin pudores, pedías frambuesas cuando no las había o soñabas con árboles siempre más altos que las casas o temías pestañar porque podrías romper con los párpados la atmosfera de cristal que solía envolverte. O te permitías rechazar a Dios porque era tan severo, por estar crucificado en el amor en vez de gozarlo indolentemente, embelleciéndose a su contacto.

Me atrapan tus miradas y tus palabras aunque debiera arrancarme de ellas o caerme con ellas en los espacios vacíos que van dejando las huellas de lo que dices.

No fui como tú a colegio de monjas a vivir sus liturgias y sus manuales, en cambio, caminé a prisa entre las salas de clases, las mejores notas de mis cursos y los besos iniciadores de un compañero. Todo eso mientras me acercaba a la universidad y se separaban estrepitosamente mis padres. Oí gritar a mi madre su despecho y sus amenazas. Mi padre la reemplazó por una mujer que reía fuerte y vestía un abrigo de piel oscura con visos de seda. No fui a colegio de monjas pero otro tipo de liturgia y de manuales nos forzaba la vida.

Esperas todavía. Se te acercan los hijos. No los disfrutaste mayores, se te perdieron al crecer, la adolescencia los fue apartando de tus palabras y de tu alcance. Los perdiste de vista, ya no se reunieron en tu mirada. Lloran ahora lágrimas de culpa, la culpa que busca siempre el lugar en que posarse.

La culpa que me atribuía en los conflictos de mis padres. Nunca pude librarme de ella, la compartía con mi hermana sin unirnos por eso, al contrario, la culpa nos separaba. Mi hermana era la favorita de mi padre, tonta y bella.

Usas un ligero tono frívolo al referir tu belleza, pero es un tono que no alcanza a molestar, es un tono que se excusa, que trata de compensar algo, algo que una siente desprenderse, liberarse de tus recuerdos.

Para contestarte temo que el lenguaje me empine y me denuncie en esa ansiedad que —al contrario de ti— intenta hacer mundo al hablar, intenta dar cuerda al mundo y el mundo se desenrolla haciéndome trastabillar, regresándome al principio, enseñándome que yo no puedo tener lo que quiero sino hacer lo que puedo.

Ruido de cascos al galope entra en tu cuarto. Pasos a la carrera trepan las escalas. La espera se hace presencia ¡Es él!

La exclamación que lanzas se trepa a las alturas y la presencia de

ese él se transforma en Dios para tu ansiedad. Y tu ansiedad me repe-
le, vuelvo a ver las lágrimas de mi madre y a experimentar rechazo por
el matrimonio de mi hermana. Me duele retroceder hasta ese oculto temor a que otro "él" no llegase: "¿Por qué, por qué la naturaleza de la
mujer ha de ser tal que tenga que ser siempre un hombre el eje de su vida?" Es el eco que nos hizo los oídos, que nos impuso la naturaleza y
la ley, que nos dividió entre el ser hombre y el no ser, entre el él y el
ella (¿o el "otro"?), "naturaleza" que se niega a reconocer una cultura, una circunstancia social, una contingencia económica. Cumplí mis
leyes naturales, me casé sin pasar por los aspavientos religiosos de mi
hermana. No acepté velos, ni argolla, ni el posesivo. Lograrlo me cos-
tó el oculto rencor inicial de mi marido.

Ricardo te observa desde su tamaño de hombre, observa tu silencio
desde el cual le hablas para que él, como antes y ahora, no pueda escu-
charte. Nunca hubo diálogo entre ustedes y, a pesar de eso, piensas
que Ricardo jamás dejó de recordarte. Nunca dejarán de recordarnos;
mi marido lo repetía siempre y yo quería creer en perpetuidades. Era
la forma de sentirme segura sobre terrenos pantanosos y marginados
como los nuestros. La seguridad se cobra muy alta en la imposible libertad.

Pero tú no hablaste jamás de libertad, eras completamente indiferente a sus redobles de tambor, indiferente en la seguridad de tu absoluta diferencia. No había en ti denuncias sociales, tu habla no pasaba
por la censura de la razón ni transitaba protocolos del saber. Del "saber" que a mí me enorgullecía tanto porque agregaba un breve eco a
cada paso que daba. Un eco de seguridad que me afirmaba y me dis-
tinguía, que me investía cierto poder. Sentía habitar ámbitos comunes
con heroínas lamentables o admiradas, las que levantaron sus cabezas
sobre la masa resignada aunque la ley se las cortara. También pecno-
taron esos ámbitos aquellas perversas que cruzaron las fronteras del
bien y fueron forzosamente castigadas por una moral que, a pesar de
todo, no alcanzó a conjurar con su castigo la enormidad de sus faltas.
Mujeres maléficas identificadas con la noche y las brujas, con la luna
y los gatos, trepadas sobre la escoba volante de los sueños.

El yo que te refiere es un yo tamizado por el "tú" y espejeado por
el "ellos", un yo que desea disolverse en una naturaleza de raíces que
succionan sabias subterráneas y plantas que se alimentan en "blandos
pozos de helada baba del diablo". Mi yo no me daba paz y el mundo
natural se me oponía en una relación de reto y conquista. Mi yo objeti-
vaba todo a sabiendas de que nada se objetiva y, por último, no se re-

signaba a la integración total con la tierra, a la pérdida de una conciencia vigilada.

Gané mi título universitario, extendí mi Curriculum Vitae hacia áreas científicas que me fortalecen en un mundo sobre el cual se debe triunfar, un mundo abismado pavorosamente por la muerte que lo resuma. Despojada de mis fuerzas no sabría, como tú, enfrentarme indefensa a la mirada de aquéllos que me conocieron en la vida. De cierta manera te compadecía por hablar desde la mortaja, desde la vestidura de tu féretro, ahora pienso que esa compasión encubría el miedo. Me aterra abandonar ese vértigo —o que el vértigo me abandone— de estar siempre llegando a ser. Proceso que en ti se tranquiliza en la muerte.

''¿Es preciso morir para saber?'' te preguntas observando a Ricardo que ya no podrá jamás encontrarte en su tiempo. Amor/Muerte, las grandes palabras que tú vivías integrada a un mundo que era totalidad de naturaleza, que vivías sin raciocinios: árboles, piel de corteza o de carne, viento, lluvia, rumores, ''lo femenino'', dicen.

Nos disminuyeron tanto con la palabra ''femenino'' y ''mujer''. A mi padre lo castigaban sentándolo con las mujeres en el colegio alemán. Yo no viví esos castigos pero viví la jerarquía de los sexos. Ser mejor era ser más hombre. Ser mujer, ser ese hombre de sexo femenino. En cambio tú y muy tranquilamente, no hacías ''más que flojear''. Tú no competías con nadie y aceptabas tu condición de mujer aceptando tus haberes y tus debes, reconociendo a los dos Dioses, al Dios de los tuyos, severo, verdugo de tu hermana, aficionado al martirio, lejano como tu padre y ese otro Dios más simple, más afable y humano, el de Zoila, la mujer que te crió saludando a la luna y temiendo a los espejos. Más tuyo.

Te resignaste al matrimonio, la resignación era la cláusula no escrita de tu contrato conyugal. No la habían arrancado del mío y aún ahora sobrellevo la condición sospechosa de haber trasgredido la ley.

La posibilidad del amor fue para ti la pasión del miedo, juego de matar jugado por Ricardo, mezclado a los gritos de la servidumbre y a los desmayos de su madre. Ricardo, gozoso, verdugo de los seres y de la naturaleza que tanto amabas, pulsión de muerte que los acuna y los amarra: a ti, en el amor de tu regresión; a él, en un poder que se le escurría. El placer no estaba para ti en la acción brutal sino en la fisura que esa acción abría y por la cual podrías introducirte en regiones desconocidas. Pienso que fue el estremeciento de un placer ignorado el que buscaste desde entonces. Y Ricardo tuvo miedo. El miedo de Ricardo te entregó a Antonio que jugó al matrimonio como Ricardo jugó a matar.

No podría empinarme en el lenguaje, tus palabras tiran de mis palabras, son tanto más exactas que las mías. Pero siento que, de alguna manera, me pierdo contigo entre tantas búsquedas y desencuentros. Me separo de ti cuando me opongo al hombre, cuando cuestiono el poder y dolorosamente redoblo mis fuerzas para instalarme en la igualdad y el parlamento, parlamento imposible, de dudas, de escaramuzas y de zancadillas.

La censura reprime más cuando más firme es el tirón por liberarse: debo situarme en la razón, pesar las palabras, recordar que he atravesado mirando de lado a lado las avenidas del lenguaje, travesía por la que se me adelantaron y tan bien, tantas mujeres que dialogan en los textos femeninos que se están escribiendo ahora. Mujeres que dudan sobre este hablar de nosotras, que escriben desde un lenguaje anticipado como masculino. Modelar, entonces, un mundo nuevo. "Cuidado con la palabra" —advierten— que se la sacuda de sus símbolos redichos o que estalle hacia ninguna parte y se fragmente como el sexo que marginaron.

Hablas desde el lugar seguro pero aletargado de la muerte y te dejas hablar sin pensar al otro, sin transitar sus fantasmas, aceptándote en lo que ignoras de ti. Completaste la trayectoria de las lágrimas y de los reproches. "Vamos", te dice alguien y te entregas con alivio, te sumes por completo en la inmersión total, "la muerte de los muertos".

Pero antes de esa muerte que afirmará en un limpio trazo el exacto recorrido de tu historia, yo me pregunto si, de verdad, has hablado en la ignorancia del lenguaje que te fue impuesto o desde la asunción resignada del diálogo en el que fuiste integrada. ¿Es acaso la muerte de los muertos la que hace de ti ese entretejido de diálogos donde cada uno de ustedes se pierde o se encuentra?

Yo, Beatriz Aguirre, personaje larvario de una "novela familiar" que pudo haber sido la tuya, te creo y no te creo. Quisiera estar del lado de allá, enfrentar tus fantasmas como ajenos aunque acomode tus claves para descifrar mis homólogos, aunque bracee para no ahogarme, para llegar a la otra orilla y ser, por fin, el otro lado . . .

—"en la otra orilla empiezo a ver a Marta Espejo . . ."

RICE UNIVERSITY

III. Bibliografía

BIBLIOGRAFIA DE Y SOBRE
MARIA LUISA BOMBAL

Jorge Román-Lagunas

I. Obras de María Luisa Bombal

Cuando no se indica lugar de publicación, éste es Santiago, Chile.

A. Novelas

1. *La última niebla*. Buenos Aires: Francisco A. Colombo, 1935. 86 pp. Prólogo de Amado Alonso.
2. *La última niebla*. 2a. ed.: Ed. Nascimento, 1941. 142 pp. Prólogo de Amado Alonso. [Contiene también "El árbol" y "Las islas nuevas".]
3. *La última niebla*. 3a. ed.: Ed. Nascimento, 1962. 167 pp. Prólogo de Amado Alonso. [Contiene también "El árbol" y "Las islas nuevas". En la solapa: presentación por Hernán del Solar.]
4. *La última niebla*. 4a. ed.: Ed. Orbe, 1969. 185 pp. [Contiene también "El árbol", "Las islas nuevas" y "Lo secreto".]
5. *La última niebla*. 4a. ed. Buenos Aires: Ed. Andina, 1969. 185 pp. [Contenido id. ed. anterior.]
6. *La última niebla*. 5a. ed.: Ed. Orbe, 1970, 185 pp. [Contenido id. ed. anterior.]
7. *La última niebla*. 5a. ed. Buenos Aires: Ed. Andina, 1970. 185 pp. [Contenido id. ed. anterior.]
8. *La última niebla*. 6a. ed. Santiago-Buenos Aires: Ed. Orbe y Ed. Andina, 1971. 185 pp. [Coedición. Contenido id. ed. anterior.]
9. *La última niebla*. 7a. ed. Buenos Aires: Ed. Andina, 1973. 185 pp. [Contenido id. ed. anterior.]
10. *La última niebla*. 7a. ed.: Ed. Orbe, 1973. 185 pp. [Contenido id. ed. anterior. "Bibliografía", en p. 185.]

11. *La última niebla.* 8a. ed.: Ed. Orbe, 1975. 149 pp. [Contenido id. ed. anterior.]

12. *La última niebla.* 8a. ed. Buenos Aires: Ed. Andina, 1975. 185 pp. [Contenido id. ed. anterior, No. 9.]

13. *La última niebla.* 9a. ed.: Ed. Orbe, 1976. 149 pp. [Contenido id. ed. anterior, No. 11.]

14. *La última niebla.* 10a. ed. Buenos Aires: Ed. Andina, 1978. 185 pp. [Contenido id. ed. anterior, No. 12.]

15. *La última niebla.* 10a. ed. Buenos Aires: Ed. Andina, 1979. 185 pp. [Contenido id. ed. anterior.]

16. *La última niebla.* 2a. ed.: Ed. Andrés Bello, 1982. 113 pp. [Contiene también "El árbol", "Las islas nuevas" y "Lo secreto". Suponemos que hay una "1a. ed." de esta casa editorial, posiblemente en 1980-1981.]

17. *La amortajada.* Buenos Aires: Sur, 1938. 122 pp.

18. *La amortajada.* 2a. ed.: Ed. Nascimento, 1941. 91 pp.

19. *La amortajada.* 3a. ed.: Ed. Nascimento, 1962. 140 pp. [En la solapa, presentación por Hernán del Solar.]

20. *La amortajada.* Sociedad de Bibliófilos Chilenos, 1966. 105 pp. [4a. ed. Impreso por la Ed. Universitaria. Sólo se imprimieron 239 ejemplares.]

21. *La amortajada.* 4a. ed. Buenos Aires: Ed. Andina, 1968. 139 pp.

22. *La amortajada.* 4a. ed.: Ed. Orbe, 1968. 139 pp.

23. *La amortajada.* La Habana: Casa de las Américas, 1969. 116 pp.

24. *La amortajada.* 5a. ed.: Ed. Orbe, 1969. 139 pp. ["Palabras", por Hernán Díaz Arrieta ("Alone"). Impreso en Buenos Aires por los Talleres Gráficos Yunque.]

25. *La amortajada.* 5a. ed. Buenos Aires: Ed. Andina, 1969. 139 pp.

26. *La amortajada.* 5a. ed. Buenos Aires: Ed. Andina, 1970. 139 pp.

27. *La amortajada.* 6a. ed. Buenos Aires: Ed. Andina, 1971. 143 pp.

28. *La amortajada.* 6a. ed.: Ed. Orbe, 1971, 139 pp.

29. *La amortajada.* 7a. ed. Buenos Aires: Ed. Andina, 1972. 143 pp.

30. *La amortajada.* 8a. ed. Buenos Aires: Ed. Andina, 1973. 143 pp.

31. *La amortajada.* 9a. ed.: Ed. Orbe, 1973. 143 pp.

32. *La amortajada.* 2a ed. La Habana: Casa de las Américas, 1975.

33. *La amortajada.* 11a. ed. Buenos Aires: Ed. Andina, 1978. 143 pp.

34. *La amortajada.* Ed. Universitaria, 1981. 107 pp.

35. *La historia de María Griselda.* Quillota [Chile]: Ed. "El Observador", 1976. 91 pp. [Contiene: "Palabras previas", por Hernán Díaz Arrieta ("Alone"); "Trenzas" (pp. 43-55); "MLB, nuestra 'abeja de fuego'", por Sara Vial (pp. 58-70); y tres trabajos informativos sin firma (posiblemente de Sara Vial): "Cronología", "Obras inéditas" y "Bibliografía", pp. 81-89.] [Orig. 1946, ver No. 49.]

36. *La historia de María Griselda.* [2a. ed.] Valparaíso: Eds. Universitarias

de Valparaíso, 1977. 81 pp. [Contiene: "Presentación", por Sara Vial (Es reprod. de su "MLB, nuestra abeja de fuego") y "Trenzas".]

B. *Traducciones de sus novelas*

En su trabajo bibliográfico sobre MLB, D. Cortés anota la existencia de traducciones de *La última niebla* al alemán, checo, japonés y sueco. No da, sin embargo, los datos indispensables. Nosotros tampocos hemos podido examinar esas traducciones.

37. *House of Mist.* New York: Farrar, Strauss & Co., 1947. 245 pp. [Versión muy distinta y aumentada de *La última niebla*, hecha por la misma MLB.]
38. *House of Mist.* London: Cassell, 1948. 187 pp. [Id. ed. anterior.]
39. *Entre a vida e o sonho.* Río de Janeiro: Irmaos Pongetti, 1949. 280 pp. [Traducción al portugués de *House of Mist*, por Carlos Lacerda.]
40. *La maison du Brouillard.* Paris: Gallimard, 1955. [Traducción al francés de *La última niebla*, por Ludmila Savitzsky.]
41. *The Shrouded Woman.* New York: Farrar, Strauss & Co., 1948. 198 pp. [Versión distinta de *La amortajada*, hecha por MLB.]
42. *The Shrouded Woman.* London: Cassell, 1950. [Id. ed. anterior.]
43. *La Femme au Linceul.* Paris: Gallimard, 1956. [Traducción al francés de *La amortajada*, por Ludmila Savitzsky.]

C. *Cuentos, narraciones breves*

Tratamos de ofrecer los datos completos de la primera publicación de cada una de sus narraciones breves.

44. "Las islas nuevas". *Sur* (Buenos Aires), No. 53 (febrero de 1939), pp. 13-34.
45. "El árbol". *Sur* (Buenos Aires), No. 60 (septiembre de 1939), pp. 20-30.
46. "Mar, cielo y tierra". *Saber Vivir* (Buenos Aires), No. 1 (1940), pp. 34-35.
47. "Trenzas". *Saber Vivir* (Buenos Aires), No. 2 (1940), pp. 36-37.
48. "Washington, ciudad de las ardillas". *Sur* (Buenos Aires), No. 106 (agosto de 1943), pp. 28-35.
49. "La historia de María Griselda". *Sur* (Buenos Aires), No. 142 (agosto de 1946), pp. 41-63. [En el mismo mes y año apareció en *Norte* (New York), pp. 34-35 y 48-54.]
50. "La maja y el ruiseñor". *Revista Viña del Mar* (Viña del Mar, Chile), No. 7 (enero de 1960), pp. 8-12.
51. "Lo secreto". En MLB: *La última niebla*. 4a. ed.: Ed. Orbe (1969), pp. 175-183.

D. *Compilaciones*

52. *New Islands and Other Stories.* New York: Farrar-Strauss-Giroux, 1982. 6 + 112 pp. [Traducción de Richard y Lucía Cunningham. Contiene: "Preface", por Jorge Luis Borges; "Translator's note", por Ric-

hard Cunningham; y las siguientes obras de MLB: "The Final Mist" (*La última niebla*), pp. 1-47; "The Tree" ("El árbol"), pp. 49-64; "Braids" ("Trenzas"), pp. 65-74; "The Unknown" ("Lo secreto"), pp. 75-82 y "New Islands" ("Las islas nuevas"), pp. 83-112.]

E. *Obras inéditas*
    Aquí nos limitamos a reproducir la lista que ofrece Sara Vial en la primera edición de *La historia de María Griselda* [ver No. 35].

53. "The Foreign Minister" [obra teatral].
54. "Believe Me, Love" [obra teatral].
55. "Dolly and Jeckyll and Miss Hyde".
56. "Noche de luna" [cuentos].
57. "El Señor de Mayo" [historia de un terremoto en Chile].
58. "Embrujo" [novela].

II. Bibliografía sobre María Luisa Bombal

A. *Bibliografías*
59. Cortés, Darío. "Bibliografía de y sobre MLB". *Hispanic Journal*, vol. 1, No. 2 (1980), 125-142. [De MLB: "Novelas", "Traducciones de sus novelas", "Cuentos: publicación inicial", "Sus cuentos recogidos en Antologías" y "Artículos". Sobre MLB: 242 fichas, distribuidas en: "Artículos" (30, 3 inéditos y 2 repeticiones); "Libros y monografías" (9); "Notas y reseñas" (160, incluyendo mucha crónica insubstancial, que nosotros desechamos); "Referencias breves en algunas historias literarias, manuales y artículos de crítica" (27); y "Tesis y entrevistas" (16).]
60. Foster, David W. *Chilean Literature. A working bibliography of secondary sources.* (Boston: G.K. Hall, 1978), 62-64. [Sobre MLB, 26 fichas.]
61. Goic, Cedomil. "Bibliografía". En su *La novela chilena* (Ed. Universitaria, 1968), p. 209. [De MLB: 13 fichas; sobre MLB: 9 fichas.]
62. Guerra-Cunningham, Lucía. "Bibliografía". En su *La Narrativa de MLB: una visión de la existencia femenina* (Madrid: Ed. Playor, Colección Nova Scholar, 1980), 199-205. [De MLB: 13 fichas; sobre MLB: 85 fichas.]
63. Vial, Sara. "Cronología", "Obras inéditas" y "Bibliografía". En MLB, *La historia de María Griselda* (Quillota: Ed. "El Observador", 1976), 81-89. Ofrece importante información sobre obras de MLB, especialmente sobre traducciones de sus novelas, por desgracia sin datos editoriales; sobre MLB: 35 fichas.]
64. Vidal, Hernán. "Bibliografía de [y sobre] MLB". En su *MLB: la feminidad enajenada* (Barcelona: Hijos de José Bosch, 1976), 141-142. [De MLB: 8 fichas; sobre MLB: 21 fichas.]

B. Libros, tesis, memorias de grado

Libros

65. Agosín, Marjorie. *Las desterradas del paraíso: protagonistas en María Luisa Bombal.* New York: Senda Nueva de Ediciones, 1983.
66. Guerra-Cunningham, Lucía. *La narrativa de MLB: una visión de la existencia femenina.* Madrid: Ed. Playor (Colección Nova Scholar), 1980. 205 pp.
67. Vidal, Hernán. *MLB: la feminidad enajenada.* Barcelona: Hijos de José Bosch, 1976. 143 pp. ["Preliminar", por A. Cardona; "Dos cuentos poco conocidos de MLB" ("Cielo, mar y tierra" y "Las trenzas"), y el estudio de Vidal, pp. 37-142.]

Tesis doctorales

68. Agosín, Marjorie. "Los protagonistas en la narrativa de MLB". Indiana University, 1982. 270 páginas.
69. Lira, Gloria G. "MLB: realidad y fantasía". University of California at Los Angeles, 1981. 183 páginas.
70. Peña Muñoz, Manuel. "Vida y obra de MLB". Universidad Complutense de Madrid, 1978.
71. Serros, Robert. "La felicidad vista a través del amor, la soledad y la muerte en la obra literaria de MLB". University of Southern California, 1971. 237 páginas.

Memorias de grado

72. Cárcamo, Luisa, Gloria Inostroza y Patricia Menz. "Virginia Woolf y MLB". Universidad de Chile (Temuco), 1971.
73. Cortés Rodríguez, Hugo. "MLB en el fondo de sus obras". Universidad Católica de Chile, 1966. 140 páginas.
74. Hermosilla, Julia. "Análisis de los cuentos de MLB". Universidad Austral (Temuco), 1966. 79 páginas.
75. Mora, Gabriela. "MLB". Universidad de Chile, 1954. 104 páginas.
76. Verdugo, Violeta. "La técnica narrativa de MLB". Universidad Católica de Chile, 1963. 77 páginas.

Tesis (Master of Arts)

77. Cortés, Darío. "Regina y Ella: dos aspectos de una misma personalidad en *La última niebla* de MLB". University of Virginia, 1974.
78. Sweatt, Eleanor D. "A Study of *La amortajada*, by MLB". University of Virginia, 1971.

C. Estudios monográficos

79. Adams, M. Ian. "MLB: Alienation and the Poetic Image". En su *Three Authors of Alienation: Bombal, Onetti, Carpentier.* (Austin: University of Texas Press, 1975), 15-35. [Orig. Tesis doctoral, University of Texas at Austin, 1972.]

80. Agoni Molina, Luis. "El motivo de la frustración en *La última niebla,* de MLB". *Cuadernos Hispanoamericanos,* No. 363 (1980), 623-626.

81. Agosín, Marjorie. "Conflictos y resoluciones parciales en *Believe Me, Love,* de MLB". *Chasqui,* vol. 9, No. 1 (1979), 76-78.

82. _____ . "Un recuerdo de MLB". *Revista Inter-Americana de Bibliografía,* vol. 30 (1980), 402-405.

83. _____ . "MLB, una escritora invisible". *Literatura Chilena. Creación y Crítica,* No. 21 (1982), pp. 10-13.

84. _____ . "Mysticism and Antimysticism in María Luisa Bombal". *Circulo-Revista de Cultura,* vol. X (1982), 57-60.

85. _____ . "Intertextualidades en la niebla". *Letras Femeninas,* vol. IX, no. 2 (Fall, 1983), 31-39.

86. Alonso, Amado. "Aparición de una novelista". *Nosotros* (Buenos Aires), 2a. época, no. 3 (1936). Reprod. como "Introducción" en MLB: *La última niebla.*

87. Allen, Martha. "Dos estilos de novela: Marta Brunet y MLB". *Revista Iberoamericana,* vol. 18, No. 35 (1953), 63-91.

88. Barón Véliz, Irma. "Vivencia y ensueño en MLB". *Occidente,* No. 202 (1968), 43-44 y 47.

89. Bombal, María Luisa. "La maja y el ruiseñor". En la obra colectiva: *El niño que fue* (Eds. Nueva Universidad, 1975), tomo 1, 13-35. [Orig. 1960, ver No. 50.]

90. Campbell, Margaret. "The Vaporous World of MLB". *Hispania,* vol. 44, No. 3 (1961), 415-419. Reprod. y trad. al español: "El mundo vaporoso de MLB". *La Nación,* 23-XII-1962.

91. Cardona de Gilbert, Angeles. "MLB entre Chile y Europa". Como "Preliminar" en H. Vidal: *MLB: la feminidad enajenada,* pp. 7-24.

92. Castellanos, Rosario. "MLB y los arquetipos femeninos". En su *Mujer que sabe latín...* (México: Sepsetentas, 1972), 144-149.

93. Correa, Carlos René. "MLB". *Atenea,* No. 199 (1942), 17-22.

94. Cortés, Darío. "El arte poética en las novelas de MLB". En *Hispanic Literatures: 5th Annual Conference.* Indiana University of Pennsylvania, 1980. [Dato de D. Cortés.]

95. Cortés Larrieu, Norman. "MLB: su lugar en la novelística hispanoamericana". *Nueva Revista del Pacífico* (Valparaíso), Nos. 15-16 (1980), 1-7.

96. Debicki, Andrew P. "Structure, Imagery, and Experience in MLB's *The Tree". Studies in Short Fiction,* vol. 8, No. 1 (1971), 123-129.

97. Díaz Arrieta, Hernán [firmado "Alone"]. "Palabras". Como prólogo en MLB: *La Amortajada,* 5a. ed., Ed. Orbe, 1969. [Impreso en Buenos Aires].

98. Diógenes. "Las novelas de MLB". *Atenea,* No. 199 (1942), 72-74.

99. Dolz-Blackburn, Inés. "Técnicas en la presentación de una imagen de mujer en la literatura latinoamericana actual: *La historia de María Gri-*

selda, de MLB". *Explicación de Textos Literarios,* vol. 8 (1979-1980), 209-212.

100. Fox-Lockert, Lucía. "MLB: *La Amortajada".* En su *Women novelists in Spain and Spanish-America* (Metuchen, New Jersey: Scarecrow Press, 1979), 166-174.

101. Fernández, Franco. "Análisis de *La Ultima Niebla* de la escritora chilena MLB". *Repetorio Americano,* vol. 3, No. 5 (1976-1977), 53-59.

102. Geel, María Carolina. "MLB". En su *Siete escritoras chilenas* (Ed. Rapa-Nui, s/f [1949 o 1950]), 33-43.

103. Gertel, Zunilda. "La novela de personaje y el cambio de modo narrativo". En *La novela hispanoamericana* (Buenos Aires: Nuevos Esquemas, 1970), 71-78.

104. Goic, Cedomil. *"La Ultima Niebla*: consideraciones en torno a la estructura de la novela contemporánea". *Anales de la Universidad de Chile,* No. 128 (1964), 59-83. Reprod. en su *La novela chilena* (Ed. Universitaria, 1968), 141-162, 209-210.

105. Guerra-Cunningham, Lucía. "Función y sentido de la muerte en *La Amortajada".* *Explicación de Textos Literarios,* vol. 7 (1978-1979), 123-128.

106. _____ . *"El árbol,* liberación y marginalidad". *Nueva Revista del Pacífico,* No. 15-16 (1980), 8-28.

107. Hermosilla, Julia. "Lectura interpretativa de *Las Trenzas* de MLB". *Estudios Filológicas* (Valdivia), No. 10 (1974-1975), 81-92.

108. Levine, Linda Gould. "MLB from a Feminist Perspective". *Revista Interamericana,* vol. 4, No. 2 (1974), 148-161.

109. Martínez Zúñiga, Ana. *"Washington, ciudad de las ardillas,* de MLB'. *Nueva Revista del Pacífico,* No. 15-16 (1980), 57-68.

110. Merino Reyes, Luis. "Recuerdos necesarios. MLB". *Atenea,* No. 384 (1959), 131-135. Reprod. en su *Perfil humano de la literatura chilena* (Ed. Orbe, 1967), 193-198.

111. Morello Frioli, Carlos. *"La Amortajada,* novela de MLB". *Nueva Revista del Pacífico,* No. 15-16 (1980), 37-47.

112. Natella, Arthur A. "Algunas observaciones sobre el estilo de MLB en *La última niebla".* *Explicación de Textos Literarios,* vol. 3, No. 2 (1975), 167-171.

113. _____ . "El mundo literario de MLB". En Gladys Zaldívar (editora): *Cinco aproximaciones a la narrativa hispanoamericana contemporánea* (Madrid: Ed. Playor, 1977), 133-159.

114. Nelson, Esther W. "The Space of Longing: *La Ultima Niebla".* *The American Hispanist,* vol. 2, No. 21 (1977), 7-11.

115. Orlandi, Claudia W. "Mist, Light and Libido: *La Ultima Niebla".* *Kentucky Romance Quarterly,* vol. 26 (1979), 231-242.

116. Peña Muñoz, Manuel. "La presencia del mar en el cuento *Lo secreto".* *Nueva Revista del Pacífico,* No. 4 (1976), 28-47.

117. Rábago, Alberto. "Elementos surrealistas en *La última niebla*". *Hispania*, vol. 64, No. 1 (1981), 31-40.

118. Reyes, Juan Pablo de los. "El amante desconocido de *La Ultima Niebla* de MLB". *Exilio*, vol. 5, No. 3-4 (1971), 151-159.

119. Rodríguez-Peralta, Phyllis. "MLB's Poetic Novels of Female Estrangement". *Revista de Estudios Hispánicos*, vol. 14, No. 1, 139-155.

120. Seator, Lynette. "La creación del ensueño en *La Ultima Niebla*". *Armas y Letras* (Monterrey, México), vol. 8, No. 4 (1965), 38-45.

121. Sosnowski, Saúl. "El agua, motivo primordial de *La Ultima Niebla*". *Cuadernos Hispanoamericanos*, No. 277-278 (1973), 365-374.

122. Torres-Ríoseco, Arturo. "El nuevo estilo en la novela". *Revista Iberoamericana*, vol. 3, No. 5 (1941), 75-83. Reprod. en su *Estudios sobre literatura latinoamericana*, 2a. serie (México: Ed. Fondo de Cultura Económica, 1958), 179-190.

123. Turek, Rosa. "El escapismo: dos perspectivas del mismo tema en *La Ultima Niebla* de MLB". *Norte*, No. 275 (1977), 59-62.

124. Valdivieso, Mercedes. "Social Denunciation in the Language of *El Arbol* (*The Tree*), by MLB". *Latin American Literary Review*, vol. 4, No. 9 (1976), 70-76.

125. Valenzuela, Víctor. "MLB: *La Amortajada*". En su *Grandes escritoras hispanoamericanas. Poetisas y novelistas*. Bethlehem, Pennsylvania: Lehigh University (1974), 99-112.

126. Vial, Sara. "MLB, nuestra 'abeja de fuego'". EN MLB: *La Historia de María Griselda* (Quillota: Eds. El Observador, 1976), 59-80.

D. Estudios no monográficos

127. Alegría, Fernando. "Notas sobre recientes novelas chilenas". *Atenea*, No. 181 (1940), 168-172.

128. _____ . "La literatura chilena contemporánea. 1900-1960". En la obra colectiva: *Panorama das Literaturas das Americas* (Angola: Ediçao do Municipio de Nova Lisboa, 1963), tomo 4, 1393-1394.

129. Baker, Armand F. "El tiempo en la novela hispanoamericana: un estudio del concepto del tiempo en siete novelas representativas". Tesis doctoral, University of Iowa, 1968. [Véase el cap. 3.]

130. Cavallari, Elba K. "Poética del desengaño. Tres casos de textualización del deseo". Tesis doctoral, Unversity of California (Irvine), 1983. [E. Barrios, MLB, J.C. Onetti.]

131. Cypess, Sandra M. "The Dead Narrator in Modern Latin-American Prose Fiction: A Study in Point of View". Tesis doctoral, University of Illinois, 1969. [Esp. pp. 255-230. Dato de Darío Cortés.]

132. Dorfman, Ariel. "Notas para un análisis marxista de la narrativa chilena de los últimos años". *Casa de las Américas*, No. 69 (1971), 65-83.

133. Fernández, Oscar. "El árbol y la hoja en tres cuentos: J.R.R. Tolkien, O. Henry y MLB". *Abside*, vol. 42 (1978), 352-380.

134. Goic, Cedomil. "Brevísima relación de la historia de la novela hispano-

americana". En la obra colectiva *La novela hispanoamericana: descubrimiento e invención de América* (Eds. Universitarias de Valparaíso, 1973), 40.

135. Greene, Edgard. "La generación literaria de 1938". *Revista Chilena de Historia y Geografía*, No. 145 (1977), 214-218.

136. Guerra-Cunningham, Lucía. "Panorama crítico de la novela chilena (1843-1949)". Tesis doctoral, University of Kansas, 1975. Véase cap. 4.

137. _____ . "La mujer latinoamericana ante las letras. Algunas reflexiones teóricas sobre la literatura femenina". *La Semana de Bellas Artes* (México), No. 97 (1979), 2-5.

138. _____ . "Algunas reflexiones teóricas sobre la novela femenina". *Hispamérica*, No. 28 (1981), 29-39.

139. Guerrero, Leoncio. "La novela reciente en Chile". *Journal of Inter-American Studies*, vol. 5 (1963), 379-395.

140. Ivelic, Radoslav y Fidel Sepúlveda. "Bases críticas para una valoración de la novela chilena". *Aisthesis*, No. 3 (1968), 45-93.

141. Langowski, Gerald. "Surrealism in Spanish American Fiction". Tesis doctoral, University of Wisconsin-Madison, 1973. [Cortázar, MLB, Asturias, Sábato.]

142. Latcham, Ricardo. "New currents in Chilean fiction". *Americas,* vol. 1, No. 8 (1949), 39-41.

143. _____ . "Literatura imaginativa y novela femenina en Chile". En Juan Loveluck: *La novela hispanoamericana* (Ed. Universitaria, 1963), 337-349. [Orig. 1955.]

144. McBride, Cathryn Ann. "Referents in discourse: a study of narrative cohesion in the Spanish original and English translations of three Latin-American Novels: C. Fuentes, D. Viñas, MLB". Tesis doctoral, University of Wisconsin-Madison, 1977.

145. Montenegro, Ernesto. "La novela chilena en medio siglo". En la obra colectiva: *Desarrollo de Chile en la primera mitad del siglo XX* (Ed. Universitaria, 1953), tomo 2, 321-342.

146. Ornstein, Jacob. "Breve panorama de la novela chilena reciente". *Revista Iberoamericana*, vol. 18, No. 36 (1953), 339-344.

147. Pacífico, Patricia. "A Feminist Approach to Three Latin American Women Writers". En la obra colectiva: *Una historia de servicio. 66° Aniversario de la Universidad Interamericana*. Río Piedras (Puerto Rico): Inter American University Press, 1979. [Parra, MLB, Bullrich.]

148. Promis, José. "En torno a la nueva novela hispanoamericana". *Chasqui*, vol. 7, No. 1 (1977), 16-27.

149. Reilly, Sister Philip Mary. "The Development of the Short Story in Chile: A Study of 20 Stories". Tesis doctoral, University of Texas at Austin, 1972.

150. Santana, Francisco. "Bosquejo de las novelistas chilenas". *Atenea*, No. 389 (1060), 208-218.

151. Skármeta, Antonio. "Narrativa chilena después del Golpe". *Casa de las Américas*, No. 112 (1979), 83-94.

152. Stewart, Janet L. "The concept of a 'Lyrical novel' as seen in three Spanish American novels". Tesis doctoral, University of Texas at Austin, 1979.

153. Torres-Ríoseco, Arturo. "La novela chilena contemporánea". *Journal of Inter American Studies*, vol. 4, No. 4 (1962), 503-516.

154. _____ . "Nuevas consideraciones sobre la novela chilena". *Papeles de Son Armadans*, vol. 33, No. 97 (1964), 7-16.

155. Valdés, Adriana. "Las novelistas chilenas. (Breve visión histórica y reseña crítica)". *Aisthesis*, No. 3 (1968), 113-130.

156. Valenzuela, Víctor. "A New Generation of Chilean Novelists and Short Story Writers". *Hispania*, vol. 37, No. 4 (1954), 440-442.

157. Vidal, Hernán. "Mutaciones de la tradición mimética en la novela de espacio hispanoamericana de comienzos del siglo XX". Tesis doctoral, University of Iowa, 1968.

158. Waller, Claudia. [Orlandi, Claudia W., en No. 45.] "The Opaque Labyrinth: Chiaroscuro and the Evolution of Spanish-American Novel". Tesis doctoral, 1975.

E. Reseñas

159. Agosín, Marjorie. *La historia de María Griselda. The American Hispanist*, vol. 2, No. 17 (1977), 14.

160. _____ . "Lucía Guerra-Cunningham: *La narrativa de MLB: una visión de la existencia femenina*". *Inter-American Review of Bibliography*, vol. 32, No. 1 (1982), 66.

161. Anónimo [firmado "Brand"]. *La Amortajada. La Nación*, 29-V-1938 y 22-I-1939.

162. _____ . *La Amortajada. Hoy,* vol. 7, No. 347 (14-VII-1938), 18.

163. _____ . *La Amortajada. Hoy,* vol. 7, No. 348 (21-VII-1938), 59-60.

164. _____ . *La Amortajada. La Prensa* (Buenos Aires), 7-VIII-1938.

165. _____ . *La Amortajada. Norte* (New York), abril de 1946, 43-58.

166. _____ . *House of Mist. Kirkus* (New York), vol. 15, 1-I-1947.

167. _____ . *House of Mist. San Francisco Chronicle*, 20-IV-1947.

168. _____ . *House of Mist. Booklist*, vol. 43, 15-V-1947.

169. _____ . *House of Mist. Chilean Gazette* (New York), No. 20, 1947.

170. _____ . *Shrouded Woman. Kirkus* (New York), vol. 16, 1-I-1948.

171. _____ . *Shrouded Woman. New Yorker*, vol. 24, 15-V-1948.

172. _____ . *La Ultima Niebla. El Mercurio* (Valparaíso), 21-X-1969.

173. _____ . *La Amortajada. El Mercurio*, 8-X-1972.

174. _____ . *El niño que fue. El Mercurio*, 6-VII-1975. [*El niño que fue,* por MLB y otros.]

175. _____ . [firmdo "V"]. "Un nuevo libro de MLB". *El Mercurio* (Valparaíso), 23-X-1976. [*La historia de María Griselda.*]

176. _____ . *La historia de María Griselda. El Mercurio*, 21-X-1976.

177. _____ . "Griselda: soledad y belleza". *El Mercurio* (Valparaíso), 19-XII-1976. [*La historia de María Griselda.*]
178. _____ . [firmado A.S.]. *La historia de María Griselda. La Prensa Austral* (Punta Arenas), 19-II-1972.
179. _____ . "El duro precio de la hermosura". *El Mercurio* (Valparaíso), 8-V-1977. [*La historia de María Griselda.*]
180. _____ . "Griselda". *El Mercurio*, 8-V-1977. [*La Historia de María Griselda.*]
181. _____ . [firmado G.V.]. "Griselda". *La Tercera*, 21-XI-1977. [*La historia de María Griselda.*]
182. _____ . "Ensayo sobre MLB". *El Mercurio*, 19-III-1978. [Hernán Vidal: *MLB: la feminidad enajenada.*]
183. _____ . [firmado P.S.]. *La historia de María Griselda. Paula,* No. 267, 28-III-1978.
184. Araneda Bravo, Fidel. *El niño que fue. Las Ultimas Noticias,* 27-IX-1975. [El niño que fue, por MLB y otros.]
185. _____ . "Entre MLB y María Griselda". *Las Ultimas Noticias,* 31-X-1976. [*La historia de María Griselda.*]
186. Arraño, Alberto. *La Amortajada. El Sur* (Concepción), 1-VI-1975.
187. Babín, María Teresa. *La Amortajada. Revista Hispánica Moderna,* vol. 7 (1941), 256-257.
188. Blanco, Guillermo. "El comienzo de la aventura". *La Tercera,* 28-VI-1975. [*El niño que fue,* por MLB y otros.]
189. Borges, Jorge Luis. *La Amortajada. Sur* (Buenos Aires), vol. 7, No. 47 (agosto de 1938), 80-81.
190. Brace, Marjorie. *Shrouded Woman. Saturday Review of Literature* (New York), vol. 31, 1-V-1948.
191. Brown, Catherine M. *House of Mist. Saturday Review of Literature,* vol. 30, 3-V-1947.
192. Cárdenas, Daniel. *El Arbol. Káñina* (San José de Costa Rica), No. 1, 1980.
193. Concha, Edmundo. *La Ultima Niebla. El Mercurio,* 21-VII-1974.
194. _____ . *La Amortajada. El Mercurio,* 25-VIII-1974.
195. Daudet Proust, Magali. "Once escritores hablan de su infancia". *El Mercurio,* 6-VII-1975. [*El niño que fue,* por MLB y otros.]
196. _____ . "18 quilates para 4 autores". *El Mercurio,* 23-I-1977. [*La historia de María Griselda.*]
197. Díaz Arrieta, Hernán [firmado "Alone"]. *La Ultima Niebla. La Nación,* 24-III-1935.
198. _____ . *La Amortajada. La Nación,* 5-VI-1938.
199. _____ . *La Ultima Niebla. El Mercurio,* 23-IX-1962.
200. _____ . *La Amortajada. El Mercurio,* 15-I-1969.
201. _____ . *El niño que fue. El Mercurio,* 13-VII-1975 [*El niño que fue,* por MLB y otros] y 20-VII-1975.

202. _____ . *La Historia de María Griselda. El Mercurio,* 28-XI-1976.
203. Doughman, Jayne. *House of Mist. Library Journal,* vol. 72, 15-III-1947.
204. Doyle, E.D. *Shrouded Woman. San Francisco Chronicle,* 16-V-1948.
205. Durán V., Fernando. *La historia de María Griselda. El Mercurio* (Valparaíso), 13-III-1977.
206. Emmerich, Fernando. "Los niñitos que fueron". *QuéPasa,* No. 220 (10-VII-1975), 62-63. [*El niño que fue,* por MLB y otros.]
207. Espinosa, Januario. *La Amortajada. Norte* (New York), abril de 1946, 43-58.
208. Guilisasti, Sergio. *La Ultima Niebla. La Segunda,* 4-IX-1978.
209. Ibáñez Langlois, José Miguel [firmado Ignacio Valente]. *La Amortajada. El Mercurio,* 11-VIII-1968.
210. _____ . *La Ultima Niebla. El Mercurio,* 5-X-1969.
211. _____ . *La Historia de María Griselda. El Mercurio,* 5-XII-1976.
212. Lafourcade, Enrique. "A un niño que fue". *QuéPasa,* No. 221 (17-VII-1975), 25. [*El niño que fue,* por MLB y otros.]
213. Lago, Tomás. *La Ultima Niebla. Atenea,* No. 119 (1935), 258-260.
214. _____ . *La Amortajada. Hoy,* vol. 7, No. 335 (10-IX-1938), 66-67.
215. Latcham, Ricardo. *La Ultima Niebla. La Opinión,* 23-III-1935.
216. _____ . *La Ultima Niebla* y *La Amortajada. La Nación,* 14-XII-1941.
217. Mac Hale, Tomás P. *La Amortajada* y *La Ultima Niebla. Mapocho* tomo I, No. 1, vol. 1 (1963), 290-291.
218. Medina Vásquez, Gastón. "Griselda". *La Tercera,* 18-V-1977. [*La historia de María Griselda.*]
219. Muñoz Lagos, Marino. *La Ultima Niebla. El Magallanes* (Punta Arenas), 3-XI-1969.
220. _____ . *La Amortajada. El Magallanes* (Punta Arenas), 24-I-1970.
221. Page, Patricia. *Shrouded Woman. New York Times,* 6-I-1948.
222. Parera, Modesto. *La Ultima Niebla. El Mercurio* (Valparaíso), 6-VIII-1975.
223. Pérez, Floridor. *La Amortajada. La Tribuna* (Los Angeles, Chile), 14-X-1969.
224. Préndez Saldías, Carlos [firmado C.P.S.]. *La Amortajada. Atenea,* No. 156 (1938), 440-441.
225. Rabassa, Gregory. *Shrouded Woman. Revista Hispánica Moderna,* vol. 16 (1950), 147.
226. Ramírez Arancibia, Ana Julia. "Dos relatos desconocidos de MLB". *Nueva Revista del Pacífico,* No. 4 (1976), 128-131. [*La historia de María Griselda.*]
227. _____ . "Reeditan dos relatos de MLB" *El Mercurio* (Valparaíso), 3-XI-1976. [*La historia de María Griselda.*]
228. Razer, George B. *La Amortajada. Books Abroad,* vol. 13 (1939), 102.

229. Sabella, Andrés. "Dime tu infancia y te diré quién eres". *Ercilla*, No. 2090 (20-VIII-1975), 44 [*El niño que fue*, por MLB y otros.]
230. Sandoe, James. *House of Mist. Chicago Sunday Book Review*, 9-III-1947.
231. Santander, Almagro. *El niño que fue. La Prensa Austral* (Punta Arenas), 29-V-1976. [*El niño que fue*, por MLB y otros.]
232. Sepúlveda, René [firmado "Ariel"]. *La Amortajada, Crónica* (Concepción), 22 al 28-II-1974 y 1-III-1974.
233. Solar, Claudio. *La historia de María Griselda. La Estrella* (Valparaíso), 30-XI-1976.
234. Suárez Calimano, Emilio. *La Amortajada. Nosotros* (Buenos Aires), 2a. época, No. 30 (1938), 186-187.
235. Sullivan, Richard. *House of Mist. New York Times Book Review*, 13-IV-1947. Reprod. en *New Yorker*, 10-V-1947.
236. Valdés Acuña, Abel. *La Amortajada*. En su *25 años de crónicas*. Ed. Orbe, 1965.
237. Vega, Manuel [firmado M.V.]. *La Amortajada. El Diario Ilustrado*, 23-V-1938.
238. Whitmore, Anne. *Shrouded Woman. Library Journal*, vol. 73, 15-IV-1948.
239. Wolfe, B.D. *House of Mist. New York Herald Tribune Weekly Book Review*, 13-IV-1947.
240. _____. *Shrouded Woman. New York Herald Tribune Weekly Book Review*, 18-IV-1948.

F. *Historias de la literatura, panoramas, diccionarios, etc.*

241. Alegría, Fernando. *Historia de la novela hispanoamericana*. 3a. ed. (México: Eds. de Andrea, 1966), 219-220.
242. _____. *Literatura chilena del siglo XX*. 2a. ed. (Ed. Zigzag, 1962), 72-73.
243. _____. *La literatura chilena contemporánea* (Buenos Aires: CEAL, 1968), 33.
244. Anderson Imbert, Enrique. *Historia de la literatura hispanoamericana*. 3a. ed. (México: Ed. Fondo de Cultura Económica, 1961), tomo 2, 224-225.
245. Concha, Jaime. *Novelistas y cuentistas chilenos* (Ed. Nacional Quimantú, 1973), 63.
246. Correia Pacheco, Armando. *Diccionario de la literatura latinoamericana. Chile* (Washington: Unión Panamericana, 1958), 34-35.
247. Díaz Arrieta, Hernán [firmado "Alone"]. *Historia personal de la literatura chilena*. 2a. ed. (Ed. Zigzag, 1962), 238-239.
248. Englekirk, John, I. Leonard, J. Reid y J. Crow. *An Outline History of Spanish American Literature*. 3a. ed. (New York: Appleton-Century-Crofts, 1965), 202-203.

249. Franco, Jean. *Introducción a la literatura hispanoamericana* (Caracas: Monteávila Editores, 1971), 311. [Orig. inglés, 1969.]

250. Gertel, Zunilda. *La novela hispanoamericana contemporánea* (Buenos Aires: Ed. Columbia, 1970), 35.

251. Gómez-Gil, Orlando. *Historia crítica de la literatura hispanoamericana* (New York: Holt, Rinehart & Winston, 1968), 687-688.

252. Grossman, Rudolf. *Historia y problemas de la literatura latinoamericana* (Madrid: Eds. de la *Revista de Occidente*, 1972), 642. [Orig. alemán, 1969.]

253. Guillermo, Edenia y Juana Hernández. *15 novelas hispanoamericanas* (New York: Las Americas Publishing Co., 1971), 97-104.

254. Hamilton, Carlos. *Historia de la literatura hispanoamericana*. 2a. ed. (Madrid: Epesa, 1966), 313.

255. Instituto de Literatura Chilena. *Antología del cuento chileno* (Ed. Universitaria, 1963), 433-436, 630-631.

256. Josef, Bella. *História da Literatura Hispano-Americana* (Petrópolis, Río de Janeiro: Editôra Vozes Ltda., 1971), 249-250.

257. Latchman, Ricardo. *Antología del cuento hispanoamericano (1910-1956)* (Ed. Zigzag, 1958), 45-46.

258. Latorre, Mariano. *La literatura de Chile* (Buenos Aires: Ed. Coni, 1941), 156.

259. Leal, Luis. *Historia del cuento hispanoamericano* (México: Eds. de Andrea, 1966), 125-126.

260. _____ . *El cuento hispanoamericano* (Buenos Aires: CEAL, 1967), 46-47.

261. Marchant Lazcano, Jorge. *Así escriben los chilenos* (Buenos Aires: Eds. Orión, 1977), 48.

262. Mengod, Vicente. *Historia de la literatura chilena* (Zigzag, 1967), 166-167.

263. Menton, Seymour. *El cuento hispanoamericano* (México: Ed. Fondo de Cultura Económica, 1968), 40-41.

264. Montes, Hugo y Julio Orlandi. *Historia y antología de la literatura chilena*. 8a. ed. (Ed. Zigzag, 1969), 148-149.

265. Promis, José. *La novela chilena actual* (Buenos Aires: Fernando García Cambeiro, 1977), véase pp. 99-139.

266. Rafide, Matías. *Literatura chilena* (Eds. Cultura, 1955), 87-88.

267. Rodríguez Monegal, Emir. *El Boom de la novela latinoamericana* (Caracas: Ed. Tiempo Nuevo, s/f), 67-68.

268. Rojas, Manuel. *Manuel de literatura chilena* (México, U.N.A.M., 1964), 126-127.

269. Sánchez, Luis Alberto. *Proceso y contenido de la novela hispanoamericana* (Madrid: Ed. Gredos, s/f [copyright 1953]), 179.

270. Santana, Francisco. *La nueva generación de prosistas chilenos* (Ed. Nascimento, 1949), 44-46, 75-76.

271. Schwartz, Kessel. *A New History of Spanish-American Fiction* (Coral Gables, Florida: University of Miami Press, 1971), vol. 2, 152-153.

272. Silva Castro, Raúl. *Creadores chilenos de personajes novelescos* (Biblioteca Alta Cultura, 1952), 279-280. Reprod. en su *Panorama de la novela chilena* (México: Ed. Fondo de Cultura Económica, 1955), 213-214, y en su *Historia crítica de la novela chilena* (Madrid: Eds. Cultura Hispánica, 1960), 373-374.

273. _____ . *Evolución de las letras chilenas, 1810-1960* (Ed. Andrés Bello, 1960), 69.

274. _____ . *Panorama literario de Chile* (Ed. Universitaria, 1961), 324.

275. Szmulewicz, Efraín. *Diccionario de literatura chilena* (Selecciones Lautaro, 1977), 82.

276. Torres-Ríoseco, Arturo. *Breve historia de la literatura chilena* (México: Eds. de Andrea, 1956), 162-163.

277. Uslar Pietri, Arturo. *Breve historia de la novela hispanoamericana* (Caracas: Eds. Edime, 1957), 147.

278. Valenzuela, Víctor. *Grandes escritoras hispanoamericanas. Poetisas y novelistas* (Bethlehem: Lehigh University, 1974), 108-109.

279. Ward, Philip. *The Oxford Companion to Spanish Literature* (Oxford: Clarendon Press, 1978), 71.

280. Zum Felde, Alberto. *Indice crítico de la literatura hispanoamericana. II La Narrativa* (México: Ed. Guarania, 1959), véase el cap. 6.

281. _____ . *La narrativa en Hispanoamérica* (Madrid: Ed. Aguilar, 1964), 362.

G. Notas y referencias

282. Anónimo. "MLB". *Atenea*, No. 132, (1936), 421.

283. _____ . "Reseña biográfica". *Hoy*, v. 10, no. 480 (30-I-1941), 26.

284. _____ . "Reseña biográfica". *Hoy*, v. 11, no. 547 (13-V-1942), 15.

285. _____ . "MLB". *Panorama* (Washington), No. 22 (1943), 30-37.

286. _____ . "MLB". *The Inter-American,* vol. 2, No. 1 (1943), 33-34.

287. _____ . "Chile-Escapist". *Time*, 14-V-1947.

288. _____ . "Embrujo en Orbe". *Cormorán*, No. 2 (1969), 16.

289. _____ . "MLB". *La Unión* (Valparaíso), 18-X-1970.

290. _____ . "MLB y su trágico ayer". *Clarín*, 28-IX-1971.

291. _____ . "En el cincuentenario del Surrealismo: Virginia Woolf y MLB". *El Diario Austral* (Temuco), 23-VII-1972.

292. _____ . "MLB". *El Mercurio*, 7-I-1975.

293. _____ . "Academia chilena premió obra de MLB". *El Mercurio* (Valparaíso), 6-VII-1977.

294. _____ . [firmado A.C.] "Un premio para María Luisa". *Hoy,* No. 18 (28-IX-1977), 37. [Posiblemente Alfonso Calderón.]

295. _____ . "MLB". En "Los escritores nacionales". *Para el colegio*, No. 2 [977], 5.

296. Arabena Williams, Hermelo. "Reflexiones sobre el premio nacional". *El Magallanes* (Punta Arenas), 15-VIII-1978.

297. Araneda Bravo, Fidel. "Novelas de MLB". *El Diario Ilustrado,* 25-I-1970.

298. Billa Garrido, Agustín. "Reediciones interesantes". *El Diario Ilustrado,* 2-I-1969.

299. _____ . "Novelas de MLB". *El Diario Ilustrado*, 19-X-1969.

300. Cabrera Leyva, Orlando [firmado "Suetonio"]. "Don Balta [Baltazar Castro] y la Bombal: encuentro en el Paraíso". *Las Ultimas Noticias*, 3-VIII-1975.

301. _____ . "Aquellas 'únicas' palabras verdaderas". *Las Ultimas Noticias*, 29-II-1976.

302. Canut de Bon, Darío. "Premio de la Academia quiebra soledad de MLB". *El Mercurio* (Valparaíso), 8-VII-1977.

303. Díaz Arrieta, Hernán [firmado "Alone"]. "Presencia de MLB". *El Mercurio*, 10-XII-1961.

304. _____ . "En torno al premio nacional de literatura". *El Mercurio,* 8-X-1967.

305. Durán V., Fernando. "¿Premio de literatura 1978 para MLB?". *El Mercurio* (Valparaíso), 21-V-1978.

306. Durand, Luis. *Gente de mi tiempo* (Ed. Nascimento, 1953), 185-188.

307. Emmerich, Fernando. "Acercarse a loa laureles". *QuéPasa*, No. 321 (21-VII-1977), 77.

308. Ewart, Germán. "MLB". *El Mercurio*, 18-II-1962.

309. Flores V., Julio. "MLB y el premio nacional de literatura". *La Estrella* (Valparaíso), 19-X-1968.

310. Geel, María Carolina [firmado M.C.G.]. "Escritores 1976". *El Cronista*, 26-XII-1976.

311. Goic, Cedomil. "Curso: poetas y narradores de Chile". *El Cronista,* 18-XI-1976.

312. Gudiño Kieffer, Eduardo: "MLB: la percepción poética". *El Mercurio* (Valparaíso), 20-II-1972.

313. Guilisasti, Sergio. "Un cuento". *La Segunda*, 11-III-1978.

314. Ibacache, Carlos [firmado "Cronos"]. "MLB y *Portal*". *La Discusión* (Chillán), 11-VI-1977.

315. Lafourcade, Enrique. "MLB". *El Mercurio*, 11-V-1980.

316. Mansilla, Luis Alberto. "MLB". *Araucaria de Chile*, No. 11 (1980), 196-197.

317. Melfi, Domingo. "MLB, escritora chilena". *La Nación,* 8-IX-1940.

318. _____ . "MLB". *Hoy,* vol. 9, No. 538 (12-III-1942), 20-21.

319. Merino, Carmen. "MLB: éxito en 7 idiomas". *Zigzag*, No. 2886 (29-VII-1960), 56-57.

320. Michell, Poly. "Entre la niebla y el sol". *Las Ultimas Noticias*, 15-VIII-1976.

321. Morand, Carlos. "La escritora y su leyenda". *Ercilla,* No. 2177 (20-IV-1977), 47-48.

322. Parera, Modesto. "Candidatos al premio nacional de literatura". *El Mercurio* (Valparaíso), 16-V-1976.

323. Patau, Dolores. "Marta Brunet habla sobre MLB". *Pomaire,* No. 9 (1957), 4.

324. Peña Muñoz, Manuel. "MLB no es reconocida en Chile". *El Mercurio* (Valparaíso), 24-V-1978.

325. _____ . "Magia triste de MLB". *El Mercurio* (Valparaíso), 4-VI-1978.

326. Ramírez Fernández, Julio. "MLB". *La Prensa Austral* (Punta Arenas), 25-XI-1978.

327. Roa Villagra, César Augusto. "Sobre el premio nacional de literatura". *Renacer de Chile* (Angol), 10-V-1978.

328. Sabella, Andrés. "A MLB". *Las Ultimas Noticias,* 10-XII-1978.

329. Sánchez Latorre, Luis [firmado "Filebo"]. "Premio a MLB". *Las Ultimas Noticias,* 18-I-1975. [Premio "Ricardo Latchman".]

330. _____ . "MLB". *El Mercurio,* 10-V-1980.

331. Serrano Bombal, Rodrigo. "MLB". *El Cronista,* 29-I-1977.

332. Skinner Zavala, Enrique. "MLB". *El Mercurio* (Valparaíso), 17-VII-1978.

333. Solar, Claudio. "MLB". En su "Diccionario de autores de la literatura chilena". *En Viaje,* No. 424 (febrero de 1969), 29.

334. Solar, Hernán del. "Escaparate editorial chileno 1941". *Atenea,* No. 205 (1942), 102-120.

335. _____ . "Presentación". En la solapa de MLB: *La Ultima Niebla,* 3a. ed., Ed. Nascimento, 1962.

336. _____ . "Presentación". En la solapa de MLB: *La Amortajada,* 3a. ed., Ed. Nascimento, 1962.

337. Souvirón, José María. "Escritoras. MLB — Marcela Paz". *Hoy,* vol. 5, No. 213 (18-XII-1935), 46-47.

338. Vargas Badilla, José. "MLB y el premio nacional de literatura". *La Mañana* (Talca), 23-VIII-1978.

339. _____ . "Tres escritores postergados". *La Prensa* (Curicó), 18-X-1978.

340. Vega, Manuel [firmado M.V.] "MLB en Chile". *El Diario Ilustrado,* 21-IV-1939.

341. Velasco Silva, María de la Luz. "MLB con las teresianas". *Las Ultimas Noticias,* 16-IV-1978.

342. Vial, Sara. "Magia de MLB". *La Nación,* 10-IX-1972.

343. _____ . "MLB". *La Patria,* 26-II-1974.

344. _____ . "La maja y el ruiseñor". *Las Ultimas Noticias,* 3-XI-1974.

345. _____ . "Universidad y escritores". *El Mercurio* (Valparaíso), 21-X-1975.

346. _____ . "MLB". *El Mercurio* (Valparaíso), 11-IV-1976.

347. _____ . "Valparaíso, puerto editorial". *El Mercurio* (Valparaíso), 30-IV-1978.

348. _____ . "Las ardillas de MLB". *Las Ultimas Noticias*, 6-VIII-1978.

349. _____ . "María Luisa y el oso hormigüero". *El Mercurio* (Valparaíso), 10-IX-1978.

350. Von dem Bussche, Gastón. "MLB vuelve a Chile". *El Sur* (Concepción), 2-XII-1973.

351. Yáñez, María Flora. "Dos autores chilenos". *El Mercurio*, 10-II-1963.

H. Entrevistas, declaraciones

352. Agosín, Marjorie. "Entrevista con MLB". *The American Hispanist*, vol. 3, No. 21 (1977), 5-6.

353. _____ . "Una entrevista a MLB". *El Mercurio* (Valparaíso), 14-V-1978.

354. Anónimo. "MLB quiso ser actriz, vivió en el Sur, le gusta el misterio y escribe novelas". *Ercilla* (17-I-1940), 18-19.

355. Blanco, Marta. "La implacable Bombal y sus bondades". *Paula*, No. 204 (29-X-1975), 29-31.

356. Cabrera Leyva, Orlando [firmado "Suetonio"]. "MLB: No pido ni aceptaría pensión de gracia". *Las Ultimas Noticias*, 8-VIII-1976.

357. Calderón, Alfonso. "Los poderes de la niebla". *Ercilla*, No. 2145 (8-IX-1976), 39-42.

358. Campo, Santiago del. "MLB habla de la dignidad del escritor en Estados Unidos". *Pro Arte*, vol. 1, No. 50 (23-VI-1949), 4.

359. Canut de Bon, Darío. "Esta vez casi me mataron; voy a seguir escribiendo". *El Mercurio* (Valparaíso), 2-IX-1978.

360. Merino, Carmen. "Una mirada al misterioso mundo de MLB". *Eva*, No. 1139 (3-II-1967), 20-21, 70.

361. Pueyrredón, Victoria. "La niebla de Dios". *El País* (Montevideo), 26-XII-1971.

362. _____ . "MLB". En *Quién es quién. Suplemento de comentarios bibliográficos americanos*. Montevideo, 1973-1974. [Dato de L. Guerra-Cunningham.]

363. Robles, Lautaro. "Una entrevista a MLB". *El Mercurio* (Valparaíso), 11-VI-1978.

364. Sierra, Malú. "La increíble historia". *Cosas*, No. 1 (14-X-1976), 28-30.

365. Vial, Sara. "MLB: sólo quiero llegar al corazón de todos". *La Patria*, 21-IV-1974.

366. _____ . "MLB prepara ciclo de temas históricos". *QuéPasa*, No. 199 (13-II-1975), 61-63.

367. Zaragoza, Celia. "Con MLB". *La Nación* (Buenos Aires), 17-X-1963.

368. _____ . "MLB: Chile nunca morirá porque Chile es un país de poetas". *La Nación*, 21-XI-1971.

UNIVERSITY OF ARIZONA, TUCSON, 1983